中学英语
跨文化交际导论

ZHONGXUE YINGYU
KUAWENHUA JIAOJI DAOLUN

韦祖安　张哲华◎主编

西南交通大学出版社
·成都·

图书在版编目（CIP）数据

中学英语跨文化交际导论/韦祖安，张哲华主编.
—成都：西南交通大学出版社，2016.7
ISBN 978-7-5643-4802-1

Ⅰ.①中… Ⅱ.①韦… ②张… Ⅲ.①英语课－教学研究－中学 Ⅳ.①G633.412

中国版本图书馆 CIP 数据核字（2016）第 162241 号

中学英语跨文化交际导论
主编　韦祖安　张哲华

责任编辑	赵玉婷
特邀编辑	孟　媛
封面设计	严春艳
出版发行	西南交通大学出版社 （四川省成都市二环路北一段 111 号 西南交通大学创新大厦 21 楼）
发行部电话	028-87600564　028-87600533
邮政编码	610031
网　　址	http://www.xnjdcbs.com
印　　刷	四川煤田地质制图印刷厂
成品尺寸	185 mm×260 mm
印　　张	14
字　　数	348 千
版　　次	2016 年 7 月第 1 版
印　　次	2016 年 7 月第 1 次
书　　号	ISBN 978-7-5643-4802-1
定　　价	30.00 元

课件咨询电话：028-87600533
图书如有印装质量问题　本社负责退换
版权所有　盗版必究　举报电话：028-87600562

前　言

《中学英语跨文化交际导论》是普通高等学校与重点中学英语骨干教师共同研究、联合编写的面向中学英语教师和学生的特色课程教材。本教材为国内首部紧扣《英语课程标准》（2011 版）与现行中学英语教材，系统全面介绍英语跨文化交际知识与能力培养的普适教材，既可作为中学英语特色课程教材，也可作为中小学英语教师、高校英语师范生、中学生拓展视野，了解中西方文化差异的重要参考资料。

语言是文化的载体，文化是语言的依托。《英语课程标准》指出：中学英语课程的总体目标是，通过英语学习使学生形成初步的综合语言运用能力……综合语言运用能力的形成建立在语言技能、语言知识、情感态度、学习策略和文化意识等整体发展方面的基础之上。教师应根据学生的年龄特点和认知能力，逐步扩展文化知识的内容和范围，扩大学生接触异国文化的范围，帮助学生拓展视野，提高他们对中外文化异同的敏感性和鉴别能力，为发展他们的跨文化交际能力打下良好的基础。

当前，在中学英语教学和学习中，跨文化交际问题尚未引起足够的重视，也缺少面向中学英语师生的跨文化交际普适教材，这对我国近 7 000 万学习英语的中学生不得不说是一大缺憾。基于此，一部由高校英语专业教师与中学一线英语骨干教师共同编写的《中学英语跨文化交际导论》便应运而生了。

本教材立足基础英语教育实际，按照培养全面发展人才的教育宗旨，以《英语课程标准》和跨文化交际理论为指导，以现行中学英语教材为基础，从中学英语跨文化交际目标、中学英语跨文化交际知识、中学英语跨文化交际教学以及中学英语跨文化交际学习等方面介绍了跨文化交际的内涵与发展。

本教材由安康市汉滨高级中学资助，系 2015 年陕西省中小学、幼儿园教学名师工作室立项课题《欠发达地区中学英语教学中学生跨文化意识培养的实践研究》（项目编号：MSKT1573）主要成果。该教材由安康市汉滨高级中学韦祖安与安康学院张哲华共同负责策划选题、统稿与编写。汉滨高级中学胡镕、涂瑞、李康康、李庆慧、黄新月、王建斌与安康学院王欢也参与了编写工作。

本书从选题、编写到出版，凝聚了安康市汉滨高级中学和安康学院外语学院英语骨干教师和出版社编辑的智慧与艰苦努力。他们在教学任务十分繁重的情况下，心系基础英语教育人才培养与中学英语学科建设，挤出时间完成书稿编写工作，并几易其稿，使本书稿不断完善。感谢西南交通大学出版社的陈斌编辑，他为此书的出版策划付出了辛勤的汗水。

在本书的编写过程中，编者参考了大量文献资料，借鉴了许多专家、学者的观点，在此谨向他们表达最诚挚的谢意。由于国内尚未见到更多可以借鉴的同类教材，本书借鉴参考内容较多，编者无法将其来源一一详尽列出。若有遗漏，敬请谅解。因编者在学识与水平上的欠缺，书中的纰漏与不足之处在所难免，敬请广大专家、同行与学生批评指正。

《中学英语跨文化交际导论》编写组

2016 年 3 月

目　录

第一部分　中学英语跨文化交际概述

第一章　跨文化交际与英语教育 ……………………………………… 2
第一节　跨文化交际的内涵与发展 ………………………………… 2
第二节　跨文化交际研究的意义 …………………………………… 3
第三节　跨文化交际与英语教学 …………………………………… 4
第四节　跨文化交际与英语学习 …………………………………… 5

第二章　中学英语文化意识目标 ……………………………………… 7
第一节　初中英语文化意识目标 …………………………………… 7
第二节　高中英语文化意识目标 …………………………………… 8
第三节　初中英语教材文化意识目标 ……………………………… 9
第四节　高中英语教材文化意识目标 ……………………………… 13

第二部分　中学英语跨文化交际知识

第三章　家庭文化 …………………………………………………… 24
第一节　中西方国家的家庭文化 ………………………………… 24
第二节　教学案例及解读 ………………………………………… 30

第四章　饮食文化 …………………………………………………… 33
第一节　中西方饮食文化差异 …………………………………… 33
第二节　教学案例及解读 ………………………………………… 38

第五章　节日文化 …………………………………………………… 42
第一节　主要英语国家的节日文化 ……………………………… 42
第二节　教学案例及解读 ………………………………………… 49

第六章　体育文化 …………………………………………………… 53
第一节　中西方体育文化对比 …………………………………… 53
第二节　主要英语国家的体育文化 ……………………………… 54

  第三节 教学案例及解读 …………………………………………………… 60

第七章 教育文化

  第一节 中西方教育文化对比 ………………………………………………… 64
  第二节 主要英语国家的教育文化 …………………………………………… 65
  第三节 教学案例及解读 …………………………………………………… 73

第八章 文学与艺术

  第一节 英国的文学与艺术 …………………………………………………… 77
  第二节 美国的文学与艺术 …………………………………………………… 87
  第三节 澳大利亚和加拿大的文学与艺术 ………………………………… 102
  第四节 教学案例及解读 …………………………………………………… 107

第九章 人际交往（一）

  第一节 英语交际中的日常用语表达 ………………………………………… 112
  第二节 教学案例及解读 …………………………………………………… 117

第十章 人际交往（二）

  第一节 英语交际中的非言语表达 …………………………………………… 120
  第二节 教学案例及解读 …………………………………………………… 122

第十一章 人际交往（三）

  第一节 中西方服饰礼仪 …………………………………………………… 125
  第二节 中西方餐桌礼仪 …………………………………………………… 127
  第三节 教学案例及解读 …………………………………………………… 131

第十二章 谚语及典故

  第一节 中外谚语及典故 …………………………………………………… 134
  第二节 教学案例及解读 …………………………………………………… 140

第十三章 英国地理历史文化

  第一节 英国地理文化 ……………………………………………………… 145
  第二节 英国历史文化 ……………………………………………………… 147
  第三节 教学案例及解读 …………………………………………………… 150

第十四章 美国地理历史文化

  第一节 美国地理文化 ……………………………………………………… 153
  第二节 美国历史文化 ……………………………………………………… 154
  第三节 教学案例及解读 …………………………………………………… 157

第十五章 加拿大地理历史文化

  第一节 加拿大地理文化 …………………………………………………… 161
  第二节 加拿大历史文化 …………………………………………………… 166

第三节 教学案例及解读 ……………………………………………… 167

第十六章 澳大利亚地理历史文化 ………………………………………… 172
第一节 澳大利亚地理文化 ……………………………………………… 172
第二节 澳大利亚历史文化 ……………………………………………… 175
第三节 教学案例及解读 ………………………………………………… 177

第十七章 新西兰地理历史文化 …………………………………………… 181
第一节 新西兰地理文化 ………………………………………………… 181
第二节 新西兰历史文化 ………………………………………………… 184
第三节 教学案例及解读 ………………………………………………… 186

第三部分 中学生英语跨文化交际能力的培养

第十八章 中学英语跨文化交际教学 ……………………………………… 191
第一节 中学英语文化教学原则 ………………………………………… 191
第二节 中学英语文化教学内容 ………………………………………… 192
第三节 中学英语文化教学策略 ………………………………………… 194

第十九章 中学英语跨文化交际学习 ……………………………………… 197
第一节 中学英语跨文化交际学习的主要问题 ………………………… 197
第二节 中学生克服跨文化交际误区的策略 …………………………… 200
第三节 中学英语跨文化交际学习策略 ………………………………… 201

参考文献 …………………………………………………………………… 206
附录 ………………………………………………………………………… 211
中学英语跨文化交际推荐阅读书目 …………………………………… 211
中学英语跨文化交际测试样题 ………………………………………… 213

第一部分 中学英语跨文化交际概述

第一章 跨文化交际与英语教育

第二章 中学英语文化意识目标

第一章 跨文化交际与英语教育

长期以来，我国英语教育多注重语言知识的传授以及基本语言技能的培养和训练。于是，我们经常可以看到一些语法精通、词汇量大和读写能力强的学生却不敢主动与外国人交流。就算是那些听说技能俱佳的人在与外国人的交流中也是频频犯错、窘态百出。这背后的原因在于英语教育中的文化传授不够和跨文化交际能力培养的欠缺。本章主要介绍跨文化交际内涵与发展、跨文化交际研究的意义、跨文化交际与英语教学和跨文化交际与英语学习的关系。

第一节 跨文化交际的内涵与发展

"跨文化交际"这个概念是从英文的"intercultural communication"或"cross-cultural communication"翻译过来的。那么，究竟什么是跨文化交际？跨文化交际的内涵是什么？它又经历了怎样的发展过程？本节将主要阐述这几个问题。

一、跨文化交际的内涵

跨文化交际应该怎样界定呢？Marshall Singer（1995）认为，每个人隶属于若干群体，没有两个人隶属的群体是完全相同的；即使在同一群体中，每个人的态度、价值、信念也会完全不同；因此，每个人都是独特的，从严格意义上讲，任何人与人之间的交际都应该被视为跨文化交际。也就是说，不同文化背景的人从事交际的过程就是跨文化交际，如直接和外国人接触、阅读外国小说、看外国电影等。

但是，文化差异的程度有大小之分。如西方人和亚洲人的分歧明显就要比美国人和英国人之间的分歧大。

一般来讲，为了避免空泛的比较，跨文化交际研究首先应该把眼光集中于国别研究，集中于一个国家中的主流文化的研究。

二、跨文化交际的发展

1. **跨文化交际活动**

作为一种文化现象，跨文化交际并不是什么新鲜的东西。在具有不同文化背景的人进行接触的地方肯定会产生跨文化交际。跨文化交际的历史，就是人类本身的历史。我们可以举出很多的例子，如西汉时期张骞出使西域，开辟著名的丝绸之路；玄奘天竺求经；鉴真东渡传佛法；郑和七下西洋等。今天，科学技术的迅猛发展使得生活在不同文化地区的人们之间的交流变得空前容易。改革开放将中国推上了一个跨文化交际的舞台，伴随着这个舞台而来的交际文化的碰撞和交流前所未有，这既是挑战，更是机遇。

2. 跨文化交际学

作为一门学科，跨文化交际起源于20世纪60年代的美国。许多学者把美国人类学家 Edward Hall 在1959年出版的《无声的语言》（*The Silent Language*）看作是跨文化交际学的奠基之作。1970年，国际传播学会承认跨文化交际学是传播学的一个分支，在学会下面成立了跨文化交际学分会。1972年，第一届跨文化交际学国际会议在日本东京举行。1974年，跨文化教育训练与研究学会（SIETAR）在美国成立，后改名为"国际跨文化教育训练与研究学会"，同年，《国际与跨文化交际学年刊》创刊。跨文化交际学一个突出的特点就是它的多学科性质，其中影响较大的学科是人类学、心理学、传播学。

在我国，跨文化交际作为一门学科进行研究起步于20世纪80年代初期。跨文化交际学由外语教学界引入国内，研究重点在于外语教学中的跨文化差异以及语言与文化的关系。学术界一般认为，许国璋于1980年在《现代外语》第4期上发表的题为"*Culturally-loaded Words and English Language Teaching*"一文，标志着跨文化交际学在中国的诞生。随后外国跨文化交际学的名著陆续在国内翻译出版或是直接出版，介绍了国外的最新理论进展情况。同时，我国还举办了多次以跨文化交际学为主题的学术研讨会，对推进我国的跨文化交际学研究和国内外学术交流都起到了积极的促进作用。许多专家学者致力于外语教学中的跨文化交际研究，指出外语教学应培养学生的跨文化意识以便提高他们的跨文化交际能力。

第二节 跨文化交际研究的意义

东西方文化存在着很大的差异，而这些差异给东西方人正常的交际带来了一些障碍，如果不了解彼此的文化，交际就有可能出现失误。在中国，人们对跨文化交际的重要性认识还比较低，相当一部分人认为这只不过是个语言学习的问题。他们觉得，只要会外语，剩下的凭常识、按习惯就可以解决。然而，常识并不一定具有普遍性，它因文化背景的不同而有所区别。在中国文化背景下属于常识性的行为，换在某个外国的背景下可能成为一种不合常识的行为；在某种文化下属于很礼貌的行为，在另一种文化下可能被视为无礼；一种文化下的人怀着敬意说出的话，另一种文化下的人可能理解成是一句带侮辱性的话。有些人将跨文化交际等同于外语的听、说、读、写四会能力。四会能力当然很重要，它是跨文化交际的重要基础，但是它远不是跨文化交际的全部。语言是文化的产物，它具有深刻的文化内涵。交际对象、交际背景和表达方式都与文化背景密切相关。"如何说""不说什么"，有时候比"说什么"更加重要。仅能够做到语法上的正确，并不能保证与外国人打好交道。

因此，研究跨文化交际现象具有重要的现实意义。

（1）鼓励人们积极接受本民族之外的文化，形成对不同文化积极理解的态度，从而有利于人们在求同存异的基础上更好地把握本民族的文化特征。

（2）培养人们跨文化交际时的适应能力。人们在跨文化交际的初始阶段往往会深深地感受到强烈的文化冲突（cultural shock）。研究跨文化交际现象可以有效地避免交际双方由于文化差异而产生的不理解或误解，从而进一步提高人们对不同民族文化的适应能力。

（3）培养人们跨文化交际的能力。随着中国改革开放的进一步深入，中西文化的交流与合作项目越来越多，交际双方只有提高自身的跨文化交际能力和对他国文化的包容、认同意识，才能在国际交流与合作中实现互补与双赢。跨文化交际能力的培养，离不开对其他民族文化底蕴的了解与认识，因此充分了解并尊重合作方的历史文化背景对有效避免文化冲突具有现实意义。

第三节　跨文化交际与英语教学

　　语言和文化是密不可分的，语言既是文化的载体，又是文化的一个重要组成部分。语言的应用受到文化体系的影响和制约。因此，要掌握两种语言，必须掌握两种文化。只有跨越目的语国家的文化障碍，才能做到交际的得体与妥当。反之，就会因语义、语用及思维习惯和文化习惯的差异在交际中出现失误。外语教学的一个主要目标就是培养学生的跨文化交际能力。因此将语言研究和跨文化研究有机地结合起来，不仅理论上具有必要性，而且也是对外语教学实践性原则的延伸。跨文化交际与外语教学密不可分，这是因为外语教学不仅要传授语言知识，更重要的是要培养学生的交际能力，培养他们应用外语进行跨文化交际的能力。

　　近年来，随着改革开放步伐的加快，对外交往日益频繁，国与国之间的交流也越来越广泛，社会对大学毕业生的英语运用能力提出了更高的要求。然而，在提高学生英语应用能力方面，外语教育却明显滞后。一方面传统的应试教育带来了相当大的负面影响，另一方面传统的外语教育观还深深地束缚着教师的思想。跨文化交际能力是外语教育的最终目的之一，语言教育在很大程度上也应是文化教育，现在外语界的学者们已经开始意识到跨文化交际理论指导的必要性和重要性。

　　著名学者 Marshall McLuhan 曾用"地球村"（Global Village）一词来形容当今这个越来越小的世界。正是当今地球上时空的紧缩，使我们产生了对跨文化交际进行研究的使命感——这是历史赋予我们的责任。

　　跨文化交际并不是一个简单的过程，仅仅学会一门外语的语音、语法规则和掌握一定量的词汇并不意味着能顺利地进行交际。在跨文化交际中，交际的双方若不能进入同一文化背景之中，就容易产生误解，甚至直接导致交际失败。英语语言学家珍妮·托马斯（Jenny Thomas）指出："语法错误从表层上就能看出，受话者很容易发现这种错误。这种错误一旦发现，受话者便会认为说话者缺乏足够的语言知识，因此可以谅解。语用失误却不会被像语法失误一样看待。如果一个能说一口流利外语的人出现语用失误，他很可能会被认为缺乏礼貌或不友好，他在交际中的失误便不会被归咎于语言能力的缺乏，而会被归咎于他的粗鲁或敌意。"因此，研究跨文化教学以及探索培养学生跨文化交际能力的途径，对提高中学生英语交际水平，使学生更好地满足未来社会对外语人才的需求极其重要。

　　语言交际教学法的理论基础是：把语言看作是交际。既然语言是作为交际的一种手段，那么教师就有责任提高学生的跨文化意识，培养其跨文化交际能力，让学生在学习语言基本知识的基础上，学会了解目的语国家的文化背景、风土人情、价值观念和生活方式，达到对其了如指掌，运用自如的水平。所以在英语课堂教学中应该采取必要的提高学生跨文化交际能力的教学手段。

英语教学的一个重要目的就是提高学生的跨文化交际能力，使之能够与不同文化背景的人进行交流。全面提高英语教学的效率和质量，提高学生的英语应用能力，是中学英语教学的一项紧迫任务。为了实现这个目标，需要广大中学英语教师的共同努力。联合国教科文组织在1996年出版的21世纪教育委员会的报告《教育——财富蕴藏其中》里提出，教育必须围绕四种基本要求——学会认知，学会做事，学会共同生活，学会做人——重新设计，重新组织。国际教育界也一直在倡导"To know（学知识），to do（学做事），and to be（学做人）"。外语教学应紧跟世界教育的发展方向，为培养出具有跨文化交际素质的人才而不断努力。

第四节　跨文化交际与英语学习

Studying a second language without learning the culture is like learning how to drive a car by studying a driver's manual and never getting behind a steering wheel.

— K. J. Irving

由于语言和文化的密切关系，外语学习就不可避免地要涉及文化学习，英语学习也必然离不开对英语国家文化的学习和理解。由于学习英语的主要目的是交际，英语学习也就自然地要涉及不同文化之间的交际，这是一种跨文化的交际。美国社会语言学家海姆斯（Hymes）曾提出过交际能力的四个要素，即语法性、可行性、得体性和现实性。后两个因素直接和文化有关。得体性主要是指在说话的对象、话题、场合、身份等不同的情况下，要能够使用不同的得体的语言，这里就涉及文化背景的问题。现实性主要是指要使用真实、地道的英语。这已经不是仅靠语言知识就能解决的问题了。在掌握了语言中的语法、词汇等之后，语用便是一个迫切需要解决的问题。如何在实际的语际交流中使用已学的知识才是学习语言的最终目的。例如，一个中国商人在机场迎接一位刚下飞机的美国或欧洲客人时，刚一见面就问她："Are you tired?"事实上，从中国文化的角度来看，这句问候的话一点都没问题，而且还含有关心的意味。然而，客人却不这样认为，他会以为：难道我今天的妆没有化好，还是衣服搭配得不够得体？所以，跨文化交际在实际的语际交流中起着非常重要的作用。因此，在英语学习如火如荼的今天，跨文化交际能力的培养是英语学习中一个非常重要的环节。

英语学习的目的应随着时代的变迁而不断调整，以适应时代的需要。英语学习可以开阔视野、增进知识、提高品位。但在全球化的语境下，学习外语的主要目的无疑是为了克服语言的障碍，使得不同母语的人们顺利地进行沟通。因此，跨文化交际成为英语学习的首要目标。一个中国公司要将其产品销售到国外、一位学者要参加国际学术交流会议、一个人坐在电脑前与外国网友聊天、一位外企职员要与其外国上司沟通、政府间的互访、非政府组织的合作，这些都是跨文化交际的真实场景。当代跨文化交际的实时性、频繁性、高互动性无疑对人们的语言能力、跨文化交际能力提出了更高的要求。

思考题

1. 什么是跨文化交际？
2. 请谈谈跨文化交际的重要性。

参考文献

[1] 车艳秋. 英语学习与跨文化交际 [J]. 理论研究，2008（1）：174-175.

[2] 陈俊森，樊葳葳. 跨文化交际与外语教学 [J]. 华中理工大学学报，1998（3）：126-128.

[3] 樊葳葳，陈俊森，钟华. 外国文化与跨文化交际 [M]. 武汉：华中科技大学出版社，2008.

[4] 胡文仲. 跨文化交际学概论 [M]. 北京：外语教学与研究出版社，1999.

[5] 李炯英. 中国跨文化交际学研究20年述评 [J]. 解放军外国语学院学报，2002（11）：86-90.

[6] 武晓燕. 中西跨文化交际现象及意义刍议 [J]. 潍坊学院学报，2006（1）：58-62.

[7] 严明. 跨文化交际理论研究 [M]. 哈尔滨：黑龙江大学出版社，2009.

[8] 张鸣宇. 跨文化交际与英语学习中的跨文化意识 [J]. 海军工程大学学报：综合版，2009（6）：71-74.

[9] SIRGER M R. Intercultural Communication：A Perceptual Approach [M]. New Jeresy：Prentice Hall，1995.

第二章　中学英语文化意识目标

语言是人类文化和知识的载体，反映了一个民族的历史背景及该民族对人生的看法和独特的生活方式。文化是语言的底蕴，促进着语言的发展。语言与文化有着十分密切的关系。早在 20 世纪 20 年代，美国语言学家萨丕尔（Sapir）就在《语言论》中指出："语言不脱离文化而存在，就是说，不脱离社会流传下来的、决定我们生活面貌的风俗和信仰的总体。"因此，中学英语教学必须包括文化教学，培养中学生跨文化意识就显得尤为必要。

第一节　初中英语文化意识目标

语言有丰富的文化内涵。在外语教学中，文化是指所学语言国家的历史地理、风土人情、传统习俗、生活方式、行为规范、文学艺术、价值观念等。在学习英语的过程中，接触和了解外国文化有益于对英语的理解和使用，有益于加深对中华民族优秀传统文化的认识与热爱，有益于接受全人类先进文化的熏陶，有益于培养国际意识。在教学中，教师应根据学生的年龄特点和认知能力，逐步扩展文化知识的内容和范围。在起始阶段应使学生对中外文化的异同有粗略的了解，教学中涉及的外国文化知识应与学生的学习和生活密切相关，并能激发学生学习英语的兴趣。表 1 是二级和五级的文化意识分级标准。

表 1　义务教育阶段文化意识分级标准

级别	标　准　描　述
二级 （小学阶段）	① 知道英语中最简单的称谓语、问候语和告别语。 ② 对一般的赞扬、请求、道歉等做出适当的反应。 ③ 知道世界上主要的文娱和体育活动。 ④ 知道英语国家中典型的食品和饮料的名称。 ⑤ 知道主要英语国家的首都和国旗。 ⑥ 了解主要英语国家的重要标志物，如英国的大本钟等。 ⑦ 了解英语国家中重要的节假日。 ⑧ 在学习和日常交际中，能初步注意到中外文化异同
五级 （初中阶段）	① 了解英语交际中常用的体态语，如手势、表情等。 ② 恰当使用英语中的称谓语、问候语和告别语。 ③ 了解、区别英语中不同性别常用的名字和亲昵的称呼。 ④ 了解英语国家的饮食习俗。 ⑤ 对别人的赞扬、请求、致歉等做出恰当的反应。 ⑥ 用恰当的方式表达赞扬、请求等意义。

续表1

级别	标准描述
五级 （初中阶段）	⑦ 初步了解英语国家的地理位置、气候特点、历史等。 ⑧ 了解英语国家的人际交往习俗。 ⑨ 了解世界上主要的文娱和体育活动。 ⑨ 了解世界上主要的节假日及庆祝方式。 ⑪ 关注中外文化异同，加深对中国文化的理解。 ⑫ 能初步用英语介绍祖国的主要节日和典型的文化习俗

第二节 高中英语文化意识目标

《普通高级中学英语课程标准（实验稿）》强调，文化意识是得体运用语言的保证。在课程目标的分级目标总体描述中规定高中阶段完成六到八级。六级应该能体会交际中语言的文化内涵和背景；七级应该理解交际中的文化差异，初步形成跨文化交际意识；八级应该达到了解交际中的文化内涵和背景，对异国文化采取尊重和包容的态度。在外语教学中，文化是指所学语言国家的历史地理、风土人情、传统习俗、生活方式、文学艺术、行为规范、价值观念等。在英语学习的较高阶段，要通过扩大学生接触外国文化的范围，帮助学生拓展视野，使他们提高对中外文化异同的敏感性和鉴别能力，进而提高跨文化交际能力。表2是七级和八级的文化意识目标描述，其他级别不再单独列出。

表2 普通高中文化意识目标

级别	目标描述
七级	① 理解英语中的常用成语和俗语及其文化内涵。 ② 理解英语交际中的常用典故或传说。 ③ 了解英语国家主要的文学家、艺术家、科学家、政治家的成就、贡献等。 ④ 初步了解主要英语国家的政治和经济等方面的情况。 ⑤ 了解英语国家中主要大众传播媒体的情况。 ⑤ 了解主要英语国家人们与中国人生活方式的异同。 ⑥ 了解英语国家人们在行为举止和待人接物等方面与中国人的异同。 ⑦ 了解英语国家的主要宗教传统。 ⑧ 通过学习英语了解世界文化，培养世界意识。 ⑨ 通过中外文化对比，加深对中国文化的理解
八级	① 初步了解英语语言与英语国家文化的关系（如有些词汇或表达方法与文化背景的关系）。 ② 在使用英语的过程中，能发现隐含在语言中的对他国文化的态度（如文化崇拜或文化歧视）。 ③ 对英语和英语国家的人民及其文化传统有比较客观和公平的认识。 ④ 了解英语国家最突出的文化特色。 ⑤ 初步了解主要英语国家重要历史文化现象的渊源。 ⑥ 初步了解英语国家文化在日常生活和人们价值观中的体现

第三节 初中英语教材文化意识目标

本节主要以人民教育出版社出版的初中英语教材（2012年版）为例，介绍各年级英语教材中的文化意识目标（见表3~表7）。

表3 七年级（初一）上册（人教社2012年版）

单元	文化意识目标
Unit 1 My name is Gina	① 了解西方初次见面的礼节。 ② 了解英语姓名小常识。在介绍自己和他人的姓名及电话号码时，有意识地渗透"先人后己"的文化，以示对他人的尊重。 ③ 通过辨别英文姓名的姓氏和名字，了解有关英文姓名的文化知识。 ④ 初步了解并区分外国男孩、女孩的名字
Unit 2 This is my sister	① 了解英语国家中家庭成员之间的称谓及称呼习惯。 ② 了解中西方在家庭成员称呼上的文化差异，拓展学生的视野
Unit 3 Is this your pencil?	① 了解英语致谢及回答小常识。 ② 了解电子邮件基本知识。 ③ 了解失物招领小常识
Unit 4 Where's my schoolbag?	① 了解方位词在中英文里的不同用法。 ② 了解生活中主要的日常用品
Unit 5 Do you have a soccer ball?	① 了解国内外中学生常见的体育运动。 ② 理解体育锻炼与身体健康的关系
Unit 6 Do you like bananas?	① 了解常见的西方食品及中西方饮食文化差异。 ② 用恰当的方式表达自己的喜好，了解别人的喜好，尊重人与人之间的差异
Unit 7 How much are these socks?	① 通过询问价格了解货币单位"人民币"和"美元"的知识及其中西文化差异。 ② 了解西方一些购物礼仪
Unit 8 When is your birthday?	① 了解中英文中关于日期表达的差异。 ② 了解中西方国家的重要节日以及日期
Unit 9 My favorite subject is science	① 了解中西方中学学制和学科设置的知识。 ② 了解英美国家与中国课程设置的共同之处以及存在的差异。 ③ 了解主要课程的英语名称以及英语课程设置的特殊性。 ④ 了解关于星期表达的小常识

表4 七年级（初一）下册（人教社2012年版）

单元	文化意识目标
Unit 1 Can you play the guitar?	① 学会谈论自己的喜好和意愿及表达自己在某一方面所具备的才能。 ② 通过小组一起谈论彼此的特长和爱好，培养一种群体意识
Unit 2 What time do you go to school?	① 了解不同时间段的表达，如18：00也可以说成6：00pm。 ② 了解中外学生上学时间及活动内容的区别，以便更深刻地了解中西方生活作息时间的差异，如地球的白昼与黑夜同在
Unit 3 How do you get to school?	① 了解各种交通工具的表达方式。 ② 了解中西方国家出行方式的不同以及不同的交通规则，加深对交通知识的了解
Unit 4 Don't eat in class	了解如何描述规章制度，通过学习公共场所制定的规章制度，培养学生遵守公德、爱护公物的美德
Unit 5 Why do you like pandas?	① 了解人与大自然的和谐发展，了解中西方国家在保护动物方面的不同做法。 ② 通过谈论动物，学会关爱动物，爱护大自然
Unit 6 I am watching TV	① 了解世界各国存在的时差现象。 ② 了解电话会话中中英文表述的差异，增进对中西文化差异的了解。 ③ 了解中国传统节日中的端午节
Unit 7 It's raining!	① 了解世界上主要国家的一些天气情况和现代播报天气的一些常见工具，如网络、报纸、电视、电台等。 ② 了解世界上一些主要国家的人对天气的一些常见看法，理解不同国家会有不同的风俗及文化
Unit 8 Is there a post office near here?	① 在问路与指路的交际中，引导学生礼貌待人，建立良好的人际关系。 ② 感受英语语言国家人们在指路过程中使用语言的精炼、活泼和幽默
Unit 9 What does he look like?	① 了解中外种族特征不同，对外表描述重点不尽相同。 ② 了解中西方文化中在观点表达上的差异
Unit 10 I'd like some noodles	① 通过对中西方在饮食及用餐方面异同的对比，对祖国饮食文化能有更深刻的了解。 ② 乐于了解异国文化，加强对文化差异的理解与认识
Unit 11 How was your school trip?	跨学科学习，了解水族馆里海洋生物的有关知识
Unit 12 What did you do last weekend?	了解英美国家学生的周末生活，学会合理安排业余生活

表5　八年级（初二）上册（人教社2012年版）

单元	文化意识目标
Unit 1 Where did you go on vacation?	① 如何用英语正确表述自己或他人的假期、周末等行为活动。 ② 了解主要的度假方式并用恰当方式表达自己的感受。 ③ 在学习中寻找中西方度假差异，培养学生跨文化意识
Unit 2 How often do you exercise?	① 了解不同背景、不同文化的国家对健康饮食的不同观念，开拓学生的视野，加强他们对不同文化的包容性。 ② 了解不同的生活方式以及表示频率的一些常用表达法
Unit 3 I'm more outgoing than my sister	了解不同国家的人们的交友观，从而了解英语国家的社会文化，促进对英语的理解和运用，同时提供对本国文化的理解和认识，形成全球意识，培养跨文化交际能力
Unit 4 What's the best movie theater?	① 学习有关电影院的相关文化，理解 movie 和 theater 的区别。 ② 初步了解中外流行的"达人秀"现象，并能正确认识这种流行文化
Unit 5 Do you want to watch a game show?	① 学会谈论流行文化，了解各类电视和电视节目的名称和自己的喜好。 ② 形成正确的文化观念，大力培养学生们的跨文化意识，形成自己独立的个性
Unit 6 I'm going to study computer science	① 了解英语交际中常用的体态语，恰当使用称谓语，关注中外文化，加深对中国文化的理解。 ② 与时俱进，了解现代信息科学技术
Unit 7 Will people have robots?	① 了解未来机器人的发展趋势，欣赏科技的发展趋势，开拓视野，激发探索科学的兴趣，探讨机器人走进家庭所带来的影响。 ② 了解中西方在给出建议方面的文化差异，从而得体使用给出或接受建议的英语表达，感悟英语的委婉表达方式
Unit 8 How do you make a banana milk shake?	通过学习奶昔的制作过程，了解中西方饮食文化的差异，学会尊重他人的风俗
Unit 9 Can you come to my party?	了解西方人邀请的礼仪以及如何接受邀请和委婉拒绝邀请，学会用适当的方式表达自己的意愿
Unit 10 If you go to the party, you will have a great time!	① 了解国外学生在开 Party 时应遵守的规则，同时和国内规则比较，了解中西文化之间的差异。 ② 了解西方人对各种职业的观点和对人生意义多角度的思考

表6　八年级（初二）下册（人教社2012年版）

单元	文化意识目标
Unit 1 What's the matter?	① 了解中西方的就医、关心、建议的表达及公德意识的培养，用恰当的方式表达自己的看法，增进人际交往中学会关心别人的能力。 ② 了解英美国家询问和表达身体不适的习惯，培养国家意识

续表6

单元	文化意识目标
Unit 2 I'll help to clean up the city parks	① 了解志愿服务和志愿者相关文化现象。 ② 了解西方国家参加社会公益活动的方式
Unit 3 Could you please clean the room?	① 了解西方国家孩子对家务劳动的态度。 ② 了解英美国家青少年如何向家长提出请求和请求许可
Unit 4 Why Don't you talk to your parents?	① 了解中国与西方国家在孩子教育问题上的差异。 ② 学会理性思考，用转移自己的注意力方式摆脱烦恼
Unit 5 What were you doing when the rainstorm came?	了解中西方在日常生活中如何应对突发情况
Unit 6 An old man tried to move the mountains	了解中国古代名著，热爱中国悠久历史文化
Unit 7 What's the highest mountain in the world?	通过谈论世界名山大川，学习英语国家的社会文化和历史背景，促进对英语的了解和运用，提高对本国文化的理解和认识，培养全球意识和跨文化交际能力
Unit 8 Have you read *Treasure Island* yet?	通过谈论书籍、音乐等爱好，确定自己的有意义的爱好
Unit 9 Have you ever been to a museum?	① 通过描述过去的经历，了解一些西方国家的风土人情。 ② 了解新加坡的语言、食物、气候特色和有关风土人情及自然景观等
Unit 10 I've had this bike for three years	通过庭院出售及家乡变化，在学习过程中欣赏本国乡村变化和世界其他地域文化，开拓视野，学会理解和尊重异国文化

表7 九年级（初三）全册（人教社2012年版）

单元	文化意识目标
Unit 1 How can we become good learners?	了解有关中西方节日的知识、民俗、神话传说
Unit 2 I think that moonquakes are delicious	① 了解世界上主要的节假日及庆祝方式。 ② 能初步用英语介绍祖国的主要节日和典型的文化风俗

续表7

单元	文化意识目标
Unit 3 Could you please tell me where the restrooms are?	① 通过学习国内外指路时不同的习惯用语，了解中西方文化差异，培养跨文化交际能力。 ② 学会礼貌用语，尊重他人，建立良好的人际交往关系
Unit 4 I used to be afraid of the dark	初步了解中西方文化对于"变化"所持的不同态度以及处理"变化"的不同方法
Unit 5 What are the shirts made of?	学习中华传统文化知识，了解更多物品的质地和产地，培养爱国主义情操，弘扬中华传统文化
Unit 6 When was it invented?	① 了解一些近现代发明的时间及用途，激发自己热爱发明的情感。 ② 了解中国发明创造及外国先进文明，开阔眼界，为促进中西文化交流打好基础
Unit 7 Teenagers should be allowed to choose their own clothes	① 了解中外审美观的差异，形成自己的审美观，展示个性。 ② 了解中西方关于青少年的不同文明准则。 ③ 了解西方和亚洲国家父母对待孩子的相似点和不同点
Unit 8 It must belong to Carla	① 通过英语谚语来学习、了解相关的英语文化和逻辑推理。 ② 了解中国与西方国家在孩子教育问题上的差异
Unit 9 I like music that I can dance to	① 了解各种音乐形式和电影类型，感悟和分享音乐和电影带来的情感体验。 ② 学会理解不同人的音乐喜好及其他艺术形式的鉴赏
Unit 10 You're supposed to shake hands	① 通过学习各国不同礼仪，了解各种场合下的不同表述与表现，学会用得体的语言进行表述，培养跨文化交际意识。 ② 了解各国风俗文化差异，比较中外见面礼、生活习俗的差异
Unit 11 Sad movies make me cry	本单元以谈论情感为话题，谈论对不同事物的感受，增强学生的语言表达能力，加强学生的沟通与相互理解，关心与关爱
Unit 12 Life is full of the unexpected	培养乐观向上、积极的生活态度
Unit 13 We're trying to save the earth	了解主要英语语言国家以及我国人民保护动物和环境的意识，培养环保意识，并能用适当的语言表达自己的内心感受
Unit 14 I remember meeting all of you in Grade 7	珍惜初中生活的点滴，培养对高中、未来生活的憧憬，树立远大人生目标

第四节　高中英语教材文化意识目标

本节主要以人民教育出版社出版的普通高中英语教材（2015年5月第24次印刷）为例，

介绍各年级英语教材中的文化意识目标。

表8 高一年级（人教版）

模块	单元	文化意识目标
必修一	Unit 1 Friendship	① 了解中西文化中人们对"友谊"的理解，帮助学生对"朋友"和"友谊"有进一步的理解。 ② 了解纳粹迫害犹太人的历史背景，使学生在感受外国文化的同时习得语言，更深刻地理解安妮当时的心情和将日记视为自己朋友的原因。 ③ 理解各国文化，进行反法西斯教育，为以后深入学习中外文化奠定基础
	Unit 2 English around the World	让学生领会英美不同文化差异和风俗习惯，领会语言丰富多彩性和发展变化的特征。让学生在认识英语在人们生活中扮演的不同角色的同时，更加热爱自己的祖国，从而培养他们的祖国意识，培养他们的跨国文化意识和世界意识
	Unit 3 Travel Journal	① 运用所学知识在实际生活中安排旅游，包括选择地点、选择路线、选择旅游方式、查询费用等。 ② 掌握旅游常识，学会解决旅游中出现的一些问题。 ③ 养成外出旅游时写旅游日记的习惯。 ④ 了解生态旅游的概念和意义，帮助学生树立为建立人与自然和谐发展的环境而努力的意识
	Unit 4 Earthquakes	① 学会有关地震的知识，并能通过学习讨论懂得地震时的应急逃生、地震后如何科学救人、地震的形成和如何减少地震所造成的损失等一般知识。 ② 懂得地震无情人有情，不管发生了多么可怕的灾难，国家和解放军官兵都会不顾自身安危，奋力抢救人民群众。培养学生一方有难、八方支援的互助友爱精神。 ③ 了解自然灾害给人类带来严重的破坏性后果，让学生进一步感悟、领会到人类应与自然界和谐共处。 ④ 培养学生的合作意识和"合作学习"的习惯。 ⑤ 欣赏课文中优美句子，了解一些英语修辞手法，使学生在学习完课文之后得到一次美的享受，一次心灵的愉悦和升华
	Unit 5 Nelson Mandela — a Modern Hero	了解中外主要的文学家、艺术家、科学家、政治家的成就、贡献等，培养学生的世界意识
	Unit 1 Cultural Relics	培养学生通过观赏与阅读，获取有关文化遗产方面的知识，提高他们的素质，扩大他们的国际视野，强化文化意识，激发他们对文化遗产保护的民族热情。
	Unit 2 Cultural Relics	

续表8

模块	单元	文化意识目标
必修二	Unit 3 Computers	① 了解计算机的发展历程。 ② 能对外来网络充满好奇，激发自己创造力的同时形成健康的网络使用态度和习惯
	Unit 4 Wildlife Protection	① 通过对野生动植物生存现状及其数量减少的原因的了解，让学生意识到保护动植物、保护环境的重要性，同时要对大自然的给予心存感恩。 ② 学生能够体会到人类在保护环境中的责任，并意识到人类和环境和谐相处的重要性
	Unit 5 Music	① 了解各种音乐形式，了解 The Monkees 组合的发展历程，接触不同地区的音乐，深化对音乐的认识，提高音乐素养。 ② 通过学习门基乐队从"平民到明星"的过程，引发学生对"明星梦"的反思，让学生了解成功来之不易，坚持不懈的努力才是成功的关键
必修三	Unit 1 Festivals around the World	① 让学生通过英语了解节日，使学生不仅对中国节日增进理解，同时对外国的节日及其风俗习惯也有所了解。 ② 通过中外节日的对比，加深其对中国文化的理解，提高学生的社会文化素质，加强其跨国文化意识。 ③ 了解世界文化的多样性以及增强对本国传统特色文化的保护意识，提高学生积极性，增强学生跨文化交际能力
	Unit 2 Healthy Eating	让学生了解一些不同的饮食观念及主张，加深对世界饮食文化的了解，弘扬中华民族饮食文化的精髓，培养学生爱国主义精神
	Unit 3 The Million Pound Bank Note	了解《百万英镑》及其作者马克·吐温的时代背景，提高学生的文学修养和跨文化意识
	Unit 4 Astronomy: the Science of the Stars	培养学生热爱科学，主动探究科学的精神。同时培养学生珍爱生命，热爱共同的家园——地球，保护环境、保护地球的意识
	Unit 5 Canada — "The True North"	通过对加拿大地理、政治、人文风情的了解，拓宽国际视野，理解各国的文化

续表8

模块	单元	文化意识目标
必修四	Unit 1 Women of Achievement	① 了解几位生活在不同国度的杰出女性，探讨女性在社会生活中的地位、价值和贡献，让学生学习外国伟大女性的优秀品质，提高对妇女社会角色的认识。 ② 介绍古今中外六位不同女性的成就，引导学生了解具有什么样人格的人才是伟人，让学生以这些伟人为榜样，并坚定信念，塑造自我，创造未来，从而引导学生树立正确的世界观和人生观。 ③ 通过本单元学习，让学生们深切地感受到男女平等，从而建立正确的性别观和社会观
	Unit 2 Working the Land	① 了解农业在不同国家的内容，从而让学生了解农业在整个人类生活中的重要性。 ② 了解农村生活，了解中国农民的生活现状，提高他们对农业的认识，从而帮助他们更深刻地理解农业科学家袁隆平的科学研究价值。 ③ 了解大米在东亚和东南亚国家人民生活中的重要性和世界部分地区所面临的饥饿问题，由此激发学生对世界的关注，培养国际意识。 ④ 了解农业耕种和农民采取各种方法进行的有机耕种，并认识有机耕种的益处，提高绿色农业的意识
	Unit 3 A Taste of English Humor	① 了解英语幽默和中国幽默的差异。 ② 了解"幽默"这一文化现象在中西方国家的表现，培养学生跨文化交际意识与能力
	Unit 4 Body Language	① 了解东西方文化的差异所带来的肢体语言的差异，从而减少在跨文化交际中产生的误解。 ② 了解肢体语言的重要性以及肢体语言在不同文化中的差异，让学生了解和尊重其他文化礼仪习俗。 ③ 了解不同国家的肢体语言，及各国相同肢体语言所表示的不同交际含义，增强对中外肢体语言差异的敏感性，拓宽学生的文化视野，培养世界意识，从而提高跨文化交际能力
	Unit 5 Theme Parks	① 了解主题公园与一般公园的异同，以及主题公园近半个世纪以来的发展，让学生懂得主题公园带给人们的不仅是娱乐，还有各种各样的知识和激动人心的新体验。 ② 了解不同国家的公园文化，从而让学生了解不同国家的文化差异

表9　高二年级（人教版）

模块	单元	文化意识目标
必修五	Unit 1 Great Scientists	① 回顾不同领域不同时代的10位科学家，了解他们对人类的贡献及其成果。 ② 了解一些中外科学家的事迹及他们的贡献，扩大知识面，达到以知识武装头脑，以文化陶冶情操的目的。 ③ 培养学生探究科学、崇尚科学的精神，形成正确的科学观
	Unit 2 The United Kingdom	① 展示有关英国的图片，让学生仔细观察并准确描述，充分了解英国的历史、地理、人口和文化等情况。 ② 了解英国的历史、地理位置、国家构成及名胜古迹
	Unit 3 Life in the Future	① 了解中国和其他国家目前存在的社会问题以及科技发展方向，预测世界未来生活、环境的发展趋势。 ② 对人类今后的生活环境、生活方式进行猜测，树立环境保护和资源保护意识
	Unit 4 Making the News	① 通过对Making news的认识，培养学生具有了解社会并参与社会活动的意识。 ② 对比中外新闻的差异性，充分了解不同国家之间的文化差异性
	Unit 5 First Aid	① 比较中外文化中急救方面的行为规范和价值观念，介绍西方急救知识及注意事项，使学生充分了解其差异。 ② 培养学生对急救常识正确的认识，挖掘中外文化急救方面的行为规范和价值观念，收集抢险救灾方面的感人事迹。 ③ 在了解英语国家文化、艺术、科学各方面成就与特征的基础上，进一步认识英语国家对医疗卫生工作、安全、健康的重视，了解英美文化在日常生活中的渗透
选修六	Unit 1 Art	① 讨论有关画展或书中的艺术作品以及西方不同时期的著名画家，了解不同时期的艺术表现形式。 ② 了解更多有关艺术的背景知识，分析中西艺术史上各大流派的特点，指出其代表性画家和作品，对中西方绘画艺术进行比较。 ③ 了解西方绘画的历史及不同时代的绘画风格和东西方绘画的差别
	Unit 2 Poems	① 世界上每个民族，每个国家都有自己独特的文化，通过学习不同种类的诗歌，学习了解不同国家的诗歌文化。 ② 培养学生通过阅读，获取有关英国诗歌方面的知识，扩大国际视野，提高阅读能力，强化文化意识，并激发他们热爱中国瑰丽的诗歌文化的热情

续表9

模块	单元	文化意识目标
选修六	Unit 3 A Healthy Life	① 对比中西方的饮食差异，了解西方肥胖病多发的原因。 ② 了解西方对健康生活的理解，对比中国关于健康生活的认识，体会中西方国家关于健康生活的思想差异，培养健康意识
选修六	Unit 4 Global Warming	① 了解在不同文化中人们对全球环境问题、能源问题的看法和关注程度，从而了解全球变暖的危害和保护环境的重要性，增强节约能源，保护环境的意识。 ② 了解不同国家对全球变暖所采取的措施，从而了解不同国家对于全球变暖这一问题所做出的努力
选修六	Unit 5 The Power of Nature	① 展示与自然灾害相关图片，增强学生的自然保护意识。 ② 了解自然灾害，自然界的威力，懂得人类只有保护自然，才能有效地预防自然灾害并改造和利用自然
选修七	Unit 1 Living Well	① 了解外国人对待残疾人的方式和态度，借鉴他们的一些优势，并意识到我们周围环境存在的不足。 ② 了解导致残疾的疾病和残疾人的生活。学习他们凭借顽强毅力和社会关爱克服生活中的种种困难，积极面对人生的挑战精神。教育学生理解、尊重、关心、帮助残疾人，使残疾人与健全人一样共享美好生活。 ③ 了解盲文创始人路易斯·布莱尔的个人经历和导盲犬的工作情况。深刻了解盲人生活状况，进一步激发学生伸出双手，帮助盲人和其他残疾人的意识
选修七	Unit 2 Robots	① 帮助学生更多地了解机器人及有关的科幻小说，培养学生的想象力和对未知世界的探索精神。 ② 了解一些机器人的发展，培养学生的创新精神及探索精神。 ③ 了解机器人文化的发展和国外科幻作品及作者，增强学生英语交流与表达的信心
选修七	Unit 3 Under the Sea	① 以谈论海底世界的动植物为切入点，让学生在交流中发现和了解大自然的奇妙和美丽。 ② 了解海洋动植物和大自然，并学习用英语表达对它们的感受、关切和热爱，从而在学习和运用语言的同时，强化对海洋生物和大自然的保护意识
选修七	Unit 4 Sharing	① 理解志愿者工作的意义，培养学生在日常生活中帮助他人、扶贫救困的爱心意识。 ② 在小组合作互动中，增强学生的团队合作精神与分享意识
选修七	Unit 5 Travelling Abroad	① 用世界各地著名景点与大学的图片激发学生的学习动力，并将这种动力融入到自己平时的学习中去。 ② 了解在国外学习的困难，培养学生坚强的意志，坚定克服困难，迎接挑战的决心

续表9

模块	单元	文化意识目标
选修八	Unit 1 A Land of Diversity	① 了解美国的多元文化特征，培养学生跨文化交际意识，进一步拓宽视野，为终身学习奠定良好基础。 ② 深入了解加州移民，认识到"美国是民族的大熔炉"，增强对美国多元文化起源与因素的理解
	Unit 2 Cloning	① 通过阅读，唤起学生对生活的关注，知道克隆的重要意义以及克隆技术可能的利与弊，激发学生热爱科学的热情。 ② 了解高科技发展可能对人类未来带来的正面和负面影响，增强科学伦理意识
	Unit 3 Inventors and Inventions	了解历史上中外重大发明及其发明者对中外文化发展的影响及作用
	Unit 4 Pygmalion	① 了解人可能通过后天努力改变现状，鼓励学生挖掘自我潜力，勇于超越自我。 ② 在阅读名著改编的小说和剧本中学习了解外国的歌剧文化
	Unit 5 Meeting Your Ancestors	① 学习周口店洞穴北京人遗址、埃及古墓等古代文明，使学生了解一些考古学及人类发展变迁历史等方面的知识。 ② 激发学生热爱人类、热爱历史、热爱考古的兴趣，进而使学生懂得保护文化遗产的重要意义。 ③ 通过对一些古文物的识别、鉴定和描述，使学生学会鉴别、描述事物（考古现象）特征的方法

表10　高三年级（人教版）

模块	单元	文化意识目标
选修九	Unit 1 Breaking Records	① 了解吉尼斯纪录的相关知识以及勇于挑战并打破纪录的杰出人物应具备的品质，加深对吉尼斯纪录的了解。 ② 鼓励学生打破"我不行"的心理暗示，让意念统领身体并走出一条完美的道路
	Unit 2 Sailing the Oceans	① 了解在现代航海仪器发明以前，我们的祖先是怎样利用自然知识和一些简单的工具来对海洋进行探索。 ② 探究早期海洋冒险家的经历，使学生对成为航海家所应该具备的素质有一定的了解。 ③ 了解成为一个海洋冒险家的相关知识以及勇于挑战应具备的品质
	Unit 3 Australia	① 了解澳大利亚的风土人情，包括土著人、生活方式、天气、语言等方面，领会民族精神，学会包容不同文化。 ② 了解澳大利亚拥有的独特地理位置以及当地的一些独特动物
	Unit 4 Exploring Plants	通过本文的学习，学生可以扩大视野，了解一些植物探险方面的知识
	Unit 5 Inside Advertising	① 了解广告基本知识，如"什么是广告""如何制作有效广告""广告的语言特点"以及"广告行业的道德规范"等。 ② 了解广告的运作机制，培养现代意识，树立诚信意识，提高鉴别广告的能力

续表10

模块	单元	文化意识目标
选修十	Unit 1 Nothing Ventured, Nothing Gained	① 了解中西文化中人们对"不入虎穴，焉得虎子"的不同表达。通过这些不同表达，理解中英文中常用的成语或者俗语及其包含的文化内涵。 ② 了解中英文交际中不同的文化典籍和传说。通过对本文涉及的文化及其历史事件的学习，了解相关历史事实，初步了解英语语言与英语文化之间的关系，如俗语的表达与文化背景的关系
	Unit 2 King Lear	① 通过对莎士比亚经典文学作品的赏析，提高学生文学素养。 ② 初步了解莎士比亚的生平事迹，了解其伟大的文化成就及其历史贡献
	Unit 3 Fairness for All	① 了解美国民权运动发生的历史背景，经过及其结果。 ② 了解美国文化和政治之间的联系，使学生在感受外国文化的同时学习语言，更深刻地理解美国社会文化和黑人的社会地位
	Unit 4 Learning Efficiently	了解不同的学习方法，通过比较国内外不同学生的学习方法和目的，了解中西方在人才培养目标和方式上的差异，找到属于自己的学习方法
	Unit 5 Enjoying Novels Appendices	通过对各种经典小说的介绍，培养学生阅读中外小说的兴趣，透过文学作品了解社会风情，提高对中外小说的赏析能力，进而更好地理解中外文化
选修十一	Unit 1 New Zealand	了解新西兰的地理位置、气候特点和人文历史方面的知识，强化学生跨文化意识，进一步了解英语国家的风土人情
	Unit 2 Detective Stories	① 了解相关时代背景和"英国侦探小说之父"柯南道尔的生平事迹、文学创作及其文化贡献。 ② 激发学生对小说阅读的兴趣，帮助学生从多方面了解英美文化
	Unit 3 Finding the Correct Perspective	了解中外文化思想上的差异和共性，明白每个人有自己的压力。面对压力，引导学生树立正确积极的态度和自立自强意识
	Unit 4 Legends of Ancient Greece	① 了解希腊的神话传说，培养学生对中外神话传说的兴趣，同时对比中国神话故事，从而加深对中外文化差异的理解。 ② 了解古希腊文化是古典文化代表之一以及希腊神话传说的内容，加深对西方古典文化的理解
	Unit 5 Launching Your Career	了解职业和事业的异同点，比较国内外在择业观方面的异同点，树立正确的符合实际的职业观

参考文献

[1] 肖川. 义务教育英语课程标准（2011年版）解读［M］. 武汉：湖北教育出版社，2012.

[2] 人民教育出版社课程教材研究所，英语课程教材研究开发中心. 义务教育教科书英语（七年级上、下册）［M］. 北京：人民教育出版社，2012.

[3] 人民教育出版社课程教材研究所，英语课程教材研究开发中心. 义务教育教科书英语（八年级上、下册）［M］. 北京：人民教育出版社，2012.

[4] 人民教育出版社课程教材研究所，英语课程教材研究开发中心. 义务教育教科书英语（九年级全一册）［M］. 北京：人民教育出版社，2012.

[5] 人民教育出版社课程教材研究所，英语课程教材研究开发中心. 英语（必修1～5）［M］. 北京：人民教育出版社，2015.

[6] 人民教育出版社课程教材研究所，英语课程教材研究开发中心. 英语（选修6～11）［M］. 北京：人民教育出版社，2015.

第二部分

中学英语跨文化交际知识

第三章　家庭文化

第四章　饮食文化

第五章　节日文化

第六章　体育文化

第七章　教育文化

第八章　文学与艺术

第九章　人际交往（一）

第十章　人际交往（二）

第十一章　人际交往（三）

第十二章　谚语及典故

第十三章　英国地理历史文化

第十四章　美国地理历史文化

第十五章　加拿大地理历史文化

第十六章　澳大利亚地理历史文化

第十七章　新西兰地理历史文化

第三章 家庭文化

家庭是指婚姻关系、血缘关系或收养关系基础上产生的，亲属之间所构成的最基本的社会生活单位。鉴于家庭在个人生活中的重要地位，本章主要探讨中西方的家庭文化。

第一节 中西方国家的家庭文化

由于东西方的价值观和文化传统有很大的不同，中西方在家庭文化上也存在着极大的差异。本节主要从家庭结构、家庭关系、家庭教育等方面来进行阐述。

一、家庭结构

在中国，大到国家，小到家庭，传统意义上都认为"人多力量大"。中国至今仍是世界上人口最多的国家。从封建时代起，受儒家思想的影响，中国人就比较重视血缘关系。即便是社会日益发展的今天，家族观念和宗族关系在中国人心中仍占有着很重的分量。"家有一老，如有一宝"，我们经常可以看到三代甚至四代人生活在同一个屋檐下。在有些地方，"家"的概念甚至可以扩大到一大族人，族群中有推选的族长、成文的族谱、族规以及祭祀祖先的宗族祠堂。尽管现在中国人对三代之外的直系血亲关系和两代之外的旁系血亲较以前淡漠些，但因为从传统意义上讲，中国仍是典型的集体主义倾向的国家，而家庭又是最重要的集体依托，中国人还是生活在较为亲密的家庭关系网络中。

与中国的"延伸家庭"（extended family）不同的是，西方人对血缘关系看得没有那么紧要，所以他们多以"核心家庭"（nuclear family）为主要存在形式，即夫妻两人及其未婚孩子一起生活。西方人一旦成年后是要搬出去独立居住和生活的。这是由于西方的文化价值观以个人主义为核心，提倡人的尊严和自由发展。有人说，西方的父母没有中国的父母生活得那般焦虑，中国父母不仅操心子女成长、读书、工作和婚姻，还要帮儿女带孙子，继续为孙辈操劳，心甘情愿无怨无悔地付出，而西方的父母需要的是自己的生活，他们首先是做自己，然后才承担其他的社会角色。

现代的中国家庭规模也日渐趋小，家庭类型也更加多样化。根据国家统计局数据，2012年居民家庭户的平均规模为3.02人。由于"单身贵族"或"二人世界"的家庭数量增加，中国已是平均家庭规模较小的国家。

然而，在全球化高度发达的今天，中外联姻日益增多，东西方不同的家庭结构仍然是导致跨国婚姻冲突的一个重要因素。

二、家庭关系

家庭观念影响家庭生活。东方人和西方人在处理个人与家庭的关系、家庭成员之间的关系、家庭与家庭的关系有着很大的不同。

1. 个人与家庭的关系

中国是一个典型的有着集体主义文化倾向的国家。集体主义文化主要有两层意思，其中一层便是群体取向。"先天下之忧而忧""集体主义利益高于个人利益"，在必要的时候需要牺牲个人利益以成全集体利益。家庭就是很重要的集体，所以在个人与家庭的关系中，家庭永远是第一位，家庭利益一定高于个人利益。

在西方文化中，人是核心，是主体，是社会最基本的单位和主宰者，血缘关系并不是十分重要，个人利益往往比家庭利益重要，个人的利益和意愿是主要的，家庭的利益和意愿是次要的。

2. 家庭成员间的关系

在中国封建社会，家长管理家庭的一切，而在一个家庭内部有发言权和决定权的只有男人。在三纲五常的约束下，女人和孩子处于从属地位。出嫁从夫，女子常被冠以某某氏，生下的孩子跟随夫家姓。即使在现代社会，男主外女主内的传统思想依然被很多人认可。汉语里丰富的亲属称谓语反映出了封建时期男女性别的不平等。汉语里父亲的父亲被称为祖父，母亲的父亲则要多加一个"外"字，即外祖父。表亲和堂亲区分得很清楚，拥有同一个姓的兄弟姐妹，即叔伯的孩子才是堂兄弟姐妹。母亲的兄弟姐妹的子女，即姨妈家的和舅舅家的孩子，包括父亲的姐妹的子女，即姑妈家的孩子都是表兄弟姐妹。父亲的兄长和弟弟在称谓上被分得很清楚，年长的被称为伯父，年幼的被称为叔父，但母亲的兄弟都被称为舅舅，姐妹都被称为姨妈，父亲的姐妹都被称为姑妈，在称谓上却无差异。在中国传统观念里，嫁出去的女儿如同泼出去的水。根据封建传宗接代思想，母亲和姑姑都是出嫁的女子，即使有血缘也被排除在娘家的宗亲之外，相对于娘家是外人。当然，这些称谓语是传统文化的一种折射。在现代的中国，女人在家庭的地位和重要性也越来越凸显。

亲子关系方面，在古代中国，晚辈需对长辈绝对恭敬和遵从，意见相左或不遵从父母之命就会被指有违孝道。即便现代中国家庭里多了一些民主气息，但自古代中国就有的长幼有序的传统仍流传至今。在给孩子取名的时候，直系亲属长辈的名字大都是需要避讳和禁忌的。晚辈在家里还必须尊老敬老，不得直呼长辈名字，否则会被认为没有教养。除了尊敬祖父母，父母亲，还要尊兄敬姐。同样的，在与别人交往时也应避对方的长辈之讳，并用以尊称，否则极为失礼。

在中国，家庭是一个集体，家庭成员之间没有隐私，家庭的物品可能是某个人所买，但一般会归所有家庭成员共享，并且很多情况下不用打招呼就可以使用。家庭成员间帮忙搭个手，也很少使用道谢之类的语言。如果表达谢意，反而会被认为生分和疏离。随着越来越多的接受更多外来文化的70年代和80年代出生的年轻人为人父母，中国家庭在这些方面也慢慢发生了一些变化。更多的家长开始教育孩子从小怀有感恩之心，向给自己提供方便的人包括家人表达感谢。

西方家庭中体现着男女平等思想。比如，英语里的"grandfather"一词既能指祖父，也能指外祖父，可以看出父亲的父亲和母亲的父亲在西方人看来没有什么不同。我们还可以从称谓语中找到更多这样的例子。在西方尤其是美国的家庭里，男女个体在家庭里的地位是平等的。他们认为男女的差异不是先天的性别优劣，而是社会分工的差异，因此懂得相互尊重各自的价值观，男女拥有同等的生存权、发展权和选择权。

西方家庭中体现着长幼平等思想。我们经常可以看到西方的孩子起名随爷爷，随姑姑。这在中国是极为少见的。西方人取和长辈一样的名字是一种纪念或敬意，被重复了名字的长辈会觉得很荣幸。在西方的家庭里，长辈和晚辈都可以随意表达自己对某个问题的看法和意见，晚辈不会担心因为意见相左而被认为是不对。西方人从小就被锻炼独立思考和行动的能力，不依赖、听从父母，享有作为家庭主人的自由、平等权利。

西方的家庭成员间也有很多隐私，家庭成员都需要足够的个人空间，父母不经孩子同意是不能随意进入孩子的房间的，更别提翻看孩子的日记。家庭成员之间也善于使用感谢语、道歉语等。

这里向大家推荐李安在20世纪90年代执导的电影《推手》。影片是李安导演家庭系列影片三部曲之一，讲的是美国儿媳和中国公公之间的"战争"。影片中有以下一段台词：

Alex：When can I start reading your new book？（我何时才能读到你的新书？）

Martha：There is no new book, can't you tell? Shit out as you're used out of as your father？（没新书了，你看不出来吗？你是不是跟你爸一样老糊涂了？）

Alex：You don't know my father.（你不了解我父亲。）

Martha：I've spent every single day in the same room with that man since he showed up here a month ago. Alex, it's impossible. He's taken over my work room. I just don't have the space to think.（自从一个月前他来了以后，我整天跟他在一间房子里耗。我真的受不了了，他占去了我的工作间，我根本没思考的空间。）

Alex：Not enough space? In China, this house is big enough for four families.（没有空间？在中国，这间房子够住四家人。）

Martha：Sure, but they speak the same language, so they can talk to each other. Alex, he's learned no word of English.（可是至少他们讲同一种语言，他们可以聊天嘛。你爸一句英文也不学。）

Alex：Then what about you? What have you done but make fun of him, treating him with distress bad?（你呢？你除了每天取笑他，又做了什么呢？）

Martha：Alex, I have tried.（我尽了力。）

Alex：I'm his only son. What do you want me to do?（我是他的独子，你要我怎样？）

Martha：You can at least consider moving into a bigger place. We can afford it.（你可以考虑搬到大一点的房子，我们供得起。）

Alex：No.（不行。）

Martha: I don't see why we have to pay for his insurance and let him stay inside our home, but we can't accept a little loan from my mother.（我不明白为什么我们要替你爸买保险，还让他住在我们家，而我妈借点钱给我们都不行？）

Alex: That's not a little loan. It's a bribe, a big bribe, and you know it.（那不是一点贷款。那是贿赂，巨额的贿赂，你知道的。）

从这段对话可以看出中国和美国家庭成员间关系的不同。玛莎看重个人空间，尤其在工作时不希望被打扰。与无法交流的公公同处一屋檐下，玛莎感到很不习惯，内心很压抑。而丈夫晓生作为家里的独子，必须要担负起赡养老父亲的责任。他不可能将老父亲赶出自己的家，也不可能因为妻子的事情而责备父亲，因为他原本是地地道道的中国人。

3. 家庭与家庭的关系

我国老百姓中有一句俗话叫"远亲不如近邻"，它说明邻里之间互帮互济、礼尚往来一直是我国的优良传统。现在，人们的居住环境改变了，邻里之间的交往接触比过去少了，但是邻里之间仍然保持互相体谅、互相谦让、和睦相处的优良传统，人们还是会主动承担公共责任，营造宽松友善的邻里关系。大多数西方家庭是通过一些聚会来认识自己的邻居，但是如果主人不邀请你的话，你是不能随便进入聚会的。这与中国人处理邻里关系的方式有着巨大的差异。在中国，特别是宗族之间的探亲访友，是非常正常的一种人际关系交往，甚至不用预约。而在西方，探访是需要预约的，在一些国家，你甚至必须严格按照预约的时间进行探访，不能早到，也不能迟到。

三、家庭教育

除了在家庭结构、家庭关系方面存在差异，中西方家庭在教育上也有很大不同。下面具体从教育方向、教育重心和教育方式三个层面上来探讨。

1. 家庭教育方向

现代中国家庭大多数都是独生子女，除了有父母照顾外，还有外公、外婆、爷爷、奶奶等帮忙照看。孩子从小就在大人的全方位照顾、保护中长大，养成了凡事都要依靠长辈的习惯。新闻中经常报道，某某学校出现学生带着家长、保姆上学；某某高校高材生不会系鞋带、不会洗衣服、不会与人沟通，生活无法自理。中国的家庭教育观念认为体力劳动都是"吃苦受累"的人所做的事情。

美国家庭教育注重培养个人的独立性、自信心。在美国，父母非常注重培养孩子独立、自信、勇于探索等个人品格。父母尽量让孩子们参加力所能及的家务活。多数美国家长在孩子们劳动后犒劳他们，通过这种方式让孩子从小知道世上从来没有免费的午餐，要自己动手去劳动、去挣钱。孩子们通过实践，知道了家里的钱都是爸妈劳动挣来的，懂得了付出才有回报。美国家庭要孩子们参加劳动，那不是"吃苦"教育，而是培养孩子们的自信心和独立精神。

2. 家庭教育重心

这一点在前面讲家庭关系时有所提到。在中国的家庭里，父母从小教导孩子要听父母、老师的话，长辈说话孩子们不能随意插话，而且父母在谈论某件事情时已预先告诉孩子是对或是错。因此孩子只能被动听从父母、长辈的安排，长幼尊卑的观念从小就渗入到孩子们的心灵中。而在美国家庭中，家长对孩子的态度比较宽松。孩子大多比较活泼，在父母面前可以畅所欲言，所讲有独到之处，父母还会给予孩子赞赏和鼓励。大多数孩子可以在自己的空间里随意想象，进行创造性的活动。

3. 家庭教育方式

美国孩子遇事积极、乐观，好奇心强，敢尝试、能吃苦、肯动脑筋。而中国的孩子遇事时却等待观望，下定不了决心，对事物缺乏兴趣，不肯动脑筋。这是什么原因呢？原因在于不同的家庭教育方式。美国人对孩子的鼓励多于保护。父母经常鼓励孩子做各种尝试，在做中学，做中练，不怕失败，培养孩子的能力和兴趣，最重要的是培养孩子的冒险精神，但这种冒险不是盲目的。而中国的家长对孩子则是过分的保护，造成孩子对父母的高度依赖，使孩子怀疑或失去对自我价值和能力的正确评价，遇到问题要等父母来解决。家长怕孩子受伤、受欺，很多事情或活动家长认为危险、脏等就不让孩子玩。其次，美国人对孩子的引导多于灌输。"我觉得……会好些？""我的建议是……""你愿意听听我的看法吗？"等等是美国家长对孩子说的话。"你还小，听妈妈的。""不听老人言，吃亏在眼前！""不行""不可以"等等是中国家长常对孩子们说的话。引导和启发孩子思考，在思考的基础上再做出自己的判断，并对自己做出的判断所造成的结果负责，这才是孩子成长和认识事物的必然过程。灌输式的教育对孩子来讲只需要被动接受，单纯的告诉孩子哪些能做，哪些不能做，只会束缚孩子探索求知的能力。

近些年被大家关注很多的是，中国的孩子学习压力越来越大，童年生活失去了原有的快乐。课余和周末，家长为了使自家孩子不落于人后，拼命地报各种辅导班，仿佛只要报了班，孩子就会走在别人前面。其实父母望子成龙、望女成凤的出发点是好的，希望子女将来更好地适应这个社会的发展。但是很多父母不是从孩子的意愿出发，所以我们经常可以听到"你看看，人家钢琴学得多好"之类的话，有的父母是将自己未完成的心愿强加到孩子身上去实现。

著名华裔女作家谭恩美的代表作《喜福会》讲述的是四位华人移民妇女和她们在美国长大的儿女之间的故事。她们共同的理想就是要严格教育、管束自己的女儿。例如吴苏圆和吴晶梅这对母女之间有过这样一段对话：

— I'm not your slave. This isn't China. You can't make me.

— Get up!

— No! No, I won't. No! No, I won't. You want me to be someone I'm not! I'll never be the kind of daughter that you want me to be!

— There are two kinds of daughter：obedient or follow own mind. Only one kind of daughter could live in this house：obedient kind.

— Then I wish I wasn't your daughter! I wish you weren't my mom!

母亲在女儿童年时曾坚决而"狠心"地以做清洁工为代价让女儿有机会去学习钢琴，希望把她塑造成一个有别于自己，能为白人社会所接受的高雅女性。而女儿却"不懂事"地一味反抗母亲的意志，对于母亲们所做的诸多牺牲，推崇自由和个性的女儿们无法理解。相反，女儿们感觉她们的个性受到了压制，失去了个人自由，所以她们通过种种方法进行反抗。

这里还有一个案例可以充分阐释中国和西方在家庭教育及家庭成员关系上的不同。

When Mr. Xin arrived in America, he was very happy to meet Mike, his ten-year-old grandson, who had been born in America. His son, who was educated according to the traditional "beating" principle of China, warned Mr. Xin that according to the local law, physical punishment of children was forbidden. Mr. Xin always remembered this caution until one day. During the lunchtime, Mr. Xin couldn't control himself when Mike, who hated vegetables, picked out all the vegetables from his plate and threw them aside. Spanked by his grandfather for the first time, Mike didn't cry. He went to pick up the telephone and called the police. Mr. Xin thought Mike was calling his mother, and was shocked when a police car arrived at the door fifteen minutes later.

在中国，打孩子在过去被当作是家庭教育重要的方式。长辈们常常用"我打你是为你好""国有国法，家有家规"或"打是亲骂是爱，不打不骂不成材"等来表达这一行为是合乎情理的。在古代中国，不仅家长可以打孩子，私塾学校的老师也可以对学生进行体罚。Mr. Xin是地地道道的中国人，他认为孙子做得不对，爷爷就有权力实施管教。而在美国，家长若对孩子实施体罚，会被认为是虐待孩子，会受到法律的惩罚。在美国长大的孩子都清楚地知道这一点。于是，孙子Mike为了保护自己的合法权利报了警。而在中国，这种情况是不可能出现的。

思考题

阅读以下案例，请用你所学的知识进行分析。

Before her retirement, Xue Suling used to be a teacher of Chinese language in a primary school. When she was invited by her daughter to help take care of her grandson, she decided to teach him Chinese language and make a detailed plan on how to do it. What she didn't expect is that it was very difficult to carry out her plan, even though she was an experienced teacher. Born in the United States, the six-year-old grandson already knew how to protect his time and his "rights". After returning home from school, he refused to spend half an hour sitting in front of the desk to practice reading and writing Chinese. He kept asking his grandmother why other children didn't have to learn it. Things went better when Xue decided to learn English from her grandson. Every time she learned an English word, she taught him the equivalent Chinese word. In this way, both of them learned from each other.

参考文献

[1] 李智榜. 正确看待中西方家庭文化的差异 [J]. 企业导报, 2011 (10): 257-258.
[2] 樊葳葳. 跨文化交际视听说 [M]. 北京：高等教育出版社, 2009.

第二节　教学案例及解读

家庭是人类社会最古老和最重要的组成部分，在任何国家，家庭都是重要的社会单位，家庭对于人与人，人与社会的关系产生着不可忽视的作用。东西方民族由于文化传统和价值观念的不同，在家庭观念中呈现出诸多差异。在中学英语教材中，很多内容都呈现出中西方文化的差异，其中也涉及中西方家庭文化的差异。

一、教学内容

本课选自人教版七年级英语上册 Unit 2 This is my sister。本节课话题为讨论家庭成员。在整个单元中家庭成员的称谓以及对家庭成员的介绍和提问，与一个个小任务紧密地结合在一起。教材较好地体现了教学的渐进性和层次感，使学生在教师的带领下能反复地掌握和巩固本单元的生词和新句型，从而达到能流畅介绍家庭成员的目的。作为该单元的第一课，对话课是单元整体教学的重要环节。对话课的作用首先是为以后的几课时提供话题和语境。由于整个单元都是围绕一个话题操练特定的功能项目，对话课又具有为以后课时的学习扫清语言和文化障碍的作用。本课时主要让学生学会确认家庭成员并相互口头介绍家人或朋友。同时，帮助学生了解中西方家庭文化的差异，如中西方对于家人称谓的不同，家庭结构和成员之间关系的不同。

二、教学目标

（1）学会认知家庭成员，了解家庭关系，掌握相关家庭成员名称的表达方法（father, mother, grandfather, grandmother, brother, sister, uncle, aunt, cousin, son, daughter, parents）；学会运用指示代词（this, that, these, those）和一般疑问句及其简单回答，来完成"介绍别人"的主题任务；初步理解和运用名词复数形式（brothers, sisters, parents, friends）。

（2）了解中西方家庭文化的差异，如中西方对于家人称谓的不同、家庭结构和成员之间关系的不同。

三、教学重难点

（1）熟练掌握家庭成员的名称，运用这些词汇进行交流。

（2）学习和体会不同国家家庭文化差异，增强和培养跨文化意识。

四、教学过程与方法

Step I Warming-up

Task 1 Show students two pictures, one of which is about the teacher's family, let students guess who everyone is.

Task 2 Learn some new words and expressions.

【设计意图】向学生展示两张全家福图片，一张为教师本人的全家福，一张是教师一位外国朋友的全家福照片，让学生猜测教师全家福中每个人与教师的关系，并介绍外国朋友一家。这一环节目的在于引出本课"家庭成员"这一话题，激发学生表达的兴趣。同时学习几个与介绍家庭成员相关的表达方法，为下一环节的表达做好铺垫。

Step II Introduction

Task 1 Talk about the pictures. Introduce the people in the pictures to students.

Task 2 Learn and practice the following expressions: grandmother, grandfather, grandparents, brothers, sisters

This / That is… These / Those are…

These are Dave's grandparents / brothers / sisters…

【设计意图】向学生介绍图片中教师和其外国朋友的家庭成员，引导学生练习本课重点句型。同时告诉学生中国的全家福通常是一家三代甚至四代人的合照，其中还包括父母的兄弟姐妹和家人，而在西方国家通常只有父母和他们的孩子，这是因为从封建时代起，受儒家思想的影响，中国人就比较重视血缘关系。即便是社会日益发展的今天，家族观念和宗族关系在中国人心中仍占有很重的分量。而在西方国家，人们对血缘关系看得没有那么紧要，所以他们多以"核心家庭"为主要存在形式，即夫妻两人及其未婚孩子一起生活。这是由于西方的文化价值观以个人主义为核心，提倡人的尊严和自由发展。

Step III Reading

Task 1 Read the text and get the main idea of the text.

Task 2 Answer the questions in the textbook.

【设计意图】通过阅读对话，了解如何介绍自己的家人和朋友，思考课后的问题从而更全面地理解对话的内容，同时学习更多有用的句型。

Step IV Practice

Let students work in groups of four and practice introducing their family members in the picture, then each group chooses one student to take the picture to the class and introduces it to the whole class. Before introduction, students can look at the pictures and guess the people in the picture by using the following structures:

Is this your aunt / father / uncle / grandfather…?

Yes, he / she is.

No, he / she isn't.

【设计意图】在这一环节中，学生有机会将本课所学到的句型词汇以自我介绍和讨论的方式得以运用。学生先分组练习，然后每组选择一个学生上台进行介绍，这一过程既让每一个学生都得到了练习，也让优秀的学生得以展示。同时，教师可以借此机会让学生思考中西方对于家人的称谓差异。比如汉语里"父亲的父亲"被称为"祖父"，母亲的父亲则叫"外祖父"。拥有同一个姓的兄弟姐妹，即叔伯的子女是堂兄弟姐妹。母亲的兄弟姐妹的子女，即姨妈家的和舅舅家的孩子，包括父亲的姐妹的子女，即姑妈家的兄弟姐妹都是表兄弟姐妹。而在西方国家，姐妹都被称为"aunt"，父亲的姐妹都被称为"aunt"，称谓上无差异。这就体现了中西方家庭文化的差异，在课堂中，渗透这些相关的知识，可以提高学生的跨文化意识和跨文化交际能力。

Step V Summary and homework

Let students review all the important words and expressions.

【设计意图】引导学生对本课的重点词汇和句型进行复习，帮助巩固本课所学的知识。

五、教学反思

本课学生通过阅读简短对话，反复对所学词汇和句型练习，了解和学习在介绍家人时所用到的相关词汇和短语。同时，学生通过展示图片并自我介绍的过程，进一步提升了听说能力。在教学的过程中，通过向学生介绍中西方家庭文化方面的差异，提高了学生的跨文化意识和跨文化交际能力。

第四章 饮食文化

民以食为天,世界上任何一个国家都有其特色的饮食习惯和传统的饮食文明。饮食在人类生活中的重要地位不可忽视。本章主要介绍中西方的饮食文化,并进行教学案例解读。

第一节 中西方饮食文化差异

由于气候环境、宗教信仰和生活方式的不同,中西方在饮食文化上存在着很大的差异。本节主要从饮食观念、饮食方式、饮食内容、烹饪方式以及餐桌礼仪五个方面来阐述。

一、饮食观念

这里讲的饮食观念,主要是指味道与营养、铺张与节俭两个方面。

1. 味道和营养

中西饮食观念最大的不同就在于中国人重视味道,西方人重视营养。

中国的饮食一般首先考虑的是食物的色、香、味,味道被放在首要位置上,营养成分搭配则往往被忽视。比如看着一盘食物,中国人首先会猜想好不好吃,很少首先考虑有没有营养。中国人口众多,自古以来吃饱就是首要问题,生存需要逼迫人们把吃看得很重。中国人把食物的做法分为煮、烤、蒸、炒、炸五大类以及鲁、川、粤、闽、苏、浙、湘、徽八大菜系,仅仅刀工就有数十余种,可以把菜切成块、片、丝、丁、条、泥等。

| 川菜 | 鲁菜 | 苏菜 | 浙菜 |
| 粤菜 | 湘菜 | 闽菜 | 徽菜 |

不同于中国的感性饮食观念,西方人具有理性饮食观念,讲究食物营养是西方人饮食的

最高标准。蛋白质、碳水化合物、维生素等搭配是否合适,是否易于吸收消化,是他们要考虑的。口味单一、淡而无味,都无关紧要。就拿早餐举例,中国人大多都是馒头和稀饭,再配点下饭的菜。这与西方人的早餐相比,存在一些营养差距。西方人的早餐可以是一杯牛奶加燕麦片,两片熏肉、涂有果酱的面包、一个煎蛋,热量适中,营养齐全。

2. 铺张与节俭

中西饮食观念的不同还在于中国人讲究铺张排场,西方人提倡节俭简单。

中国人在家待客时一定会准备丰盛的酒菜,数量和质量要兼顾。好酒好菜才能显示主人的热情好客。但通常情况就是,客人吃得少剩得多。在饭店里,很多中国人点菜也是浪费铺张。新闻里经常报道说饭店年夜饭每年吃剩多少多少。究其原因还是很多中国人爱好面子。在某种意义上,排场即为面子。

在西方,人们在节俭方面的意识是非常强的,吃饭趋于简单化,正式的西餐宴席往往不过是五六道菜而已,而且其中只有两道菜算得上菜,其余基本上是陪衬。平时待客,饭菜的准备更为简单,他们觉得只要够吃能吃饱就可以了。很多人都知道美国的"potluck",这种聚会形式更为简单,要求参加聚会的人自带一道菜或者饭后的甜食,让大家共享,而主人只提供一些饮料和一道菜就行了,可见,他们的饮食很节俭,也不讲排场。在中国人看来可能会觉得真是不可思议。中国人请客吃饭这种铺张浪费的行为是不可取的。我们在日常生活中应加强勤俭节约的意识,把中华民族的传统美德发扬下去。

二、饮食方式

1. 共餐制与分餐制

从饮食的方式来讲,中国采用共餐制,西方人采用分餐制。中国人吃饭常使用圆桌,大家围坐起来,共同享用桌上的食物,这就是共餐制。人们觉得这样吃饭能制造一种其乐融融的氛围,敬酒、夹菜、交谈都更为方便,可以体现中华民族重视家庭的集体主义观念。而在西方,无论是自家人吃饭还是宴请他人,就餐者都是一人一套餐具,一人一份食物,大家各吃各的,这就是分餐制。这种吃饭习惯看似太过于冷清,但实质上体现了卫生和节俭的理念。这是西方人注重个人主义观念的重要体现。

在西方人看来,多人共食一盘菜是不卫生的。他们也很难认同主人为了表达自己的热情,直接用自己的筷子来帮客人夹菜。从卫生角度来讲,共餐制确实给人们的健康带来了很多隐患。现今的中国人在甲肝、伤寒、结核、溃疡病等传染病面前,意识到共餐制有其弊端,更多地开始实行分餐制,使用公筷、公勺。自助餐其实就是分餐制的一种很好的体现,不铺张又卫生。

2. 筷子与叉子

中西方的用餐工具也大大不同。筷子和刀叉是东西方最具代表性的两种餐具。中国人将饭盛在碗里,用筷子夹食物喂到嘴里,而西方人是将食物盛在盘子里,用刀叉切割再吃。这和中西方饮食内容有很大关系。农耕文明下的中国人经常使用米和面(南方水稻,北方小麦),筷子可以将其轻松夹起来。在西方很多国家,人们的祖先大都以狩猎为生,饮食以肉类为主,必须要用利器才能把这些庞大的动物的肉分开,所以刀叉很适用。

三、饮食内容

1. 素食、热食和熟食与肉食、冷食和生食

在饮食对象上,中西方的差异主要体现在中国人喜欢素食、热食和熟食,而西方人喜欢肉食、冷食和生食。

西方人的饮食注重营养,所以以动物脂肪和蛋白质的肉类为主。这是由西方海洋性地理环境和从渔猎、养殖为主的游牧文化决定的。荤食是饮食的主力,素菜只负责辅助与搭配。相对于西方比较单调的食物内容,中国人的饮食对象就丰富很多。中国人的饮食以素食为主、肉类为辅,重在菜品多。

中国人的饮食内容除了以素食为主外,还喜欢热食、熟食。在中国人的餐桌上,凉菜一般都是小菜,且放在最开始,随后的主菜则多是热食、熟食。中国人认为热、熟食要比冷食更有味道,这与华夏文明开化较早和烹调技术的发达有很大关系。除肉食外,冷食、生食也是西方人的重要饮食内容。例如:冷菜拼盘、沙拉、冷饮。再如,西方人将牛排分为三分熟、五分熟、全熟等。

2. 茶、咖啡和酒

这里要讲的是中西方饮品的差异。

"柴、米、油、盐、酱、醋、茶",茶在中国人的生活中有很重要的作用。中国的茶叶历史悠久,名茶也很多。关于饮茶,中国人有很大的讲究。什么样的水最适合泡茶,什么样的器具最适合用来盛茶,什么样的环境最适于品茶,都有说法。茶在中国就是一种文化。相对地,咖啡在西方人的生活中也占有重要地位。去咖啡店喝喝咖啡对于工作忙碌的西方人来说是难得的休闲时刻。在餐桌上,咖啡也扮演着重要的角色。随着中西方交流的进一步发展,越来越多的外国人开始品尝中国的茶,中国人也开始饮用西方的咖啡。

东西方饮品的另一个重要差异主要体现在酒文化上。首先，从酒的品种来讲，中国人在饭桌上更爱喝白酒，而西方人更喜欢葡萄酒和啤酒。中国有很多的白酒生产基地，西方国家有很多的葡萄酒酒庄。这是由气候决定的。中国在亚热带季风气候下盛产稻谷，所以中国人在白酒和黄酒酿制工艺上有很好的研究。论起白酒的类型，有酱香型、浓香型、清香型、米香型、芝麻香型、兼香型和凤香型等各种香型。中国人常说，某某人喝酒直爽适合交朋友。在中国，传统的请客吃饭不拿白酒招待是要被嘲笑的。西方在温带海洋性气候的滋润下多产水果和麦子，于是酿制成葡萄酒和啤酒。当然，后来衍生出了白兰地、鸡尾酒等。第二，从盛酒的器具来讲，古代中国人多用青铜器等盛酒，现代也慢慢使用从西方引入的玻璃杯。大家可以去外贸产品店看看，西方人喝不同的酒是要用不同的酒杯的，比如葡萄酒有专门的葡萄酒杯，香槟酒有专门的香槟酒杯。

四、烹饪方式

中西方在食物烹饪方式上也有极大不同。中国在世界上享有"烹饪王国"之美誉。在中国，烹饪被视为一种艺术，烹饪方法众多，如炒、蒸、炸、溜、焖、烧、炖、煨、涮、煮等。中国人很会使用葱、姜、蒜、辣椒、胡椒、醋、酱油、味精、香菜等佐料来搭配提升味道。原料选用、火候大小、刀法好坏都决定着食物的色、香、味，中国烹饪的最高境界可以说是原料、调料、刀工、火候的完美结合。在中国，烹调和音乐、舞蹈、诗歌、绘画一样，具有提高人生境界的重大意义。现如今很多厨师培训学校也很火爆，学得一手好厨艺是一门技艺，也有助于提升个人魅力。相比之下，西方的烹饪方法简单很多。西方烹饪为保留食物营养，大多采用烤、炸或煮，很少使用蒸、涮、炒等，对调料和时间要求都很精确。生菜等配菜可以生吃，新鲜、天然。西方人很少用味精，以求原汁原味。

随着中西方交流日益频繁，中国饮食文化的影响也越来越大，许多外国人也对中国的烹饪技术赞不绝口。当然，中国人也越来越熟悉西方人的烹饪方式。

五、餐桌礼仪

中西方都有餐桌礼仪，但其中存在着很大差异，以下从两个方面来介绍。

1. 用餐时的氛围

中国人喜欢在一个温馨的环境中吃饭，一边用餐一边聊天，这样方显热闹。有的人喝酒打关、猜拳时嗓门很大，恨不得周围的人都听得到。而西方人在用餐时，都喜欢安静的环境，他们认为安静是最好的用餐状态，比如在喝汤时发出声音、大声与别人谈话等都会被视为失礼。在英国，用餐的人都静悄悄的，甚至牙齿都不露出来，保持着绅士风度。他们认为在餐桌上说笑或者发出奇怪的声音都是一种很粗鲁的行为。但用餐时如果主人和客人不谈话，在中国人看来，气氛就会显得格外冷清，是很不礼貌的行为。由此可见，中西方用餐氛围也有很大的差异。

2. 用餐时的礼仪

餐桌上的各种饮食礼仪是中华民族的优秀文化传统之一。先了解一下关于中国人用餐时的礼仪，首先是座次。首席要让年长者、辈分高的人来坐，末席是年龄小、辈分低的来坐。因为中华文化推崇"尊老"，老人地位高，理应受到尊敬，这表明中华文化在饮食生活中体现一种人情和伦理之美。

其次是上菜。上菜时要先上凉菜，然后才上热菜，最后上一些甜食和水果。如果是在宴会上，不管有多少桌，各桌都要同时上菜才符合礼节。上菜时菜的摆设也要遵循礼节，比如上全鱼、全鸡、全鸭时，不能把头、尾朝向正主位。

然后是用餐。中国人吃饭时一般都用筷子。用餐时，不能用筷子敲打碗、盘子和水杯；不能把筷子随意地扔在桌子上；不能把筷子插在碗中；夹菜时不能用筷子在菜盘里上下乱翻；不能拿着筷子胡乱挥舞等等。在进食时，也有一些礼仪：不能争着抢着只去挑自己喜欢吃的食物；不要把咬过的菜放回盘子里；盛饭时不要盛太满；不要长辈还没举筷，自己就先吃起来。忽视了这些基本礼仪就会被认为是失礼的表现。

在中国的餐桌上，少不了的程序就是饮酒，饮酒也要遵守礼仪。要先给长辈斟酒，然后是晚辈，斟酒时不宜过满。另外劝酒在餐桌上也是一个重要环节。中国人为表示好客，往往是劝客人多喝点酒，如果客人不喝或者喝得不多，主人就会不高兴，客人往往碍于主人的面子不得不喝。适量饮酒无妨，过度饮酒尤其是暴饮过后不吃饭有损身体健康，这是我们应该认识到并改正的地方。

西方餐桌上也有他们独特的礼仪。排座次方面，西方国家的餐桌不是圆形而是长条形的，主人会让客人坐主宾席。关于座次的排列，主要有英美式和法式这两种排列方法。

英美式座次的排列方法是：餐桌的两端是男女主人，然后男客人坐在女主人的右侧，女客人坐在男主人的右侧；法式座次的排列方法是：男女主人在中间位置对坐，女主人右侧是男主宾，左侧是男次宾。男主人右侧是女主宾，左侧是女次宾。上菜方面，首先会上头盘菜，例如鹅肝酱、鱼子酱等，然后上汤、水果、酒水、主食，最后才上甜点和咖啡。

西餐的主要餐具是刀叉，刀叉的使用也要符合礼仪，用餐时要左手握叉，叉齿朝下，右手用刀来切割食物。通常情况下，刀叉都要斜放在盘子的边缘，如果放在盘中则表示用餐完毕。进餐方面，首先说一下喝汤，我们喜欢舀一勺汤，然后用嘴把它吹凉再喝，这在西方是很不符合礼仪的。无论多烫，都不要用嘴去吹，喝汤时更不要发出奇怪的声音。汤喝到最后的时候，一定不要发出汤匙和盘子摩擦的声音，因此最好不要喝完，更不能端起碗把汤倒入口中，这是极其不雅的行为。吃肉类食物时，比如吃鸡腿时，不能直接拿着吃，要用刀把骨头去掉再吃；吃鱼时不要来回翻动，吃完上层后用刀叉去掉鱼骨，然后接着吃下层；吃肉时要切一块吃一块；吃排骨时要用叉子叉着肉的左侧，再沿着叉子的右侧将肉切开。

在饮酒礼仪方面，西方国家与中国有很大的不同，中国人喝酒大部分是为了交流感情，而西方人喝酒享受的是酒的美味。倒酒时酒杯放在桌面上，不可倒得过满，如果不想再喝了，用手掩杯来示意就可以了，主人不会去逼着客人饮酒。

随着社会的发展，国与国之间的文化交往越来越密切，待客与做客是我们重要的交际活动，稍有不慎就会不合礼仪，影响相互之间的关系，甚至有损人格和国民形象。因此，我们对中西方的饮食文化应该有一个基本的了解，在了解的基础上我们要取其精华，不断完善并形成一套更加完整的餐桌礼仪。

思考题

1. 请结合你自身的观察，谈谈中西方饮食文化的融合。
2. 你认为中国目前的餐桌礼仪是否有改进之处，为什么？

第二节　教学案例及解读

初中英语教材主要是通过对话形式，应给学生教授一些有关食品、用来盛食物的器皿、如何制作一些简单食物、如何点餐等方面的一些相关词汇和表达，如七年级下册 Unit 10 I'd like some noodles 和八年级上册 Unit 8 How do you make a banana milk shake。通过这些内容的学习，学生应掌握大量的食品词汇，也对食品的制作过程有进一步了解，同时学生也能够认识到劳动成果来之不易，懂得不能浪费食物，珍惜他人的劳动成果。

在高中英语教材中，人教版必修三第二单元的中心话题就是饮食健康——物质生活极其丰裕的现代社会中人们所普遍关注的一个话题。通过本单元的学习，学生要了解各种食物对人体的作用，引导学生关注平衡膳食，促使学生养成健康饮食的习惯。下面以人教版必修三的 Unit 2 Healthy eating 第一课时为例，解读中学饮食文化的教学。

一、教材分析

本单元的中心话题是"健康饮食"。通过讲述王鹏和雍慧开饭店的不同风格、经营的不同风格及顾客对不同食品的不同反应，体现了现代人对饮食的关注和对时尚的追求。这样的编排有别于惯常采用的分类说明的介绍方式，读起来引人入胜，学生在趣味盎然的故事情节中轻松学习健康饮食的知识，领悟膳食平衡对身体健康的作用，养成热爱钻研的好习惯。

二、教学目标

1. 知识目标

1）重点词汇和短语

energy, fiber, digestion, bean, cucumber, mushroom, lemon, ham, mutton, roast, slim, curiosity, raw, lie, customer, muscle, cheese, protective, frustrated, drive, sugary, body-building, energy-giving, newly-opened, balanced diet, ought to, tired of, throw away, get away with, tell lies, take off, be amazed at, do some research

2）重点句子

① His fried rice was hot but did not taste of fat.

② Tired of all that fat? Want to be thinner? Only slimming food served here.

③ I will take all that fat off you in two weeks if you eat here every day.

④ It was not giving its customers energy-giving food!

⑤ Something terrible must have happened if Li Chang was not coming to eat with him as he always did.

⑥ He wondered if he should go to the library to find out.

⑦ He couldn't have Yong Hui getting away with telling people lies!

2．能力目标

（1）Enable students to talk about their eating.

（2）Understand the details about the text．

3．情感目标

Make students aware of the importance of healthy eating and develop a healthy eating habit.

三、教学重点和难点

（1）I identify different groups of foods and talk about healthy eating.

（2）What kind of food did they provide for their customers, healthy or unhealthy? Why?

四、教学方法

（1）Task-based reading.

（2）Individual, pair or group work to finish each task.

（3）Discussion.

五、教学过程

Step I Lead-in

What do you usually have for breakfast / lunch / supper?

Do you have a healthy diet?

通过询问学生的个人饮食习惯，引导学生对初中所学到的有关食品方面的词汇进行回顾，同时，引出本单元的话题。

Step II Warming-up

Review some words of foods by showing them pictures and ask the students to tell us in what ways those foods help them grow up.

【设计意图】让学生看图讨论不同食物对人体的作用，通过对比分析引出人体每天必须摄入的六种基本营养成分的单词：protein；calcium；carbohydrate；fibre；mineral；vitamin，以及这些营养成分的来源和主要功能，进而了解饮食与人体健康的关系。

Step III Pre-reading

Make a guess according to the title "Come and Eat Here" before reading.

① Where are you invited to go?

② What foods are you offered there?

【设计意图】让学生根据文章标题和插图来预测文章的内容,培养学生的读前预测能力,从而激发学生的阅读兴趣。

Step IV Reading

Task 1 Fast reading

Read the text quickly to find out which sentence is the main idea of the text.

① The two restaurants supplied the healthy food.

② The reason why Yong Hui's restaurant was so popular with customers.

③ Wang Peng found out why he had lost his customers and decided to win them back.

【设计意图】这个练习在于训练学生快速阅读的能力,并检查学生对文章主旨大意的概括——这篇文章主要讲述了王鹏和雍慧开餐馆竞争的故事。通过这个故事教师可让学生结合自己的认识来判断什么样的食物搭配才符合健康饮食的要求。

Task 2 Careful reading(True or False)

① Usually Wang Peng's restaurant was full of people. (T)

② Yong Hui could make people thin in two weeks by giving them a good diet.
(F: It would take longer than that.)

③ Wang Peng's regular customers often became fat. (T)

④ Yong Hui's menu gave customers more energy-giving food.
(F: It gave them protective food but no energy-giving or body-building food.)

⑤ Wang Peng's menu gave customers more protective food.
(F: Wang Peng's menu gave customers less protective food.)

⑥ Wang Peng decided to compete with Yong Hui by copying her menu.
(F: He decided to advertise the benefits of his menu.)

【设计意图】要求学生仔细阅读课文,依据课文内容判断王鹏和咏慧开饭店的不同风格和顾客对不同食品的反应,同时检查学生对于课文中细节信息的理解情况,以帮助学生更好地理解文章。

Task 3 Post-reading

① The weakness of the diet in Wang Peng's restaurant was _____

② The strength of the diet in Wang Peng's restaurant was _____

③ The weakness of the diet in Yong Hui's restaurant was _____

④ The strength of the diet in Yong Hui's restaurant was _____

【设计意图】这是本篇阅读重点要完成的一项任务,不仅在于考查学生对文章内容的理解,而且学生还要根据自己对健康膳食的理解,来找到这两家餐馆所提供的食物各自的优缺点,以便为故事的后续发展做好铺垫。

Task 4 Discussion

If you were Wang Peng, how would you win your customers back?

【设计意图】把学生分成小组来进行讨论，先从如何保持膳食平衡入手，学生可添加讨论如何在烹饪中保持食物营养以有利于健康，从而提高学生分析问题、解决问题的能力。

Step V Sum-up

Ask a few students to sum up what they have learned in this period.

Step VI Homework（略）

参考文献

[1] 王娜. 中西饮食文化差异研究 [D]. 开封：河南大学，2013.
[2] 王佳. 跨文化交际下的中西饮食文化比较 [D]. 哈尔滨：黑龙江大学，2011.

第五章　节日文化

节日是一个民族传统文化的积淀。任何一种节日都有它的来历、传承及文化背景，这种背景或是习俗的，或是宗教的，不一而足。由于受历史文化的影响，西方节日大都带有浓厚的宗教色彩，如圣诞节、复活节等。本章就主要西方节日进行探讨。

第一节　主要英语国家的节日文化

一、西方的鬼节——万圣节

在西方国家，每年的10月31日，有个"Halloween"，辞典解释为"The Eve of All Saints' Day"，中文译作"万圣节之夜"。万圣节是西方国家的传统节日。这一夜是一年中最"闹鬼"的一夜，所以也叫"鬼节"。在英语国家，人们都把万圣节看作是尽情玩闹、讲鬼故事和互相吓唬的好机会，而脸谱化妆则是万圣节传统节目之一。

1. 起源传说

万圣节及万圣节前夜来自于天主教对其他宗教节日的吸收、改造和重新诠释。万圣节前夜起源于不列颠凯尔特人的传统节日"萨温节"，他们相信10月的最后一天是夏天的终结，冬天的开始，这一天是一年的重要标志，被称为"死人之日"，或者"鬼节"。这一天各种恶鬼出没，死去人们的灵魂也会离开身体，在世间游走，这一天的晚上也就格外危险。人们会把食物放在门口吸引友善的灵魂，吓走邪恶的灵魂，凯尔特人还会戴上面具。鬼节是一年中很特别的日子，英国人和爱尔兰人在这个时候悼念他们死去的亲友。这些人相信，死去的灵魂会在这一天来到人世间，因此每年10月31日他们燃起篝火，举办盛宴以求好运。

2. 节日习俗

万圣夜的象征物是南瓜灯（也叫杰克灯、杰克灯笼），另外还有南瓜（pumpkin）雕空当灯笼的故事。这一习俗源于古代爱尔兰。故事是说一个名叫杰克（Jack）的人，是个醉汉且爱恶作剧。一天，杰克把恶魔骗上了树，随即在树桩上刻了个"十"字，恐吓恶魔令他不敢下来，然后杰克就与恶魔约法三章，让恶魔答应施法以杰克永远不会犯罪为条件让他下树。

杰克死后，其灵魂却既不能上天又不能下地狱，于是他的亡灵只好靠一根小蜡烛指引着，在天地之间徜徉。

万圣节另一个有趣的内容是"Trick or treat"（不给糖就捣蛋），这习俗却并非源自爱尔兰，而是始于公元9世纪的欧洲基督教会。那时的11月2日被基督徒们称为"ALL SOULS DAY"（万灵之日）。在这一天，信徒们跋涉于僻壤乡间，挨村挨户乞讨用面粉及葡萄干制成的"灵魂之饼"。据说捐赠糕饼的人家都相信教会僧人的祈祷，期待由此得到上帝的佑护，

让死去的亲人早日进入天堂。这种挨家乞讨的传统传至当今演变成了孩子们提着南瓜灯笼挨家讨糖吃的游戏。见面时，打扮成鬼精灵模样的孩子们千篇一律地都要发出"不请吃就捣乱"的威胁，而主人自然不敢怠慢，连声说"请吃！请吃！"同时把糖果放进孩子们随身携带的大口袋里。

3. 节日主题

万圣节前夜的主题是鬼怪、吓人、死亡、魔法、魔怪有关的事物。通常与万圣节前夜拉上关系的事物有幽灵、巫婆、精灵、半人马、狼人、不死鸟、牛头人、石像鬼、蜥蜴人、木乃伊、食尸鬼、巫婆、蝙蝠、黑猫、猫头鹰、小妖精、僵尸、吸血鬼、骷髅、南瓜头和阴尸等。秋天的元素如南瓜和稻草人（scarecrow）等，也成为万圣节的象征。

二、感恩节

感恩节（Thanksgiving Day）是美国人民独创的一个古老节日，也是美国人合家欢聚的节日。初时感恩节没有固定日期，由美国各州临时决定。直到美国独立后的1863年，林肯总统宣布感恩节为全国性节日。1941年，美国国会正式将每年11月第四个星期四定为"感恩节"。感恩节假期一般会从星期四持续到星期天。

1. 历史起源

感恩节的起源要从英国的宗教史说起。大约16世纪中叶，在英国教会内出现了改革派。他们主张清除教会内残留的天主教旧制和烦琐的礼仪，取消教堂内华丽的装饰，反对封建王公贵族的骄奢淫逸，主张过勤俭清洁的简朴生活，因而被人称为清教徒。清教徒中又分温和派和激进派。温和派主张君主立宪，代表大资产阶级和上层新贵族的利益。激进派则提倡共和政体，坚持政教分离，主张用长老制改组国会，代表中小资产阶级贵族的利益，后来遭到当局的迫害，于是部分清教徒被迫逃亡国外。

1620年9月，102名英国清教徒乘坐"五月花"号木船从英格兰的普利茅斯（Plymouth）出发，经过将近3个月的海上漂泊，于当年12月23日来到美洲的马萨诸塞州（Massachusetts）东南部的普利茅斯港口，并在附近意外地找到一个印第安人（Indians）的村落，他们发现村内无人，于是定居下来。但是当时是冬天，因为人生地不熟、缺衣少食，以及疾病的侵袭等原因，到第一个冬天结束时，活下来的只有50来人。但有幸的是，第二年的春天，这批幸

存下来的移民得到了当地印第安人的热心帮助。善良的印第安人给他们送来了生活必需品，教他们打猎、捕鱼和种植玉米、南瓜，教他们根据当地的气候特点种庄稼等。就这样，在印第安人的帮助下，再加上移民们的艰苦奋斗，终于迎来了1621年的大丰收。按照宗教传统习俗，移民选定了感谢上帝的日子，并决定感谢印第安人的真诚帮助，邀请他们一同庆祝节日。

1621年11月下旬的星期四，清教徒们和90名印第安人欢聚一堂，庆祝美国历史上第一个感恩节。他们在黎明时鸣放礼炮，列队走进一间用作教堂的屋子，虔诚地向上帝表达谢意，然后点起篝火举行盛大宴会，将猎获的火鸡制成美味佳肴。第二天和第三天又举行了摔跤、赛跑、唱歌、跳舞等活动。男性清教徒外出打猎、捕捉火鸡，女人们则在家里用玉米、南瓜、红薯和果子等做成美味佳肴。就这样，清教徒们和印第安人围着篝火，边吃边聊，还载歌载舞，整个庆祝活动持续了三天。第一个感恩节的许多庆祝方式一直流传至今。

2. 节日习俗

在风俗习惯上，美国的感恩节食物有烤火鸡（roast turkey）、南瓜饼、红莓苔子果酱、甜山芋、玉蜀黍等。活动有举行化装游行、戏剧表演或体育比赛等集体活动。感恩节有相应的两天假期，在远方的人们都会回家与亲人团聚。美国人还习惯把感恩节第二天的周五称为"黑色星期五"（Black Friday）。在这一天，美国的各种商店都会对商品进行打折销售。近年来愈演愈烈，甚至有的商家把打折日提前到了感恩节当天，每年都掀起美国购物狂潮。

感恩节的晚宴是美国人一年中很重视的一餐。这一餐的食物非常丰富。在餐桌上，火鸡和南瓜饼都是必备的。火鸡是感恩节的传统主菜，通常是把火鸡肚子里塞上各种调料和拌好的食品，然后整只烤出，鸡皮烤成深棕色，由男主人用刀切成薄片分给大家。然后由自己浇上卤汁，撒上盐，味道十分鲜美。

3. 节日意义

感恩节是一项愉快的庆祝活动，是一个家庭团聚的日子，是重叙友情的时刻。在那一天，就是单身汉也总是被邀请到别人的家里，同大家一起分享感恩的欢乐，并且感谢上帝的恩惠，这也是感恩节的意义所在。

需要注意的是，英国人不过感恩节，对他们来说，唯一一个最重要的节日是圣诞节。欧洲人没有美洲大陆的那些经历，没必要感谢远在另一大洲的印第安人，所以他们没有感恩节。很多人以为感恩节是欧美地区都流传的节日，其实这是错误的。一般来说，在感恩节这天祝贺欧洲人"感恩节快乐"是一种很不礼貌的行为，很可能会招来反感。

三、圣诞节

圣诞节（Christmas）又称耶诞节，译名为"基督弥撒"，西方传统节日，在每年12月25日。弥撒是教会的一种礼拜仪式。圣诞节是一个宗教节，因为人们是把它当作耶稣（Jesus）的诞辰来庆祝的，故名"耶诞节"。大部分的天主教教堂都会先在平安夜（Christmas Eve），即12月25日凌晨举行子夜弥撒,而一些基督教会则会举行报佳音,然后在12月25日庆祝圣诞节。《圣经》实际上并无记载耶稣诞生日期,圣诞节是后人公定的。

1. 历史起源

据说耶稣是因着圣灵成孕,由童女马利亚(Virgin Mary)所生。神更派遣使者加伯列在梦中晓谕约瑟,叫他不要因为马利亚未婚怀孕而不要她,反而要与她成亲,把那孩子起名为"耶稣",意思是要他把百姓从罪恶中救出来。当马利亚快要临盆的时候,罗马政府下了命令,全部人民到伯利恒务必申报户籍。约瑟和马利亚只好遵命。他们到达伯利恒时,天色已昏,无奈两人未能找到旅馆住宿,只有一个马棚可以暂住。就在这时,耶稣要出生了。于是马利亚唯有在马槽上生下耶稣。后人为纪念耶稣的诞生,便定12月25日为圣诞节,年年望弥撒,纪念耶稣的出世。

2. 圣诞老人(Santa Claus)

在公元4世纪的时候,尼古拉斯(Nicolas)出生在小亚细亚巴大拉城,家庭富有,父母亲是非常热心的天主教友,然而却不幸早逝。尼古拉斯长大以后,便把大量的财产,全部捐送给贫苦可怜的人,自己则出家修道,献身教会,终生为教会服务。尼古拉斯后来做了神父,而且还升为主教。他一生当中做了很多慈善的工作,他最喜欢在暗中帮助穷人,"圣诞老人"是他后来的别号,这个名字出自他暗中送钱,帮助三个女孩子的故事。

尼古拉斯死后被尊为圣徒,是一位身穿红袍、头戴红帽的白胡子老头。每年圣诞节他驾着驯鹿(reindeer)拉的雪橇(sleigh)从北方而来,由烟囱(chimney)进入各家,把圣诞礼物装在袜子里挂在孩子们的床头上或火炉前。所以,西方人过圣诞节时,父母把给孩子的圣诞礼物装在袜子里,圣诞夜时挂在孩子们的床头上。第二天,孩子们醒来后的第一件事就是在床头上寻找圣诞老人送来的礼物。

拉普兰(Lapland)是圣诞老人的故乡。传说中,每年圣诞前夜,圣诞老人都要驾着驯鹿拉的雪橇从拉普兰出发给孩子们送去礼物。

3. 圣诞卡

圣诞卡(Christmas card)在美国和欧洲很流行,许多家庭随贺卡带上年度家庭合照或家庭新闻,新闻一般包括家庭成员在过去一年的优点特长等内容。寄赠圣诞卡,除表示庆贺圣诞的喜乐外,还向亲友表达祝福、怀念之情。尤其对在孤寂中的亲友,更是亲切的关怀和安慰。

4. 圣诞袜(Christmas stockings)

圣诞袜最早以前是一对红色的袜子,大小不

一。因为圣诞袜是要用来装礼物的,所以是小朋友最喜欢的东西,晚上他们会将自己的袜子挂在床边,等待第二天早上收礼。

5. 圣诞帽（Christmas hat）

圣诞帽是一顶红色帽子,据说晚上戴上睡觉除了睡得安稳和保暖外,第二天还会发现帽子里多了点心爱的人送的礼物。

6. 圣诞树

圣诞树（Christmas tree）是圣诞节最重要的装饰点缀物。通常人们在圣诞节前把一棵常绿植物如松树弄进屋里或者放在户外,用圣诞灯（Christmas lights）和彩色的装饰物装饰,并把一个天使（angel）或星星（star）放在树的顶上。树上的彩灯或蜡烛象征耶稣是世界的光明,大星则代表耶稣降生后将三位东方贤人引到伯利恒的那颗星。近代圣诞树起源于德国。

7. 圣诞节环（Christmas garland）

圣诞节环是西方国家圣诞节期间挂在家门口用的装饰品,它通常由绿色的枝叶或藤条（松毛、松针等）、银色的金属、金色的铃铛配和红色的缎带组成。圣诞节环的主色调绿、白、黄、红。上面写着代表欢乐喜庆的 MERRY CHRISMAS（圣诞快乐）。圣诞节环最早出现在芬兰（Finland）。

8. 地区特色

英国人在圣诞节是最注重吃的,食品中包括烧猪、火鸡（turkey）、圣诞布丁、圣诞碎肉饼等。每一个家人都有礼物,仆人也有份,所有的礼物是在圣诞节的早晨派送。有的唱圣诞歌的歌手沿门逐户唱歌报佳音,他们会被主人请进屋内,用茶点招待,或者赠与小礼物。

因为美国是由许多民族组成的国家,所以美国人庆祝圣诞的情形也最为复杂,从各国来的移民仍多依照他们祖国的风俗。不过,在圣诞时期,美国人在门外挂花环以及其他别致布置的习俗则是一样的。

9. 平安夜（Christmas Eve）

平安夜就是圣诞节前夜,即 12 月 24 日晚。平安夜送平安果这个习俗是中国才有的。因为中国人比较注重谐音,苹果的"苹"与平安的"平"同音,中国人便寓以苹果"平安"的吉祥含义,于是就有了平安夜送苹果的习俗。送苹果代表送的人祝福接受平安果的人新的一年平平安安。

四、复活节

复活节（Easter）是西方的重要节日，每年大致在 3 月 22 日至 4 月 25 日之间。基督徒认为，复活节象征着重生与希望，是纪念耶稣被钉死在十字架（the cross）之后第三天复活的日子。

据说复活节（Easter）一词源于盎格鲁撒克逊民族神话中黎明女神的名字 Eostre。它的原意是指冬日逝去后，春天的太阳从东方升起，把新生命带回。由于该词寓意新生，于是被基督教教徒借用过来表示代表生命、光明、欢乐的恩赐者耶稣再次回到人间。

复活节一般要举行盛大的节日游行，人们纷纷换上新衣。穿戴一新的习俗保留至今，因为人们认为节日里不穿新衣是要倒运的。复活节期间，人们还喜欢彻底打扫自己的住处，表示新生活从此开始。

1. 历史起源

耶稣被钉死在十字架上，第三天身体复活。耶稣之死，按基督教教义，是为了赎世人的罪；耶稣的身体复活，是为了叫信徒得到永生。复活节是基督教最重大的节日，重要性超过圣诞节。

2. 节日习俗

复活节临近时，糖果店的橱窗里会摆满精美的彩蛋（Easter eggs）。彩蛋是复活节的象征，它预示着新生命的降临，人们相信新的生命一定会从蛋壳中破壳而出。复活节彩蛋精美漂亮且富有装饰性，它们代表着人们的美好心愿。

复活节的另一象征是小兔子（bunny），因为兔子具有极强的繁殖能力，人们视它为新生命的创造者。

在复活节这一天，到处都可以见到漂亮的百合花（lily），迷人的百合花象征着耶稣的圣洁。形状十分像喇叭的百合花，也像是在大声传播着耶稣复活了的好消息。

3. 节日食物

复活节中美国人的食物也很有特点，多以羊肉（mutton）和火腿（ham）为主。据传说，有一次上帝为考验亚伯拉罕（Abraham）的忠诚之心，命令他把独生子以撒（Isaac）杀掉作祭品，亚伯拉罕万分痛苦，最后，他还是决定按上帝的旨意去做。就在他举刀砍向儿子的一瞬，上帝派天使阻止了他。亚伯拉罕便将一只公羊为祭献给了上帝。从此，用羊作祭品祭祀上帝就成了该节的习俗。吃火腿的习俗据说是英国移民带入的。此外，人们在复活节期间还经常吃复活节罐头。

从以上内容可以看出，圣诞节、复活节、万圣节、感恩节都有着深厚的宗教内涵。了解西方节日的宗教背景，不仅可以帮助我们学习西方历史文化，也可以促使我们比对中西方历史，从而更珍惜我们的传统节日。

五、情人节

情人节（Valentine's Day），又名圣华伦泰节，在每年的2月14日，是西方的传统节日之一。关于情人节的历史起源有以下两种说法：

说法一：公元3世纪，罗马帝国皇帝克劳迪乌斯二世出于战争的考虑，在首都罗马宣布废弃所有的婚姻承诺，使更多无所牵挂的男人可以走上战场。一名叫瓦伦丁的神父没有遵照这个旨意而继续为相爱的年轻人举行教堂婚礼。事情被告发后，瓦伦丁神父先是被鞭打，然后被石头掷打，最后在公元270年2月14日这天被送上了绞架被绞死。后来，人们就开始纪念这个日子，纪念那位为情人做主而牺牲的神父。

说法二：据说瓦伦丁是最早的基督徒之一，那个时代做一名基督徒意味着危险和死亡。为掩护其他殉教者，瓦伦丁被抓住，投入了监牢。在那里他治愈了典狱长女儿失明的双眼。当暴君听到这一奇迹时，他感到非常害怕，于是将瓦伦丁斩首示众。据传说，在行刑的那一天早晨，瓦伦丁给典狱长的女儿写了一封情意绵绵的告别信，落款是：From your Valentine（寄自你的瓦伦丁）。当天，典狱长的女儿在他墓前种了一棵开红花的杏树，以寄托自己的情思，那一天就是2月14日。自此以后，基督教便把2月14日定为情人节。

情人在这一天互送巧克力（chocolate）、贺卡和花，用以表达爱意或友好。

在中国，传统节日之一的七夕节也是情侣们重视的日子，被称为中国的情人节。

六、西方节日给我们的启示

一个国家的传统节日富有深厚的民族文化内涵，是一个民族文化长期积淀的产物，是一个民族身份识别的象征之一，是一个民族自我认同的主要形式。传统节日是人们儿时最欢乐的记忆，是和家人、朋友共欢乐的盛大聚会，是凝聚全民族向心力的纽带，是一个民族表情达意的重要通道，对一个民族的发展意义深远。倘若一个民族没有了自己的节日，就不能称其为一个真正意义上的民族。

然而当今中国，很多人尤其是青少年学生受到西方节日的重大影响，几乎不知道清明节、端午节、中秋节、重阳节这些中国传统节日的深层意蕴，却对西方节日如数家珍，趋之若鹜。这种反差与西方国家文化的影响有关，也与青少年学生缺乏判断，盲目接受有关。

作为教育者，教育学生了解世界，帮助学生拓展知识面是应尽的义务和责任，老师应该让学生了解这些节日的历史由来和文化内涵。对于母亲节、父亲节等既带有西方浓郁的浪漫情调又符合中华民族尊老爱幼传统美德的节日，应该提倡推广，以期不断推进中华传统文化的融合发展，不断提高民族素质和社会文明程度。同时，也要教育学生在热热闹闹过西方"洋节日"的同时，千万不要忘记中华民族的传统节日，更不要在盲目追随西方节日潮流中迷失自我，要坚持古为今用，洋为中用，既不崇洋媚外，也不固步自封，要运用历史的、辩证的眼光和态度去看待西方节日，在吸收其文化精华的同时，不断弘扬发展中国的传统节日文化。

中国不但需要学习外国先进的文化，更要把中国的传统文化传播给全世界，让全世界更多地了解中国。当前正在构建的社会主义核心价值体系，其中一些重要内容就是源于中华传统文化。在文化多样化的背景下，文化是可以融通的，文化是无国界的，文化更是促进合作、交流和传承友谊的重要内容。只有世界各国不断加强合作，优势互补，才能促进世界文化大繁荣，大发展。

第二节　教学案例及解读

西方节日文化是中学英语跨文化交际学习的重要内容。人教版英语教材九年级 Unit 2 I think that mooncakes are delicious 介绍了春节、元宵节、端午节、中秋节、父亲节、母亲节、圣诞节、万圣节等中西方节日。人教版英语教材九年级 Unit 12 Life is full of the unexpected 的 Section B 2b 部分介绍了愚人节。

本节就人教版英语教材九年级 Unit 2 I think that mooncakes are delicious 中 Section B 1a 至 1c 部分的教学内容进行解读。

一、教学内容

本单元介绍了国内外不同的节日，文化气息浓郁，教学内容丰富。除语言内容外，本单元还涉及中西方的节日文化和风俗习惯。Section A 侧重介绍我国的传统节日。Section B 部分主要围绕西方的两个节日——Halloween 和 Christmas 来展开，主要介绍西方国家的节日文化，侧重于节日的文化内涵，让学生更深层次地理解西方文化。我国城市学生对于这两个节日可能相对更熟悉，但对其内涵和意义却未必熟知。因此，教师应进行适当的铺垫或引导，鼓励学生通过阅读、查阅相关书籍、杂志或网络信息了解西方节日文化。这样既可以拓展学生视野，又可以节省教师的课堂处理时间，同时也便于学生理解听力和阅读文本的内容，减轻因背景文化积累不足所带来的学习压力。

二、教学目标

1. 语言知识目标

To understand the vocabulary in this lesson; Listening practice; To talk about some western festivals.

2. 语言技能目标

To train students' listening and speaking skills; To be interested in taking part in all kinds of activities in English class.

3. 情感态度价值观

介绍西方国家的万圣节，侧重于节日的文化内涵，让学生更深层次地理解西方的节日文化。

三、教学重难点

（1）To improve the students' interest and four basic skills.

（2）To gain the students' awareness of how to talk about a festival.

四、教学过程与方法

1. 教学过程

Step I　Leed-in

教师课前收集有关万圣节的图片或视频片段，在课堂上呈现或演示，同时用英文进行恰当讲解，由此引发学生的好奇心和求知欲，同时导入 1a 中的核心词汇：scary，dress up，haunted house，black cat，candy，ghost，trick，treat，October，spider。若没有多媒体教学条件，教师则可借助课本上的主题图采用类似讲故事的方式进行导入：Now, everyone, today I'd like to tell you something about an important festival in America…

教师可带领学生朗读 1a 中的词汇，然后让学生自行朗读，教师再纠正学生发音。

教学建议：活动 1a 旨在介绍美国万圣节前夕的节日专属文化词汇，为随后的听说活动提供词汇及文化上的准备。因此，建议老师在授课之前自己先阅读学习，以便对万圣节有一个较为全面的了解，也要要求学生课前查阅相关资料，尤其是要了解 1a 活动中的词汇与万圣节有什么关系，如：这些词汇会在何时出现；哪些人会对哪些词语情有独钟，又会如何使用；不同词汇含有什么样的文化意义等。教师和学生对万圣节的了解越充分，就越容易把这些词汇教活，也越容易调动起学生的兴趣及对这个节日的好奇心，从而能够积极参与后续的课堂教学活动。在条件许可的情况下，教师不必拘泥于书本词汇，可适当增添一些与万圣节有关的词汇，如 jack-o-lantern，costume，mask 等。

Step II　Pre-listening

让学生读 1b 中的三个问题，让他们根据自己所知内容先试着回答前两个问题。

① Where is Halloween popular?（It's in North America.）

② When do people celebrate Halloween?（People celebrate Halloween on October 31th.）

③ What does Wu Yu think of this festival?（Scary and fun.）

Step III　Listening 1b

播放 1b 的录音，回答问题。根据学生情况，听一遍或两遍都可以。教师核对答案，回答这三个问题。如果是程度较差的班级，可以降低难度，把这三个问答题改成选择题。

Step IV　Listening 1c

要求学生浏览 1c 的内容，了解四个段落的意思，再根据自己所知内容试着先填出答案。

① Many people make their _____ look scary. They may _____ the lights and light candles. They sometimes also put things like spiders and ghosts around the doors and _____.

② Little kids and even parents _____ as ghosts or black cats. They can also dress up as fun things like _____ characters.

③ Parents take their children around the neighborhood to ask for _____ and treats.

④ "Trick or treat" means kids will _____ a trick on you if you don't _____ them a treat.

教师应提醒学生关注细节，并在各题的横线上以首字母或其他符号进行恰当记录，培养他们的策略意识。

Step V Listening 1c again

再播放一遍 1c 的听力，学生填空。根据学生实际情况，听一遍或两遍都可以。学生完成填空后，就近与组员核对交流，完善填写内容。教师再播放一遍录音，学生进行最终核对。教师或课代表进行教读，全班集体朗读 1c 的四个句子。

Step VI Post-listening

针对学生学习情况好的班级，可以让学生两人一组根据听力理解所获取的信息，参考 1b 和 1c 提供的内容以及 1d 的示范对话开展口语交流，完成 1d 活动。教师巡视指导。最后，选取部分学生展示对话。针对学生学习情况一般的班级，教师先引导学生口头叙述今天所学的与万圣节有关的内容，再给充分的时间让学生准备，最后让学生借助关键词简短地复述一些内容。

2. 教学方法

本课时主要采用任务型教学法和带问题自主探究等学习策略，通过 pair-work 和 group-work 的形式引导学生谈论跟万圣节有关的内容，从而进行口语交际和听力训练。

五、教学反思

设计听说课活动之前，教师要深入钻研教材，认真分析教材的结构特点和教学重难点。制定的教学目标要明确、具体、全面。听说课的教学目标一定要有提高听力理解技能；感知、学习、运用语言知识；提高主题口语能力。

听说课设计的活动要以学生的生活经验和兴趣为出发点，贴近学生生活的情境，使活动具有可操作性、互动性，还要能够调动学生参与活动的积极性，激发学生的认知兴趣和探究欲望。

思考题

1. 作为中学生，请你谈谈如何对待西方节日。
2. 如果让你设立一个新的节日，你会设立什么样的节日？请谈谈你的想法和原因。

参考文献

[1] 林丹. 从中西方节日对比中透视中西方文化的差异 [J]. 安徽文学月刊，2010 (12)：250.

［2］高钰.浅谈中西方节日文化对比［J］.新西部月刊,2010（4）：103.

［3］石洛祥.借来的狂欢——英美节日文化［M］.重庆：重庆大学出版社,2011.

［4］王辉云.闲聊美国节日的历史和文化［M］.北京：生活·读书·新知三联书店,2013.

［5］朱子仪.西方的节日［M］.上海：上海人民出版社,2005.

［6］课程教育研究所,英语课程教材研究开发中心.英语九年级教师教学用书［M］.北京：人民教育出版社,2014.

［7］课程教育研究所,英语课程教材研究开发中心.英语（九年级）［M］.北京：人民教育出版社,2014.

［8］中华人民共和国教育部.英语课程标准（2011版）［S］.北京：北京师范大学出版社,2012.

第六章 体育文化

体育是文化的重要组成部分，具有独特的文化价值和文化作用。体育不仅仅是一种纯粹的体育行为，更是一项内涵广泛包含经济、文化、政治等多种因素的综合性人类行为方式。作为人类的具体行为表现，体育可以说是社会的缩影，体现社会的方方面面。体育作为社会文化的组成部分，不是孤立存在的，它总是和一定的政治经济有着密切联系。本章从历史发展的角度简要阐述中西方体育文化内涵，同时对主要英语国家的体育文化进行扼要介绍，并结合中学英语教材展示如何在课堂教学中进行体育文化教学。

第一节 中西方体育文化对比

由于历史的变迁，人们生活环境的差异以及文化传统的不同，中西方体育文化有着很大的差异。人们可以从中西方体育文化的背景、体育人文精神来探讨中西方国家体育文化的差异。

一、中西方体育文化的内涵

中国是个历史悠久的大国，有着优良的文化传统以及源远流长的历史。中国的体育文化有着深厚的根基，它是由中华各民族、各地区交流，融合产生的。"和"与"合"是我国体育文化固有的特质。中国古代的体育以"养生"为主，主张"心欲宁，志欲逸，气欲平，体欲安，貌欲泰，言欲讷"，缺乏竞争性和开放性。其目的是为了健身、养生、益智。我国古代人认为运动要适宜，运动量大了会伤害身体，小了反而能达到修身养性的目的。

中国古代竞技体育多以娱乐性的、表演性的项目为主，如蹴鞠、太极、礼射、投壶等。

西方人崇尚"力"与"美"，通常都是把最强健的一面展现出来。他们的体育是一种竞技体育，竞争是西方体育运动的灵魂，"更高、更快、更强"的竞技体育是西方体育的主流。他们强调超越自然，超越极限，体育比赛以输赢为目的。西方人追求个人主义，追求人的力量、速度、柔韧、耐力、灵敏等身体因素，并希望把他们潜在的能力充分地挖掘、发挥出来。西方人更重视身体外在的塑造以及竞争能力。他们注重个性发展，极力倡导竞争意识，任何事都要有输赢，注重功利，正是这种强烈的竞争意识使得西方国家能够迅速地发展。与西方人不同，我国秉承儒家思想，极为重视人体内部修养，崇尚智慧。

二、中西方体育文化的发展

在全球一体化的今天,西方文明以其经济领域中的强大优势,使全球化在相当程度上表现为西方化。在全球化的过程中,无论是体育的内容、形式,还是体育的价值观和意识,深受西方文化的影响。

面对日益频繁,广泛的文化交流,我们不能丢失自己的传统文化,全盘接受西方的一切,要承认事物的差异性,这才是我们应该坚持的立场,也是孔子"和而不同"思想的延伸。在历史的长河中,"和而不同"思想赋予了中华文化海纳百川的气魄。在面对带给我们强烈冲击的西方体育文化时,"和而不同"仍然是不同文化交流与发展的重要原则。

经过多年的体育复兴,现如今的中国体育正在以惊人的发展速度崛起。我国的传统体育项目"武术"给了全世界一个惊奇,吸引很多西方国家的人纷纷慕名而来学习。同时我们也在积极吸取西方国家的一些体育文化,去其糟粕取其精华。其实,不管是我国的体育文化还是西方的体育文化,都是鼓励人们通过锻炼达到强健身体的作用,只是其过程与理念各不相同罢了。

第二节 主要英语国家的体育文化

一、英国的体育文化

英国是世界上竞技体育(competitive sports)开展较为广泛的国家之一,也是很多现代最流行体育运动的故乡。大多数英国人都酷爱体育,即使他们不直接参加,仍然会不断地观看、思考和评论。

1. 板 球

板球(cricket)起源于英国,盛行英国、澳大利亚、新西兰、印度、尼泊尔等国家。板球最早出现在18世纪的英国乡村,是乡村绅士们最为喜爱的运动。当时并没有正规的板球球场,只要是平整的草地就可以充当球场。虽然板球和足球都起源于英国,但英国人并不认为足球是自己的"国球"。板球,才是他们的"国球"。

在英国，板球不仅仅是一项体育运动，它更是英国文化的内在组成部分。板球又名木球，一向被人称颂为"绅士的游戏"（gentleman's game），是一项崇尚体育精神（sportsmanship）和公平比赛（fair play）的运动。

2. 足　球

英国被认为是现代足球运动的发源地，同时也是最早开始职业联赛的。1863年10月26日，世界上第一个正式的足球组织"英国足球协会"在伦敦成立。此后，足球运动在全球广泛传播。这一天也被作为现代足球运动的诞生日。英国是最早成立足球俱乐部的国家。著名足球俱乐部有：曼联 Manchester United，利物浦 Liverpool，切尔西 Chelsea，纽卡斯 Newcastle 和 阿森纳 Aston Villa。所有这些俱乐部都参加英超联赛 Premier League。

英超联赛 Premier League 标志

目前，英国的联赛有：英格兰足球超级联赛（FA Premier League），英格兰足球冠军联赛（The Championship），英格兰足球甲级联赛（League One），英格兰足球乙级联赛（League Two）。此外，英国有很多著名的球星，例如查尔顿、莱因克尔、加斯科因等。

英格兰国家足球队在1966年世界杯足球赛中获得冠军。

3. 温布尔登网球锦标赛

温布尔登网球锦标赛（Wimbledon Championships，简称"温网"）是网球运动中最古老和最具声望的赛事，始于1868年。在1877年春天，俱乐部更名为：全英草地网球和门球俱乐部（All England Lawn Tennis and Croquet Club），并举行了第一个草地网球锦标赛——温网。

温网通常于每年6月或7月举办，是每年度网球大满贯的第3项赛事，排在澳大利亚网球公开赛和法国网球公开赛之后，美国网球公开赛之前。整个赛事（大满贯赛事中唯一使用草地球场的）通常历时两周，但有时会因雨延时。此外，温网还为退役球员举办特别邀请赛。

4. 高尔夫

圣安德鲁斯老球场（Old Course）是圣安德鲁斯现有的6个高尔夫球场中最著名的，它的存在让世界上的高尔夫球手的信仰有了皈依，它吸引着全世界的球迷来到这里感受高尔夫的历史与魅力，它是世界各国球手梦寐以求的地方。圣安德鲁斯是高尔夫球的发源地，距今有600年的历史，自1873年第一届英国高尔夫公开赛举办以来，距今已经有26届比赛在这个球场举办，每年成千上万的来自世界各地的高尔夫球手云集于此，一睹她的风采。世界上没有任何一座球场能比圣安德鲁斯的老球场更为接近高尔夫的历史。许多早期的苏格兰职业球员，包括老汤姆莫里斯和小汤姆莫里斯，早年曾做过圣安德鲁斯的球童。

高尔夫（Golf）

5. 赛 马

英国被世人称为赛马（horse racing）王国，拥有300多年的赛马运动史。赛马目前在英国是仅次于足球的第二大运动。上至皇室贵族、达官显贵，下至平民百姓，都是这项运动的忠实观众。对英国人来说，赛马不仅是一项体育运动，更是度假和社交。赛马场大多建于景色宜人、交通便利的市郊，方便了赛马日携亲带友一同出行，在谈论马经之余交流感情。早在1856年，画家William Powell Frith就在油画 *Derby Day* 中，生动地描绘了英国人参加赛马的场景。

英国有两大赛马会。其一是每年四月在利物浦安特里马场举行的越野障碍赛马（Grand National Aintree）。另一重大赛马会是每年六月在英国伯克郡阿斯特马场举行的英国皇家赛马大会（Royal Ascot）。按照惯例，进入皇家看台一定要穿正装，所以男士们个个身穿礼服，女士们则纷纷戴着精致而造型各异的帽子。

6. 狩猎——英国贵族的时尚游戏

在英国，狩猎（hunting）有着特有的形式，那就是狩猎者们不是用枪来射杀猎物，而是让成群的猎犬追逐并捕杀猎物。数百年来，狩猎在英国一直被视作高尚的贵族运动。贵族们在狩猎时还须遵循许多原则，例如追逐和杀戮受伤的动物或藏匿在饮水区等待射杀猎物等，都被认为是不光彩的行为，射杀那些反应迟钝的动物也被认为是以强凌弱。

7. 群众体育运动

在英国很多人还喜欢慢跑（jogging）、健身（keep-fit activities）、游泳（swimming）、钓鱼（fishing）、骑自行车（cycling）、斯诺克台球（snooker）、乒乓球（table-tennis）和瑜伽（yoga）等运动。

二、美国的体育文化

与其他国家一样，体育也是美国民族文化一个重要的组成部分。美国体育与其他国家和地区相比有很大的不同。首先美国人喜欢一些特别的体育项目，与美式橄榄球、棒球、篮球和冰球相比，足球在美国是一个比较冷门的体育项目，但随着越来越多的青少年参与这项世界上最受欢迎的运动，足球亦被认为是美国最有发展潜力的运动。此外，美国体育的组织也与许多其他国家和地区不同。

1. 社会意义

在美国，体育是最受欢迎的业余活动，因此有极其重要的社会作用。许多美国人不是主动参加体育活动，就是作为观众参加体育比赛。业余体育分业余消遣和业余比赛。在业余消遣中，徒步旅行、散步、划船、打猎和钓鱼最受欢迎。在体育比赛中所体现出来的美德如团体精神、公正、纪律和耐久性在美国社会中有很高的声望。尤其在团体性运动如棒球、篮球、橄榄球和排球中，这些美德可以体现出来。因此，这些球类运动也在业余体育中特别受欢迎。此外，一些单人运动，如游泳、高尔夫球、网球、保龄球和田径运动也很受欢迎。美国最有影响的业余体育组织是业余竞技协会。美国人很喜欢（直接在赛场或者通过电视转播）观看体育比赛。最受欢迎的体育比赛是棒球、篮球和美式橄榄球。在西部各州，牛仔竞技表演也很受欢迎。在美国，政府赞助体育，主动推动和鼓励国民参加体育运动。

2. 体育项目

棒球（baseball）：棒球在美国非常普及，许多美国人从小就开始玩棒球，因此棒球也被称为美国的"民族消遣"。今天的棒球源于19世纪的一种儿童游戏。现在每年有上百万观众去赛场观看职业棒球比赛，更多的观众通过电视观看比赛。美国职业棒球大联盟的赛季是从每年的四月至十月。美国职业棒球大联盟的冠军赛称为"世界大赛"。19世纪末，美国棒球传到日本，并且在日本非常普及。在古巴和许多加勒比海国家，棒球也很普及。

篮球（basketball）：篮球是1891年发明的。由于它对活动场地要求低、比赛激烈、规则简单，因此很快得到普及。今天在美国有百万人参加篮球运动。美国职业篮球联赛一共有30个球队，分东西两个区域。赛期结束后两个区的冠军争夺美国职业篮球联赛冠军的称号。

美式橄榄球（American football）：美式橄榄球是19世纪从英式橄榄球演变出来的。它是美国最受欢迎的一种体育运动，每年吸引上千球员和上百万观众。高校球队的比赛最为著名。今天，美国有600多个高校球队，每年有3 500万以上观众。美国橄榄球联盟是美式橄榄球最重要的协会，其比赛的高潮是每个赛季结束时夺取冠军的超级比赛。

冰球（ice hockey）：在美国和加拿大，冰球是继棒球、橄榄球和篮球后最受欢迎的体育项目。职业冰球队的协会是国家冰球联盟。与棒球一样，联赛比赛时分东西两个区，最后产生的16个最强队通过淘汰赛的形式产生一个冠军，其奖杯是斯坦利杯。由于冰球受自然环境影响，大多数球队来自北方，但是也有一些球队来自南方和西方。

足球（football / soccer）：一直到1970年，足球在美国基本上没有任何影响力，北美足球联盟通过邀请外国知名球员赴美的方式来提高足球运动的知名度，由此足球在美国越来越受欢迎。1994年世界杯足球赛在美国举行，进一步推广了这项体育运动。美国职业足球大联盟成立后，目前有十二个球队参加其联赛，大联盟中拥有一些世界知名的足球运动员，如洛杉矶队的阿杜，2007年夏季加盟的大卫·贝克汉姆等。2006年世界杯足球赛前夕，一项数据表明，美国12岁以下从事运动项目的少年中，从事足球项目的孩子最多，这被许多美国人看作是数年后足球在美国崛起的征兆之一。2006年世界杯美国国家足球队出征德国前，总统小布什也破天荒地在公众场合公开鼓励了这个国家的足球队，他说，"虽然我不知道他们究竟能在德国走多远，但我还是要祝福他们。"

3. 体育竞赛

美国政府之所以支持国际体育竞赛，是因为这些活动提供了展示美国文化和促进国家之间交流的机会。此外，这些体育竞赛也有重要的经济影响。

在国际体育竞赛中美国始终非常成功。最重要的国际体育竞赛是奥林匹克运动会。美国共八次组办冬季或夏季奥运会。夏季奥运会举办时间分别为1904年（圣路易斯）、1932年、1984年（均在洛杉矶）和1996年（亚特兰大）。冬季奥运会的举办时间分别为1932年、1980年（均在普莱西德湖）、1960年（斯阔谷）和2002年（盐湖城）。

此外，美国还参加美洲运动会、残疾人奥运会、特殊奥林匹克运动会、友好运动会、世界运动会、大学生运动会和美洲土著人运动会。

在许多项目的国际比赛中，美国运动员都表现得非常出色，比如兰斯·阿姆斯特朗（自行车）、泰格·伍兹（高尔夫球）等。在网球运动中，安德烈·阿加西、皮特·桑普拉斯和塞雷娜·威廉姆斯是众多出色运动员中的几个代表。

4. 学校体育

美国二级和三级教育系统的体育联盟是其他国家没有的。上百万学生参加高校和大学组织的体育运动。许多学校因为学生的体育特长而授予其入学的权利，虽然他们的入学条件被降低，他们还是必须满足最低的学业要求。学校和大学体育在美国起到发展教育的作用，有些类似其他国家青少年俱乐部的作用。

5. 职业体育

美国没有综合所有职业体育（the professional sports）项目的国家级体育团体，每个体育项目独立组织自己的联赛联盟。美国所有体育联赛采用类似的程序。赛季结束后，进行季后赛来产生国家冠军。

6. 政府管理

美国政府没有专门监督和管理体育的机构。国会的美国奥林匹克委员会负责管理美国参加奥运会的事务以及促进业余体育发展。国会本身介入体育的一些事务，比如大学运动员的男女平等、体育中的毒品滥用以及联赛中的反托拉斯立法等。

7. 体育媒体

从推出广播节目的早期开始，体育就在美国的广播中占有重要地位。今天美国的电视台每年支出上百万美元来购买播放比赛的权利。一场比赛可以中断多少次来播放广告是一个重要的争论内容，播放广告的收入是电视台的重要收入。有线电视和卫星电视使得电视观众范围扩大。1979年第一家美国体育有线电视台开始播放体育赛事。

虽然体育在美国的市场非常大，但是美国没有一份全国性的体育日报。这主要是地理原因造成的。美国跨越四个时区，在西部比赛结束前，东部就要印刷了，因此报纸无法全国性地报道。当然，美国有多份全国性的体育杂志，其中最著名的是《体育画报》。

三、加拿大的体育文化

1. 体育运动的历史

加拿大体育运动在 19 世纪下半叶才迅速发展，1867 年成立了全国性体育组织"全国长曲棍球协会"（National Hockey League），1877 年成立了第一个综合性的体育组织"蒙特利尔业余体育协会"。该协会在 20 世纪初发展成为管辖全国业余体育活动的"加拿大业余体育联合会"。20 世纪 30 年代，随着体育运动的开展，加拿大成立了许多独立的单项组织。1961 年成立的"加拿大体育咨询理事会"代替"加拿大业余体育联合会"，成为联邦政府在体育与娱乐方面的咨询机构。1968 年后，政府显著地增加了体育经费，加强了在竞赛、群众体育、娱乐方面的投入。

2. 体育组织管理

加拿大的体育组织分政府和民间两个方面。联邦政府设有国民健康福利部，下设两个司分管体育和娱乐工作。在民间体育组织方面，全国性的业余体育组织有 80 多个，它们都是加拿大全国体育联合会的会员。全国体育联合会是全国性体育管理机构，负责向政府提出体育与娱乐方面的政策性意见并组织全国运动会。加拿大重要的全国性体育组织还有加拿大奥林匹克协会和英联邦运动会加拿大协会。学校体育在加拿大占有重要地位，全国性的体育组织有加拿大健康、体育与娱乐协会，加拿大学院体育协会，加拿大院际体育联合会，加拿大各省中学体育协会联合会，加拿大女子院际体育联合会等。此外，加拿大还有许多职业运动队。

3. 各种体育赛事

加拿大有 50 个主要运动项目经常进行单项的全国锦标赛，有的还举行全国青少年锦标赛。全国综合性的、多项目的比赛有全国运动会、北极冬季运动会和北方地区运动会等。全国运动会在 1967 年首次举行，以后每四年举办一次。北极冬季运动会于 1972 年首次举行，以后每两年举办一次。它实际上是一次盛大的节日活动，除一般体育项目外，还有若干独特的"北极体育项目"，如单脚或双脚高踢、屈膝跳、绳索体操等。北方地区运动会于 1970 年首次举行，以后每年举办一次。除一般体育竞赛和当地传统的体育项目外，加拿大还根据北方地区印第安人和爱斯基摩人庆祝传统节日的方式组织各种文艺表演。

加拿大参加的国际比赛主要有泛美运动会、英联邦运动会和奥林匹克运动会。1976 年奥运会和 1978 年英联邦运动会都在加拿大举行。

4. 体育运动项目

加拿大有些运动项目在世界上负有盛名。它的长曲棍球运动历史悠久。19 世纪 60 年代加拿大著名牙科医生 G·比尔斯编写了第一部长曲棍球规则，他被称为"长曲棍球之父"。在 1904 年和 1908 年的两届奥运会上，加拿大长曲棍球都获得了金牌。现在全国每个省和地区都有长曲棍球协会的会员组织，登记的会员有 20 万以上。在 1904 年的奥运会上，加拿大成为第一个获得奥林匹克足球冠军的国家。冰球运动开展得也很广泛，加拿大的冰球曾居世界之冠。花样滑冰也是开展得很普遍的运动项目之一。加拿大的花样滑冰协会是世界上最大的，拥有 1000 多个俱乐部，15 万多会员。加拿大运动员在冰球、花样滑冰、速滑、滑雪、划艇、游泳等项目的国际比赛中，都曾取得较好的成绩。

此外，一些群众性的体育活动，如长跑、慢跑、散步、自行车、越野滑雪、狩猎等，近年来都有广泛开展。

四、澳大利亚的体育文化

1. 体育运动项目

澳大利亚是体育运动大国，体育运动相当普及。澳大利亚是南太平洋中一个大岛，海岸线长达32 000公里，全国人口大部分集中在沿海地区，水上运动在体育生活中占重要地位，游泳运动、冲浪运动、帆船运动开展得比较广泛。

国际运动竞技场上，澳大利亚的板球、曲棍球、篮网球、橄榄球和联盟式橄榄球具有一流水平；自行车、赛艇、游泳也名列世界前茅。国内其他流行运动还有澳式足球、足球、赛马、赛车、网球、篮球、高尔夫球和田径。

2. 各种体育赛事

澳大利亚本土举办过两次夏季奥运会，分别是1956年墨尔本奥运会和2000年悉尼奥运会。澳大利亚获得的奥运会奖牌数量长期高居世界前五名，游泳和田径项目通常带来许多奖牌。此外，澳大利亚是全球网球运动的圣地之一，四大满贯之一的澳大利亚网球公开赛每年一月在墨尔本举行。墨尔本的亚伯公园赛道则是一级方程式赛车（F1）的每年的第一个比赛分站。澳大利亚水上体育项目非常厉害，在奥运会上长期取得好成绩，有"水上雄狮"之称。

3. 主要运动项目简介

澳式足球（Australian Rules Football）：澳式足球为澳大利亚特有，澳大利亚澳式足球联盟（AFL）举行的比赛极受欢迎。现今英式足球亦迅速普及，建立了A-League英式足球联赛。澳大利亚国家足球队近年来成为澳大利亚最受欢迎的集体运动队伍之一。

网球：根据澳大利亚专门机构斯韦尼研究所的最新研究调查，网球已超越板球成为澳大利亚最受欢迎的运动。从1905年首届澳大利亚锦标赛（Australian Championships）开始，在其后66年时间里，网球一直在澳大利亚与新西兰两个国家不停地"旅行"。尽管新西兰在1922年时退出了澳大利亚草地网球协会，但这段小小的"变故"并没有阻止网球在全世界最小的大陆上流行开来。澳大利亚是网球大国，有多位得过大满贯赛事的网坛巨星，如柏·卡殊、罗德·拉沃、帕特里克·拉夫特、莱顿·休伊特、艾丽西亚·莫利克、萨曼莎·斯托瑟、玛格丽特·考特、约翰·纽康姆等。

游泳：澳大利亚游泳项目的竞技水平较高，这与其特殊的地理位置有极大的关系，绵长的海岸线、美丽的海滩为生活在这里的人们提供了丰富的水上运动资源。伊恩·詹姆斯·索普是澳大利亚游泳巨星，他曾获得五枚奥运金牌，是澳大利亚迄今最高纪录的保持者。

第三节 教学案例及解读

初中英语教材主要是通过对话介绍一些受西方人欢迎的体育运动和西方体育文化，如basketball, football, baseball, skiing, skating, hiking, climbing, picnic, horsing, boxing等。教材重

点比较了西方两大传统集体体育项目——英式足球（British soccer）与美式橄榄球（American football）的异同点，从而帮助学生对其有进一步的了解。

在高中英语教材中，人教版必修二第二单元的中心话题是奥运会——世界上最重要的体育盛会。通过本单元的学习，学生要了解奥运会的起源、宗旨以及比赛项目。以下通过人教版必修二的 Unit 2 The Olympic Games 第一课时为例，解读中学体育文化的教学。

一、教材分析

本单元以 Olympic Games 为话题，旨在通过本单元教学，使学生了解奥运会的起源、宗旨、古代奥运会与现代奥运会的区别和相似之处以及比赛项目。Reading 部分通过古希腊的一位作家到现代社会采访一位中国女孩的方式，介绍奥运会的有关知识，也让学生了解了古代奥运会和现代奥运会的异同，目的在于激活学生了解奥运知识，同时培养他们对体育运动的热爱。

二、教学目标

1. 知识目标

1) 重点词汇和短语

honest, medal, gymnasium, stadium, admit, take part in, replace, prize, a set of, interview, take part in, a set of, as well as, compete with, compete for, be admitted as, relate to, be related to

2) 重点句式

① Only athletes who have reached the agreed standard for their event will be admitted as competitors.
② It is in the Summer Olympic that you have the running races, together with swimming, sailing and all the team sports.
③ No other countries could join in, nor could slaves or women!
④ Where are all the athletes housed?
⑤ As a matter of fact, every country wants the opportunity.
⑥ It's a great responsibility and also a great honour to be chosen.
⑦ There's as much competition among countries to host the Olympics as to win Olympic medals.

2. 能力目标

Improve students' listening, speaking, reading, writing abilities by comparing the ancient Olympics with the modern ones and trying to answer the questions correctly.

3. 情感目标

Get to know ancient and modern Olympics and stimulate their love for sports.

三、教学重点

To solve the questions in Comprehension, and find the similarities and differences quickly and correctly and answer the questions.

四、教学方法

Listening, Skimming, Task-based method

五、教学过程

Step Ⅰ Lead-in

Show the students the video of the opening ceremony of the 28th Olympic Games held in Athens on April 14th, 2004.

【设计意图】教师通过展示近几届奥运会图片或视频激发学生的学习兴趣，同时引出本单元的话题。

Step Ⅱ Warming-up

Turn to Page 9, work in pairs and ask each other the questions in warming up within 6 minutes.

【设计意图】通过对关于 Olympic Games 的 8 个问题的提问，让学生根据对奥运知识的了解回答问题，目的在于激活学生了解的奥运知识，激发他们学习本单元的兴趣。

Step Ⅲ Pre-reading

Students discuss, and answer the 3 questions on page 9 before reading the article：AN INTERVIEW.

【设计意图】学生通过对 Pre-reading 三个问题的讨论与交流，了解奥运会有关知识。

Step Ⅳ Reading

① Listen to the tape to get the general idea of Reading passage on Page 11.

② Talk about the similarities between the ancient and modern Olympics.

③ Students describe the ancient and modern Olympic Games in their own words.

④ Students fill in the form by themselves on Page 11. Then look at the 3 questions in Part two. Read the passage again to answer the questions. Then ask some students to answer the questions and at the same time check the answers.

【设计意图】通过阅读和理解 Reading passage，让学生们了解奥运会的有关知识，也让学生们了解了古代奥运会和现代奥运会的异同及其宗旨和精神实质，培养学生们从事运动、积极锻炼身体的热情及面对困难的韧性和拼搏意识；通过 Comprehending 部分的表格和问题对文章进行分析，要求学生们找出古代与现代奥运会的异同点以加强对文章内容细节的理解。

Step Ⅴ The analysis of the passage

① Language points（略）.

② Main idea.

Ask a few students to sum up what they have learned.

Student：Through the comparison between the ancient and modern Olympic Games, we have learned the differences and the similarities between them. Now we have a deep understanding of the Games. From the passage, we also know that the Olympic Games are developing and improving. It's our duty to make the Olympic Games better and healthier. We know that the principal in 2008 Beijing Olympic Games is Green Olympic Games. It shows that people are paying more and more attention to our environment.

【设计意图】 通过让学生总结文章的主题大意，进一步加深他们对奥林匹克奥运会知识的理解和记忆。

③ Writing skills.

This passage introduces the Olympic Games in a very interesting way. It adopts the dialogue between Pausanias who lived in 2000 years ago and a Chinese girl in modern world. Through their dialogue, the differences and similarities between the ancient and modern Olympic Games are made well known to the readers. The questions in Warming up and Pre-reading are also served as the references to the passage. In all, this part is written with a clear clue to realize the aim of introducing the Olympic Games.

【设计意图】 通过和学生一起分析本篇文章的结构和写作特点，加深对奥运会知识的理解，同时培养学生的思维，启迪他们的心智，提高学生的写作能力。

Step VI Discussion

Discuss this question in groups: Why do many countries want to host the Olympic Games while others do not?

【设计意图】 通过组织学生讨论世界各国积极申办奥运会，举行奥运会的原因和好处来加深理解为什么现代奥林匹克运动会在全球范围有如此大的影响力。通过组织学生讨论举办奥运会的困难和其负面影响来帮助学生理解为什么经济落后的国家和地区很难承办奥运会，并培养学生在运动时的环保意识。

Step VII Homework（略）

思考题

1. 你知道英式足球，美式橄榄球和中国古代蹴鞠之间的联系与区别吗？它们在比赛规则上有何不同？

2. 我国传统体育运动精神和西方的体育运动精神有什么区别？如何在生活中做到扬长避短？

参考文献

[1] 赖云华，崔国文. 论中西体育文化差异 [J]. 体育文化导刊，2009（5）：53-55.

第七章 教育文化

教育本身是一种特殊的文化现象。教育具有双重文化属性：一方面它是传递和深化文化的手段；另一方面它的实践者及实践本身又体现着文化的特质。教育具有筛选、整理、传递和保存文化的作用；教育具有传播和交流文化的作用；教育具有更新和创造文化的作用。本章简要介绍西方主要英语国家的教育文化，并结合中学教材展示如何对中学生进行教育文化方面的教学。

第一节 中西方教育文化对比

经过数千年的历史积淀，中西方形成了各具特色的风貌和体系，中西方在其教育发展的过程中的侧重点也产生了很大差异。本节主要从以下三个方面来论述：中西方教育观念、教学方式和办学思路。

一、中西方的教育观念

东方教育的主要目的是增加知识，认为知识比创造力的培养重要。在中国，老师们认为创造力的培养是一个缓慢的过程，它依赖于坚固的基础知识。而西方教育的目的是寻求高层认知能力的学习，老师帮助学生自主学习，批判性地思考，建构、挑战知识。在西方发达国家，公布学生的学习成绩被看成是侵犯个人隐私权的。而我国传统的教育观点认为，公布学生的学习成绩，一方面可激励学习差的学生向优秀的学生学习；另一方面，对学习差的学生也是一种批评，或者说是让学习差的学生有挫折感，让其知耻而奋起。西方的教育重视培养学生独立思考、独立生活的能力；注重培养学生的创新能力。我国的教育则重视文化基础课，学生学到的数学和其他自然科学知识比大多数国外学生多。中国学校的管理相对严格，要求学生在上课的时候精神集中，这种教育理念在继承优良传统、掌握知识、规范行为等方面起到了一定的积极作用。

二、中西方的教学方式

在西方，大多为小班教学，一个班一般不超过30人。课堂氛围比较随意自由，学生有什么问题不需举手当堂就可以提问。西方学校大都是九点上课，所以在第一节课的课堂上很少出现昏昏欲睡的双眼。老师讲课的时间不多，课堂以学生的分组活动为主，包括讨论、辩论、实践活动等等形式。英语课的授课方式多种多样，老师常常带他们到学校外的商店、广场等公共地方进行实践，把所学的东西活学活用，这点和中国的学校形成很大的对比。在英国的学校，学生缺勤的现象十分普遍，缺勤的学生大都是随家人去旅游了。这种情况在中国简直无法想象。还有一点很大的差异就是英国的学校很重视对学生进行"山野教育"，其意义就是让学生经受磨练，训练学生的体能、冒险精神和生存能力。然而在中国，很多学校都是整个学期只有难得的一两次社会实践机会。

三、中西方的办学思路

西方发达国家的办学思路倾向于宽进严出，即入学相对宽松，但毕业的要求很严格，特别是对硕士、博士的要求非常严格。从终身教育来看，宽进严出无论是对社会的回归教育，还是对适龄青年的高等教育都是可取的合适路径。因为它既善意地向有志者敞开大门，又保证了人才培养的质量，更重要的是它注重教育学生学会学习，这是一种更高远的追求。而我国的高等教育历来严进宽出，即入学要求很高，但入学后不管学生是否最有效地利用在校期间的优越条件用功学习，毕业时绝大多数学生都能获得一纸合格证书，顺利毕业。当然，随着现代高等教育法规的不断完善和高等教育教学改革的深入，这种严进宽出的问题将会得到逐步解决。

第二节　主要英语国家的教育文化

一、英国的教育文化

1. 英国的基础教育及考试

自1943年英国政府提出"国家的命运取决于人民的教育"这个口号以来，英国的中小学教育一直深受重视，并得到了稳步发展。英国不仅在战后迅速实现了5~15岁免费义务教育的普及，70年代又把义务教育年限延长到16岁。英国不仅基本实现了"人人受中等教育"，而且取消了11岁儿童中学入学考试，发展了综合化中等教育，教育质量稳步提高，为世界各国所注目。

UKISET（UK Independent Schools' Entry Test）为英国私立学校入学测试，这是一项在线入学考试，考试语言为英文。这项考试是很多英国私立学校招生的一个辅助测试，并不是强制考试。

入读英国的公立学校并不需要考试，只有少数顶级公立学校才需要考试。英国的家长也需要买学区房，让子女有机会入读好的文法学校。

2. 英国教育体制

英国的教育旨在帮助学生发展个人才能，并将这些才能加以培训，进而贡献社会。英国的教育体制根据地区的不同有所区别，英格兰、苏格兰和北爱尔兰实行5~16岁的义务教育，威尔士实行4~16岁的义务教育。

1）英国小学（British Preparatory School）

英国的小学教育分为两部分：学龄前学校和寄宿制预备学校。学生的年龄是 5~13 周岁。

（1）学龄前学校（Pre-preparatory School）。

学龄前教育分两年，只面向英国本土的学生开放，并不是寄宿学校，英格兰、苏格兰和北爱尔兰的儿童是 5 周岁入学，威尔士的儿童是 4 周岁入学。

（2）寄宿制预备学校（Preparatory Boarding School）。

英国的预备学校是全寄宿制的，中国的学生可以从这个时候开始进入英国的学校学习，学生在寄宿制预备学校学习广泛的学科，为通过考试进入一流的中学而做准备。学生在完成 7 年级的课程后，可以直接进入寄宿制中学。

2）英国中学（British Senior School）

英国的中学分为三个阶段：普通中等教育（GCSE）、普通高级中学教育（A-Level）、国际课程（International Baccalaureate）。学生的年龄是 13~18 周岁。中国学生去读英国的中学需要解决监护人的问题，因为英国规定，16 周岁以下的学生需要提供监护人服务，而学校基本都会为学生提供监护人服务。

GCSE 即 General Certificate of Secondary Education，是指英国普通中等教育课程，学生选择 8~11 门科目，要在两年内修完，数学、英语和科学是必修课。中国的学生可以选择申请 GCSE 第一年或第二年的课程，选择申请第一年的学生要求年龄在 14 周岁以上，申请第二年课程的学生要求在 16 周岁以上，稍微差一点的学校也接受 15 周岁的学生申请。A-Level 是指英国普通高级中学教育，是世界公认的英国高校入学考试课程。该课程是为打算进入大学的学生准备的。课程为期两年。学生在第一年选择至少 4 门的 A-Level 科目进行学习，在第二年可以着重其中至少 3 门科目的学习。国际课程可以代替 A-Level，学期也是两年，第一年是 AS，第二年是 A Two。在这两年的学习过程中，学生必须从一系列广泛多样的学科中选择 6 门科目学习，其中 3 组高等级，另外 3 组标准的。除了这 6 门科目之外，学生还必须完成 3 个核心课程，1 个拓展论文，1 门有关于"认识论"的课程及 CAS（创造、实践、服务）中国的学生基本上都会选择读 A-Level 课程，国际课程比 A-Level 要高一级，也受世界的认可，但是入学要求高，课程难度大。

3）英国大学（British University）

英国的大学教育为学生提供以下阶段的学习：预科、本科、硕士研究生和博士研究生。中国学生去英国更多的是选择读大学，因为大部分英国的大学本科课程是三年，研究生课程是一年，只有苏格兰地区的大学本科课程是四年。相比中国的大学，可以节省 1~2 年的时间。

（1）预科。

预科分为本科预科（Foundation）和研究生预科（Pre-Master）。预科课程专为海外学生而设，以弥补学生本国和英国在教育体制上的差异，更好地适应英国的高等教育学习。本科预科课程和 A-Level 课程一样，是升读大学课程的基础。通常预科课程为时一年，包括一个或多个科目。一些课程是为了入读大学某些专业而设（如贸易、法律或工程），另一些内容则较为广泛（如英语、数学）。英国许多大学和学院都开设了预科课程，许多预科课程与一些高等院校的某一特定学位课程相连接，成功完成该项预科课程便可以直接入读相应的大学学位课程。

就中国来讲，本科预科课程通常适合高中毕业生修读，研究生预科适合一些大学成绩不是很理想的本科毕业生或者国内完成大三课程的学生修读。

（2）本科。

英国的本科教育世界闻名，英国的 First Degree 学位在世界各地都被承认。本科课程的时间多为三年，苏格兰地区的本科课程为四年，医学、牙医、建筑等本科课程最长的攻读时间为六年。常见的 First Degree 有 BA（文学学士）、BSc（理学学士）、LLB（法学学士）等。学生毕业时，学校会根据学生的总成绩确定学生的学位水平，最好的成绩是一级，还有二级上、二级下、三级和通过。如果想继续读研究生的话，这将是一个重要的参数。英国现有 89 所大学。各大学的规模、地点、开办的课程各有不同，为有志入读大学的学生提供广泛的选择。学校十分注重培养学生的独立学习能力，所以学生在本科课程最后一年，通常需要独立完成一项研究工作或撰写论文，以决定学位的级别。

（3）硕士研究生。

英国的硕士研究生课程最吸引人之处就是，只需要读一年就可以拿到学位，节省了学生的宝贵时间。但是课程的密度相对也很高。硕士研究生的课程主要分为研究式研究生课程（research）和讲授式研究生课程（taught），中国的学生更多地会选择讲授式研究生课程。常见的学位有 MA（文学硕士）、MSc（理学硕士）、LLM（法学硕士）、MBA（工商管理硕士）等。课程最后也需要独立完成一项研究工作或撰写论文以获得学位。修毕课程后，学生可取得国际认可专业资格。科目包括会计、银行业、行政秘书、市场学、测量、社会工作及法律等等。

（4）博士研究生。

英国的博士课程一般读四年，只有个别的读三年，在英国完成硕士课程的学生申请的要求会稍微低一些，其他国家的研究生申请要求会略高。

3. 教育院校（Educational Institutions）

英国高等院校日益国际化，学生来自世界各地。目前在英国学习的外国学生来自九十多个国家，每个学生都在学术上和文化上为英国的院校生活作出了独特贡献。这种多样性还表现在高等院校学生会下设的各种团体上，这些团体由不同宗教信仰或国家的学生组成。

学院和大学努力满足外国学生饮食和宗教方面的需要，大学的餐厅每天都有素食类食品。校园里也往往建有同性宿舍。英国大学为其允许学生有宗教信仰和活动的自由而感到自豪，世界主要宗教的祷告室和教堂也都可供学生使用。

4. 主要院校介绍

牛津大学：牛津大学（University of Oxford）位于英国牛津市，是世界上最古老的大学之一。虽然牛津大学的确切创立日期仍不清楚，但其历史可大约追溯到 12 世纪末，迄今约有 900 年历史。1209 年，在牛津学生与镇民的冲突事件过后，一些牛津的学者迁离至东北方的剑桥镇，并成立剑桥大学。自此之后，两所大学彼此之间展开相当悠久的竞争岁月。牛津大学还是英国罗素大学集团、欧洲科英布拉集团、欧洲研究型大学联盟以及欧洲大学联盟的核心成员。

牛津大学的校训是 Dominus illuminatio mea（拉丁文），意思是"上主是我的亮光"（The

Lord is my light)，出自《圣经》中"诗篇"的第 27 篇。

剑桥大学：剑桥大学（University of Cambridge）位于英格兰的剑桥镇，成立于 1209 年，最早是由一批为躲避殴斗而从牛津大学逃离出来的老师建立的。英格兰国王亨利三世在 1231 年授予剑桥大学教学垄断权。剑桥大学和牛津大学齐名，为英国最优秀的两所大学，被合称为"Oxbridge"。

英国许多著名的科学家、作家、政治家都来自于剑桥大学。剑桥大学也是诞生最多诺贝尔奖得主的高等学府，88 名诺贝尔奖获得者曾经在此执教或学习，70 多人是剑桥大学的学生。剑桥大学还是英国罗素大学集团和欧洲科英布拉集团的成员。

剑桥大学

二、美国的教育文化

美国人自强自立，务实并注重个人能力，敢于冒险，勇于创新等特质使美国的教育呈现出现在的模样——发达的素质教育。美国老师承认每个孩子都有自己的天赋，并鼓励他们努力张扬自己的特长。美国注重培养学生的真本事。美国从 1980 年到现在共为国家培养出 300 多名亿万富翁和众多的诺贝尔获得者。这正应了美国的缔造者华盛顿的话："让美国人享受到最好的教育。"美国文化教育的高水平也就决定了美国在世界科技方面的领先地位。

1. 美国的基础教育

在美国人看来，每个人都应该有机会接受好的教育，以发展个人的天赋与能力。从 19 世纪早期开始，这种义务教育的理想便不断得到群众的支持。许多政教界的领导人物指出，美国的繁荣与强大，事实上是得力于教育之普及。1830—1850 年，伟大的教育家如霍瑞斯·曼（Horace Mann）、巴纳德（Henry Barnard）等人就不断地四方奔走，以求得政府对初高中教育的管理与支持。终于在 1852 年，马萨诸塞州通过了第一条儿童义务接受教育的法令。1865 年南北战争结束后，许多州开始成立公立初中与高中。州立大学、农业学院、技术学院等也都有惊人的发展。20 世纪初期，人人应接受高中教育的理想已经在美国获得广泛的支持。高中毕业后申请进入学院就读的人数大幅度地增加，大学及学院的选读生人数也大大地增加。

目前，将近有 600 万的美国人在学校、学院或是大学里就读，另有数百万的美国人则参加成人教育课程。几乎所有的美国小孩最少都接受 8 年的教育，高中毕业的有 75%，从四年制的学院及大学中获得文凭的有 25%。广大的教育计划已使美国成为世界上受教育人数最多的国家之一，只有 1% 的美国人不能阅读及写字。

美国的中小学教育主要是由各州教育委员会和地方政府管理，多数州实行十年义务教育。各州学制不一，大部分为小学六年、初中三年、高中三年。美国的学校有公立和私立两种，公立学校由政府税收支持，学生免费入学；私立学校多由教会支持。在初中阶段，约有 10% 的人就读于私立或教会学校。在高中阶段，同样约有 10% 的人就读于私立或教会学校。

所有的州都要求儿童入学，在大多数的州，儿童们在 16 岁之前必须接受教育。各州把许多教育责任交给地方教育委员会，大多数的委员们是由地方学区投票选出。大多数的美国公立学校是由当地地方投资及管理，目前联邦政府与州政府在投资地方学校上扮演着日益重要的角色。

2. 美国的学制划分

美国的学校按年龄阶段分为四类。初级学校：一至六年级（6~12 岁）；初级中学：七至八年级（13~14 岁）；中学：九至十二年级（15~18 岁）；大学（学院）：一般为四年制的大学本科，也有两年制的初级学院和技术学院，还有二至四年的"研究院"或"专业学院"，为大学毕业学生从事研究而设立。

美国大学目前实行准学士、学士、硕士、博士学位制，分别代表本科和研究生两大类教育四级不同的学术水平。由于准学士学位只是读完两年初级或社区学院的资格证明，不是攻读学士学位的必经阶段，因此美国的学位制基本上还是三级水平结构。按学位性质，一般分为学术（研究）学位和专业（专科）学位两种。此外美国大学还颁授荣誉学位，此种学位并不反映学术成就，而是对有杰出社会贡献人士的承认。

3. 美国大学分类

两年制学院，又称初级或技术学院，大部分为公立，多半为地方社区所创办，故一般称为社区学院。社区学院提供的课程有两类：一类为过渡性文理课程，相当于四年制大学的前两年，学生毕业可转入四年制大学继续深造；另一类为终止性职业技术课程，毕业生直接就业。社区学院颁授的学位是准学士学位。社区学院入学条件简单，不限年龄，亦无须通过入学考试；学习时间灵活，有全日、半日、周末、夜间课程的多种选择，还有寒暑假开设的假期班；修业年限较短，收费低廉，而且针对本地区需要开设课程，便于就业，因此日益受到社会各界的青睐。

四年制学院大体有两类：一类是文理学院或文科学院。基本课程包括人文学（语言、文学、哲学、艺术、音乐、文化史等）、社会及行为科学（历史、地理、经济、政治、社会学、人类学、心理学等）和自然科学（数学、物理、化学、生物学、地质学等）三大领域。另一类是独立的专科学院，如机械学院、建筑学院、工程学院、音乐学院、师范学院等，主要提供专科职业教育。上述两类学院学制一般为四年。文理学院或文科学院向毕业生颁授的最普遍的学位是文学士和理学士，专科学院则授予专业学位。

综合性大学：综合性大学规模庞大、组织复杂、师资充实、设施完备，一般设有以文理学院为核心的若干学院，可修学位的课程除通常的文理课程外，还有工程与技术、商科、国际问题、卫生、教育、农业、家政、建筑、传播、新闻、图书馆学、旅馆管理等。大部分综合性大学注重研究工作,不仅拥有设备先进、实力雄厚的研究机构,也设有以向高校和社会输送教学和研究人才为双重使命的研究生(论坛)院,因此这些大学又被称为研究性大学。此外,许多综合性大学还设有若干高级专业学院,如法学院、医学院、牙医学院、管理学院等。进入这些专业学院学习,往往需要有四年制大学的本科学历,学制通常为3~4年,时间长、费用高。综合性大学颁授学士、硕士和博士三种学位。

4. 主要院校介绍

美国著名高等学府有:哈佛大学、麻省理工学院、哥伦比亚大学、加利福尼亚大学伯克利分校、斯坦福大学、芝加哥大学、乔治·华盛顿大学、耶鲁大学、加州理工学院、约翰斯·霍普金斯大学、普林斯顿大学和杜克大学等。

哈佛大学:哈佛大学(Harvard University),简称哈佛,坐落于美国马萨诸塞州剑桥市,是一所享誉世界的私立研究型大学,是著名的常春藤盟校(The Ivy League)成员。这里走出了8位美利坚合众国总统,上百位诺贝尔获得主曾在此工作、学习,其在文学、医学、法学、商学等多个领域拥有崇高的学术地位及广泛的影响力,被公认为是当今世界最顶尖的高等教育机构之一。

哈佛同时也是美国本土历史最悠久的高等学府,它诞生于1636年,最早由马萨诸塞州殖民地立法机关创建,初名新市民学院。为了纪念在成立初期给予学院慷慨支持的约翰·哈佛牧师(John Harvard),学校于1639年3月更名为哈佛学院(Harvard College)。1780年,哈佛学院正式改称哈佛大学(Harvard University)。截至2014年,学校有本科生6700余人,硕士及博士研究生14500余人。

斯坦福大学:斯坦福大学(Stanford University)是美国著名的私立大学,也被公认为是世界最杰出的大学之一。斯坦福大学始建于1885年,其创办者利兰·斯坦福夫妇将学校的目标定为:为学生们的成功提供最实用的知识技能,以及通过对于人类与文明的影响来促进公共福利。根据2005年《英国泰晤士报》教育增刊上的世界大学排名,斯坦福大学名列世界第五;根据《普林斯顿评论》在2006年的报道,斯坦福大学的工程学院在全美排名第二,其商学院更是赫赫有名。斯坦福大学靠近著名的硅谷,学校杰出的校友们建立了像惠普、雅虎、英伟达(Nvidia)、思科系统公司(Cisco Systems)等全球知名的大企业。

耶鲁大学

耶鲁大学：耶鲁大学（Yale University）是一所坐落于美国康涅狄格州纽黑文市的私立大学，始创于1701年，初名"大学学院"（College School）。耶鲁大学是美国历史上建立的第三所大学，今为常春藤联盟（The Ivy League）的成员之一。它和哈佛、普林斯顿大学齐名，历年来共同角逐美国大学和研究生院前三名的位置。耶鲁大学的教授阵容、课程安排、教学设施方面堪称一流。漂亮的杯哥特式建筑和乔治王朝式的建筑与现代化的建筑交相互映，把整个校园点缀得十分古典和秀丽。

麻省理工学院：麻省理工学院（Massachusetts Institute of Technology），简称麻省理工（MIT），坐落于美国马萨诸塞州剑桥市（大波士顿地区），是世界著名私立研究型大学，被誉为"世界理工大学之最"。

2015—2016年度，麻省理工学院位列QS世界大学排名世界第一、US News世界大学排名世界第二、世界大学学术排名（ARWU）世界第三、泰晤士高等教育世界大学排名世界第五。截止2015年，先后有85位诺贝尔奖得主在麻省理工学院工作或学习过，在全球高校中位列第五名；另据泰晤士高等教育（THE）统计，麻省理工学院在21世纪获得的诺贝尔奖人数位列世界第八。另有两位菲尔兹奖（数学界最高奖）得主曾在麻省理工学院工作过。

麻省理工学院

三、加拿大的教育文化

1. 义务教育

加拿大政府规定，凡是年龄在6至16岁的未成年人必须接受义务教育，完成这期间的教育后相当于中学毕业。在义务教育期间，拥有居民或公民身份的学生是不必支付学费的，所收学杂费也非常便宜。

小学：儿童满6岁可以报名就读小学。每年九月开始至次年六月为一学年。小学分别为一至七年级。在小学，学校不仅在教室教学，同时还非常注重社会教育以及启发式教育，学校经常组织学生外出参观博物馆、图书馆、体育馆、报馆等等。小学生的作业全部在学校完成。由于加拿大是双语国家，英语及法语都是官方语言，在一般的小学，学生从四年级开始学习法文。

中学：中学从八年级开始，到十二年级。有些学校采用五年中学制，而有些将中学分为三年初中（第八至第十级）及两年高中（第十一、十二年级），但是其课程及修读总年限是完全相同的，第十一、十二年级的成绩作为晋升大学的入学标准。学生从升入八年级开始，学校配有专门的辅导顾问，他会根据学生几年来的档案记录，指导学生选修那些对学生最为适合的课程。因此，学生可以在顾问的指导下，根据自己的兴趣爱好选修不同科目，这是非常灵活的，学生可在一年内修读不同的科目，也可在一年内同时修读不同年级的科目，例如八年级的学生可修读九年级学生的科目。在中学期间，学生的成绩均按学分计算。自九年级到十二级的这四年期间，每个学生必须修满30个学分，方可毕业。一门科目修满学时，成绩合格，可取得一个学分。如果要想毕业，在这30个学分中，有些主要学科必须修满规定的学分，例如英文或法文需取得5学分。

2. 升学考试

加拿大的中学生升入大学不需要参加专门的考试。只要学生在高中期间修满必须的学分，毕业合格，即可申请入学深造。这个申请是可以由所在中学协助的，递交填妥的申请（有些省份规定必须由本人提出申请）即可。在申请时，除了填写课程成绩外，还需要根据自己的爱好、学业情况，选择适当的学校。这些方面，学校的辅导顾问会根据每个学生的实际情况，协助学生做出适当的选择。

3. 高等教育

在加拿大的大学获得学士学位一般需要四年，硕士学位为一至两年，博士学位为两至四年。大学实行学分制，积累一定的学分，即可获得相应的学位。例如学生若已获得专科文凭，在申请进入加拿大大学时，根据自己的学历，向校方提出申请，学校在审核其所得学分后，学生可获得免读大一、大二甚至大三课程的资格。对于升入大学后的暑期或假日，学校鼓励学生参加义务工作，积累对社会的认识。学校也鼓励学生参加工作，赚点钱作为书费或零用。大学生可以参加暑期实习，学生可在政府规定的日期去申请各企业机构、商业部门的实习，学校按情况分配学生，而学生也可以自己去找工作做。

四、澳大利亚的教育文化

1. 教育体制

澳大利亚教育由各个州政府独立负责。在一般情况下，澳大利业教育由三个层次组成：初等教育（小学），中学（初中和高中）和高等教育（大学和职业学院）。在澳大利亚，法律规定在一定年龄之前必须接受教育。这个法定年龄因各个州有所不同，一般是15~17岁，高中毕业之前。法定教育之后的教育纳入澳大利亚职业资格体系。澳大利亚的学期因各个州和学院的不同而不同。一般，小学、中学和职业学院从一月底到十二月中旬，大学从二月底到十一月中旬。

澳大利亚的大学提供的学位和课程分为：博士学位、硕士学位、硕士文凭/硕士证书、学士学位和专科文凭课程。完成博士学位课程至少需要三年；硕士学位课程需要一年半到两年；学士学位课程年限三年，但也可能长达六年，另外一般修课时间多加一年就可以得到荣誉学位；专科文凭课程修业时间为两到三年。

2. 学　制

在澳大利亚，从二月至十一月为一学年。多数大学实行双学期制，即第一学期从二月底到六月初，第二学期从七月到十一月初。中等学校及专科技术学院，通常是二月初开学，十二月结束。因学校不同，每学年会有三个或四个学期。各 TLICOS，TAFE 和私立学校设立学年的方式有所不同。如果学生有兴趣到其中一所就读，可以从注册管理员或秘书那里得到一份学年安排表。大学通常于三月初开课，十一月底结束，也因学校不同每学年分成二个或三个学期。最近，越来越多的大学在七月份接受新生入学，但是同样依据课程而异。

3. 学　费

和许多西方国家不一样，澳大利亚的高等教育是收费的。澳大利亚大学通常依靠收取学费来承担高额的办学费用。大学设有奖学金，但是数量相当有限，尤其对于大多数留学生来说，学费完全需要自付。

第三节　教学案例及解读

关于中西方教育文化，中学教材鲜有提及。人教版选修七的 Unit 5 Travelling abroad 涉及这一话题。本单元的中心话题是"出国学习和旅游"，课文始终围绕这一主题展开。阅读部分介绍了主人公谢蕾第一次去国外求学时，中西方教育理念、方式方法的差异让她面临各种问题及困难，在房东和导师的帮助下，她大胆正视困难、迎接挑战、最终树立了信心，尽快适应了西方的教育模式和那里的教育环境。下面就以本单元中的教育话题进行教学设计。

一、教材分析

本单元以 Travelling abroad and studying abroad 为话题，旨在通过单元教学，使学生了解在国外旅行或学习时可能会遇到的一些问题，并学会怎样去解决问题和避免这些问题的发生。Reading 一篇介绍了中国女孩谢蕾在伦敦学习和生活的情况，让学生通过实例对比了解在国内学习生活与在国外学习生活的不同，从而培养他们的国际视野。

二、教学目标

1. 知识目标

1）重点词汇和短语

keep it up, fit in, cafeteria, lecture, qualification, preparation, recommend, get used to, shopkeeper, comfort, substitute, academic, requirement, essay, tutor, numb, acknowledge, as far as one is concerned, occupy, hopefully, enterprise, succeed

2）重点句子

① Xie Lei, who is 21 years old, has come to our university to study for a business qualification.

② It's not just study that's difficult. You have to get used to a whole new way of life, which can take up all your concentration in the beginning.

③ I have been so occupied with work that I haven't had time for social activities.

④ I'm going to join a few clubs. Hopefully I'll make some new friends.

2. 能力目标

Improve students' listening, speaking, reading, writing abilities by learning about Xie Lei's school life in London.

3. 情感目标

Help the students learn how to deal with the problems that they would face when studying in a foreign country.

三、教学重点

Help the students to summarize the benefits and difficulties of living in a foreign country.

四、教学方法

Skimming, scanning, task-based method and discussion.

五、教具准备

A recorder, a projector and some slides.

六、教学过程

Step I Revision

Teacher: Have you ever travelled in another country? Who'd like to tell us your experiences?

【设计意图】通过引导学生交流国外旅行或生活的经历，帮助学生分享在国外因文化习俗的不同和饮食习惯等方面的差异所造成的生活、学习、工作方面的困难。

Step II Pre-reading

Talk about studying in a foreign country. First, present two pieces of news to start the topic. Show the news on the screen.

【设计意图】组织学生观看两则中国留学生在国外学习的不幸遭遇以引出本节课的话题。

NEWS 1: On Dec. 6th, 2005, two Chinese overseas students were killed in Ottawa, Canada. They were shot at a bar, one was shot dead at once, the other died during the way to the hospital. It was said that the murderers were Vietnamese.

NEWS 2：(Xinhua News Agency) A car accident happened to a group of Chinese overseas students in New Zealand on Sep. 7th, 2005. New Zealand police said that the car accident happened in the early morning, one student, Xiao Ding, died on the spot, the other four students were hurt. Now two of them are still in hospital.

【设计意图】看完新闻后组织学生讨论在国外留学首先会碰到什么问题。

Teacher：I read the two pieces of news. What can you learn from the news?

Student：We can get the information that we may meet some security problems while studying in a foreign country.

Teacher：Yes. As we know, now more and more people live or study abroad, even some senior or junior high school students are sent to study abroad. Do you know why?

【设计意图】进一步引导学生思考为什么越来越多的中国学生喜欢去国外学习。

Student：I think they want to learn more advanced technology, know more about different cultures and customs, they want to enlarge their knowledge and improve their ability.

Teacher：Besides the security problems, what are other problems that they might meet in their study and daily life?

【设计意图】启发学生思考在国外学习除了安全问题，还会遇到其他什么困难，从而过渡到对 Pre-reading 中几个问题的思考。要求学生采用讨论交流的方式谈论在国外学习的利与弊，激发学生们的学习兴趣和合作精神。

Ask the students to turn to Page 37, look at the pictures and discuss the questions above them. After discussion：Now who'd like to answer the first question? Volunteer!

Student：Let me try. The advantages of studying in a foreign country are that we could learn standard English, we can communicate with the local people, and we could know the manners and customs of that country better.

Student：But there are still many disadvantages of studying in a foreign country. It would be difficult for us to communicate with the local people, and we should adapt to the situation quickly, we can't understand the language very well, so it's difficult for us to do many things even some simple things. What's more, we will miss our homes, miss our parents and friends.

Teacher：Yes, so many difficulties to deal with. Then what do you think a Chinese student will find different from studying at a Chinese school?

Student：They will find it's not easy to study in a foreign country. Different teaching method, different learning method and different education system, they should adapt to all these things quickly.

【设计意图】进一步引导学生思考在国外因教育体制、方法、理念上的差异所造成的学习上的困难，并导出课文。

Step III While-reading

Get the students to comprehend the passage quickly and accurately, meanwhile help the students to form a good habit of reading.

① Skim the passage fast to obtain a general understanding of the whole passage. While reading, try to find out the main idea of each paragraph.

【设计意图】 指导学生准确运用略读和跳读两种阅读技巧快速阅读课文,尝试概括整篇文章和每段的主旨大意,以更好地了解谢蕾在国外学习、生活中所遇到的困难及国外不同的教育理念和教学方法。

② Ask the students to read the text carefully to have a better understanding of the text, and try to find the difficulties and benefits from the text and fill in the diagram on Page 39.

【设计意图】 Comprehending 设置了4个练习题:练习1通过四个问题来检查学生对课文细节的理解;练习2以图表的形式来分析在国外学习的利与弊;练习3设置了三个讨论题,通过对这些话题的讨论,挖掘文章的深层含义,激活学生自身的认知能力和思想认识能力;练习4是概括能力训练题,在理解文章的基础上,重点训练学生的概括能力和解决问题的能力。

Step IV Post-reading

① Let the students listen to the tape and at the same time, get the answers to the four questions in Exercise 1.

② List the problems that Xie Lei had when she first went to England, and try to add two or three other problems that she might have and summarize what you would do if you had the same problems. Work in groups.

【设计意图】 通过这项任务,让学生加深对国外学习生活因文化、习俗、教育理念、方法、体制的差异所引发的种种困难的理解,同时帮助学生学会如何勇敢地去面对和解决。

Step V Homework

Suppose you are Xie Lei, write a letter to your parents or friends in China, telling them about your present life according to what you have learned from the text.

思考题

1. 如果你有机会作为一名交换生,你最想去哪个国家学习?你觉得在那儿生活和学习需要注意什么?你对交换到你们学校的外国学生有何建议?

2. 结合中国传统教育观念与西方现代教育理念的异同点,谈谈我国现代教育应如何改革才能更好地培养与国际接轨的人才?

参考文献

[1] 何田. 英语学习背景知识新编 [M]. 北京:北京大学出版社,1993.
[2] 来安方. 英美概况 [M]. 郑州:河南教育出版社,1995.
[3] 余志远. 英语国家概况 [M]. 北京:外语教学与研究出版社,2000.
[4] H C DENT. Education in England and Wales [M]. London:Hedderand & Stoughton, 1982.
[5] S L CURTIS. History of Education in Great Britain [M]. London:University Tutorial Press, 1957.

第八章　文学与艺术

文学与艺术是反映一个民族文化的重要形式。文学与艺术，借助语言、表演、造型等手段塑造典型的形象，反映社会生活的意识形式，属于社会意识形态。它包括语言艺术（诗歌、散文、小说、戏剧文学）、表演艺术（音乐、舞蹈）、造型艺术（绘画、书法、雕塑）和综合艺术（戏剧、电影）等。文学是语言艺术，广义的艺术概念包括文学在内。本章主要介绍英语国家的文学与艺术，并通过中学英语教学相关案例进行解读。

第一节　英国的文学与艺术

英国历史源远流长，经历了长期、复杂的发展演变过程。在这个过程中，文学、艺术本体以外的各种现实的、历史的、政治的、文化的力量对文学、艺术产生着深刻的影响。

一、英国文学

英国文学源远流长，经历了长期、复杂的发展演变过程。在这个过程中，文学本体以外的各种现实的、历史的、政治的、文化的力量对文学产生着影响。文学内部遵循自身规律，历经盎格鲁-撒克逊、文艺复兴、新古典主义、浪漫主义、现实主义、现代主义等不同历史阶段。战后英国文学大致呈现从写实到实验和多元的走势。

1. 中世纪文学（The Middle Ages）

英国的古英语时期是英国国家和语言的形成时期。最早的文学形式是诗歌，以口头形式流传，主要的诗人是吟游诗人。到基督教传入英国之后，一些诗歌才被记录下来。这一时期最重要的文学作品是英国的民族史诗《贝奥武夫》，用头韵体写成。从1066年诺曼人征服英国，到1500年前后伦敦方言发展成为公认的现代英语。期间文学作品主要的形式有骑士传奇，民谣和诗歌。在几组骑士传奇中，有关英国题材的是亚瑟王和他的圆桌骑士的冒险故事，其中《高文爵士和绿衣骑士》代表了骑士传奇的最高成就。中世纪文学涌现了大量的优秀民谣，最具代表性的是收录在一起的唱咏绿林英雄罗宾汉的民谣。最重要的诗人是被称为"英国诗歌之父"的乔叟（Geoffrey Chaucer），代表作是《坎特伯雷故事集》，取得了很高的艺术成就。他首创了诗歌的五步抑扬格，后被许多英国诗人采用。乔叟用伦敦方言写作，奠定了用英语语言进行文学创作的基础，促进了英语语言文学的发展。

2. 文艺复兴时期文学（The Renaissance）

文艺复兴时期的英国文学得到了空前的发展，诗歌、散文和戏剧方面尤其兴盛。诗歌方面，新的诗体形式如十四行诗，无韵体诗被介绍到英国。重要的诗人有菲利普·西德尼（Philip Sidney）他不仅写了许多优美的十四行诗，还创作了最早的诗歌理论作品之一《诗辩》。埃德蒙·斯宾塞（Edmund Spenser）用诗节创作了著名长诗《仙后》，规模宏大，内容丰富，利用中古骑士传奇的体裁，以寓言为主要手法。诗歌在精神上反对天主教而歌颂作为英国民族象征的伊丽莎白女王，传达了正在兴起的清教主义的严峻的道德观。诗歌以优美而多变的韵文写成，使得斯宾塞不仅独步当时诗坛，而且成为后世讲究诗艺的作家所仰慕的"诗人的诗人"。诗歌的成就还包括无韵体诗在剧本里的成功运用。诗同剧的结合产生了这一时期文学最骄傲的成果——诗剧。从16世纪80年代起，诗剧作者们摆脱了中古神秘剧、奇迹剧、道德剧的宗教色彩和粗糙技巧，建立了一种生气勃勃的新戏剧，敏锐、强烈地表达了时代精神，在艺术上作了多方面的大胆创新。第一个成功地使无韵体诗变成戏剧媒介的是马洛（Christopher Marlowe）。他用"壮丽的诗句"写壮丽的人物，如《帖木儿》（1590）中的中亚大帝国的创立者和《浮士德博士的悲剧》（1604）中的追求无限知识的德国博士。

莎士比亚（William Shakespeare）一生写了37部剧本。他博采众长而又自有创造，在历史剧、喜剧、悲剧、传奇剧各方面都写出了杰作。他的9个历史剧包括了从约翰王到亨利五世（亦即从13世纪初到15世纪末）之间连续300年的英国历史，场面之大实属空前。他的喜剧活泼多趣，有浓厚的生活气息，其中《仲夏夜之梦》（1596）和《皆大欢喜》（1600）又充满浪漫诗情，令人神驰；《威尼斯商人》（1597）用生动的法庭对抗的场景提出了海外贸易和犹太人放高利贷等经济问题；结构完整、语言锋利的《第十二夜》（1601）则揭露了清教徒的虚伪。他写悲剧的天分首先见于《罗密欧与朱丽叶》（1595），这个歌颂自由恋爱的剧本像朝露一样新鲜，而一对纯真青年的死又对封建门第的残酷作了

莎士比亚

有力的控诉，为后来的西欧乃至世界的文学艺术提供了又一个有长远吸引力的主题。1600年以后，他的思想更深刻，技巧也更老练，创作了一系列卓越的悲剧，其中《哈姆雷特》（1601）写了一个年轻的人文主义者面对邪恶势力，在怀疑、犹豫之后终于流落在民间，而在这过程中反而悟到了真理；《麦克白》（1606）则深入探索了野心的毁灭性，在充满迷信和恐怖的气氛里，作者却让他笔下的罪人不时剖析内心，沉思和反省给了这个悲剧更大的深度。

英文的《圣经钦定本》（King James Version）作成于1611年，不仅具有重大的宗教意义，也是一部伟大的文学作品，并且对英国的语言文化产生了深远的影响。它的纯朴、平易、明晰的散文风格奠定了英国散文的传统。一个著名的哲学家兼散文家是培根（Francis Bacon），他的文学著作主要有《随笔》，收录了他在各个时期发表的58篇随笔，思想深刻、文笔简洁，富有警句格言。

3. 革命和复辟时期文学（The Period of Reason and Revolution）

16、17世纪之交，英国国内政治、经济的矛盾加深，人心动荡，这在文学上的表现除了上述诗剧的衰败，还有以政治与宗教问题为主题的文章急剧增多，在诗歌中出现了以多恩（John Donne）为代表的玄学派诗和一些称为骑士派的贵族青年所写的爱情诗，前者用新奇的

形象和节奏写怀疑与信念交替的复杂心情,显示出当时科学大进展对传统文化的影响;后者则表达了一种末世情调。

17世纪40年代,革命终于爆发。人民经过公开审判,处决了国王查理一世,并在打了一场激烈的内战之后建立了以克伦威尔为首的资产阶级政权。在文学上,革命主要表现于两个方面:一是有大量的传单和小册子印行,各种集团特别是属于革命阵营左翼的平均派和掘地派通过它们来发表政见,其中李尔本、温斯坦利等人写得犀利有力;二是出现了一个革命的大诗人——弥尔顿(John Milton)。

弥尔顿对于革命的贡献,首先在于他的政论文。从1641年起,他搁下了早以优美著称的诗笔,而用英文和拉丁文写了许多政论小册子,为英国人民处死国王的革命行动辩护,也发表他的进步主张,如《论离婚》(1643)和《论出版自由》(1644)。他的文章虽然句式繁复,却有雄奇之美,在英国散文中自成一格。

1660年革命遭受了重大挫折,王政复辟。这时弥尔顿已经双目失明,惨受政治迫害,但他痛定思痛,把自己的一腔孤愤写进了他一生最后的三大作品。首先是《失乐园》(1667)。这首以《圣经》中亚当、夏娃失去乐园的故事为主题的史诗表达了作者的清教主义,而在对于撒旦的描写中则又倾注着他的革命思想,正是那些歌颂叛逆者的响亮诗行构成了诗中最动人的篇章。继之而来的《复乐园》(1671)叙述耶稣拒绝撒旦诱惑的故事,虽见平淡,仍多佳句。同时出版的《力士参孙》是英文中最出色的希腊式古典悲剧,结构严谨而人物突出。作者写参孙双目失明,身陷囹圄,却仍力抗强暴,终于与敌人同归于尽。这当中有弥尔顿对自己不平凡的一生的回顾,炽热的情感溢出诗行,表示他依然壮怀

弥尔顿

激烈,不变革命初衷。在艺术上弥尔顿力求完美,以希腊、罗马的古典文学为典范,然又不失英国本色,在他的笔下无韵诗更具有庄严灿烂之美,表现了"雄伟的风格"。

王政复辟以后,文学风气为之一变,盛行嘲笑清教徒的讽刺诗,法国式的"英雄悲剧"和反映浮华、轻佻的贵族生活的"风尚喜剧"。这类喜剧中也有意存讽刺的,如康格里夫的《如此世道》(1700)。这时文坛上的领袖人物是德莱顿,他有多方面的才能,主要成就在政治讽刺诗和文论。也有作家反对当时的社会风尚,如来自下层人民的班扬(John Bunyan),他的《天路历程》(1678)用朴素而生动的文字和寓言的形式叙述虔诚教徒在一个充满罪恶的世界里的经历,对居住在"名利场"的上层人物作了严峻的谴责。作品中卓越的叙事能力使它成为近代小说的前驱。

4. 启蒙时期文学(The Age of Enlightenment)

18世纪产生了一种进步思潮启蒙运动,这一时期的思想家和作家们崇尚理性,认为启蒙教化是改造社会的基本手段,因此18世纪又被称为"理性的时代"。这在文学领域体现为18世纪上半期的新古典主义,代表作家有诗人蒲伯(A. Pope)和期刊随笔的创始人斯梯尔(R. Steele)和艾迪生(J. Addison)。

18世纪中期兴起了英国现代小说,出现了大批有影响的小说家。理查逊(Samuel Richardson）的小说《帕美拉》（*Pamela*）采用书信体形式对人物的心理活动进行细致地描写，大大丰富了小说的创作方法。哥尔德史密斯（Oliver Goldsmith）的《威克菲牧师传》（*The Vicar of Wakefield*）是英国文学史上著名的感伤小说之一。劳伦斯·斯特恩（Laurence Sterne）打破传统的叙事方法，创作了《项迪传》，而被认为是英国现代派文学的先驱。笛福（Daniel Defoe）是英国文学史上第一个现实主义小说家，代表作是《鲁滨逊漂流记》。斯威夫特（Jonathan Swift）是英国文学史上著名的讽刺小说家，以犀利的文笔对教会和社会的虚伪腐败进行了辛辣的讽刺，代表作是《格列佛游记》。菲尔丁（Henry Fielding）是英国最杰出的小说家之一，在理论与实践上都为英国小说的发展作出了贡献。在他的代表作《汤姆·琼斯》中，他塑造了众多栩栩如生的人物，展示了错综复杂的社会矛盾。

5. 浪漫主义时期文学（The Romantic Period）

英国是最早出现浪漫主义文学的国家之一。英国的浪漫主义文学代表了 19 世纪欧洲浪漫主义文学的最高成就。英国浪漫主义内部思想精神复杂，有柯勒律治（Samuel Taylor Coleridge）的浪漫的超自然主义、华兹华斯（William Wordsworth）的英国国教的正统主义、雪莱（Percy Bysshe Shelley）的无神论的精神主义、拜伦（George Gordon Byron）的革命的自由主义、司各特（Walter Scott）的对以往时代的缅怀等等。但英国的浪漫主义还是有着鲜明的英国气质，即"自然主义"。布莱克（William Blake）和罗伯特·彭斯（Robert Burns）属于前浪漫主义诗人。布莱克的代表作品有《天真之歌》和《经验之歌》。彭斯是著名的苏格兰民族诗人，写了很多脍炙人口的歌颂友谊、爱情、自由、平等的诗歌，其中《一朵红红的玫瑰》广为流传。

英国浪漫主义诗人全都是大自然的观察者、爱好者和崇拜者。在文学中体现在以下几方面：首先是对乡村和大海的热爱；其次是对高级动物的喜爱和对一般动物世界的熟悉；第三是明显的个人独立性，作家们都很有个人癖性；第四是讲求实际的道德观和人生观，与追求正义的强烈意愿。英国浪漫主义在发展过程中的各阶段又有着各自的一些特点：第一代浪漫主义作家不满于资本主义的发展，具有愤世嫉俗和向往大自然的倾向；第二代浪漫主义作家坚持启蒙思想，表现出争取自由和民主的进步思想。浪漫主义思潮中就形成两种对立的流派，即积极浪漫主义（Active Romanticism）和消极浪漫主义（Passive Romanticism）。积极浪漫主义是进步的潮流，敢于正视现实，批判社会的黑暗，它引导人们向前看。消极浪漫主义持温和态度，采取消极逃避的态度，反对现状，留恋过去，它引导人们往后看。

浪漫主义全盛时期以华兹华斯与柯勒律治联合发表的《抒情歌谣集》为起点，到瓦尔特·斯各特的逝世为止，主要文学成就为诗歌。期间涌现了以华兹华斯为代表的"湖畔派"诗人和拜伦、雪莱、济慈等富有革命理想、颂扬自由与解放的诗人。

华兹华斯认为"所有的好诗都是强烈情感的自然流露"，主张诗人"选用人们真正用的语言"来写"普通生活里的事件和情境"，而反对 18 世纪以格雷为代表的"诗歌词藻"。他进而论述诗和诗人的崇高地位，认为"诗是一切知识的开始和终结，它同人心一样不朽"，而诗人则是"人性的最坚强的保护者，是支持者和维护者。他所到之处都播下人的情谊和爱"。

拜伦、雪莱、济慈三人各有特色，但是都忠于法国革命的理想。拜伦是出于对暴政的反感，雪莱是着眼于未来的理想社会，济慈是由于憎恨这个使"青年脸色苍白、骨瘦如鬼"的残酷世界，在艺术上，他们都有重大的创新。拜伦在他的杰作《唐璜》（1818—1823）里一反欧洲旧传统，把主人公从纨绔子弟转变成热血青年，让他两度横越欧陆，通过他的眼睛见证了又评论了广阔的欧洲现实，而作者在本诗里对于口语体的运用又达到前所未有的高峰。拜伦诗如其人，始终为自由而斗争，对英国和欧洲的文化和政治产生了重大影响。雪莱的抒情诗情思专注而意境高远，《西风颂》（1819）鼓舞了当时和后世的革命志士。他的哲理诗探讨人类解放和理想的男女关系等重大问题，以议论入诗而诗句依然绚烂多彩。他有志于复兴希腊式的诗剧，在《解放了的普罗米修斯》（1820）里他效仿埃斯库罗斯而又不取其懦弱，重申人的复兴的胜利，诗句挺拔，取得了辉煌成就。而济慈，这个英年夭折的天才，在1819年一年之内，写出了他几乎全部最重要的诗篇：《心灵》《夜莺》《希腊古瓮》《秋颂》《许佩里翁》，每一篇都使人感受到年轻诗人是怎样不知疲倦地追求着美，然而这却只使他更憯然于当时英国无处不见的丑，使他明白"只有那些把世界的苦难当作苦难，而且苦难使他们不能安息的人"才能达到艺术巅峰。正是这对于"世界的苦难"所感到的切肤之痛使得济慈的诗篇不仅瑰丽，而且深刻。

6. 维多利亚时期文学（The Victorian Age）

从19世纪30年代开始，英国的浪漫主义文学作为一种文学运动已经衰落，代之而起并取得重要成就的是批判现实主义文学。

19世纪后期，一方面是人与环境冲突的悲剧色彩更显著，另一方面是人的"物化"现象日趋严重，欧洲文学呈现出多元化的格局：一是30年代静悄悄地走上历史舞台的批判现实主义文学，在经过20年的发展之后，进入了全面繁荣的时期；二是随着人们对环境和遗传作用认识的深化，自然主义文学也在现实主义的基础上形成了；三是巴黎公社革命直接产生了公社文学，这是无产阶级文学继宪章派文学之后的继续和发展；四是各种非理性的具有现代特征的形式主义文学，也纷纷出现在欧洲的文坛上。一时间流派纷呈，但主潮仍然是批判现实主义。

中后期的批判现实主义作家真实地描写了英国资产阶级的社会生活，暴露和批判了资产阶级社会的罪恶，对人民群众寄予了深刻的同情。狄更斯（Charles Dickens）是英国最杰出的批判现实主义小说家，他善于描写社会底层人们的生活和思想，作品题材广泛，思想深刻。狄更斯最初用幽默风趣的笔触写了《匹克威克外传》（1837），使人们感受到他的乐观主义。不过两年，他就在《雾都孤儿》（1838）里写孤儿的苦难和伦敦贼窟的黑暗。进入40年代，他又写了一系列小说揭发崇拜金钱的罪恶后果，其中《董贝父子》尤为深刻，《大卫·科波菲尔》是一部充满沧桑之感的作品。接下来的《荒凉山庄》《艰难时世》与《小杜丽》则更见阴郁。《双城记》强烈地谴责了法国贵族的残酷，也表达了作者对于人民

狄更斯

采取暴烈行动的戒惧。60年代的《远大前程》（1861）写的是前程渺茫，而《我们共同的朋友》（1865）则用巨大的垃圾堆来作为英国社会的象征。象征手法的更多使用和对于小说结构的注意是他后期小说的特点，体现了他在小说艺术上的发展。他最吸引读者的依然是他一贯保持的优点，即真实的细节与诗意的气氛的结合，幽默、风趣与悲剧性的人生处境的结合，具体情节与深远的社会意义的结合。这些结合，加上他在语言上莎士比亚式的运用，使他的小说不仅内容丰富、深刻，而且艺术上的创新对欧洲现实主义小说的发展做出了独特贡献。

　　同样关心社会问题但在范围与写法上不同于狄更斯的还有一大批别的作家。萨克雷（William Makepeace Thackeray）的《名利场》是另一部有长远吸引力的巨著，萨克雷用文雅的笔法讽刺了上层社会的贪婪和欺诈。1847—1848年是英国小说的"奇迹年"，除了狄更斯的《董贝父子》和萨克雷的《名利场》外，还出版了夏洛蒂·勃朗特（Charlotte Bronte）的《简·爱》，埃米莉·勃朗特（Emily Bronte）的《呼啸山庄》。女作家的出现是一个值得注意的现象，且她们各有特长。勃朗特姊妹一个把倔强、有个性的家庭女教师放在小说的中心，通过她对有钱的小姐们发出抗议的声音；另一个则用炽热的情感写爱与恨的故事，以荒凉的约克郡的野地为背景，情节中充满40年代特有的严厉性。乔治·艾略特（George Eliot）写了一系列剖析伦理问题的小说，其中充满田野景色的《弗洛斯河上的磨坊》（1860）是一动人的悲剧。这一时期还出现了著名小说家哈代（Thomas Hardy）。他集中写多塞特郡的农村人物，他们生活简朴而感情强烈，小说的主人公们都受命运的捉弄，他们灵魂的善良、纯洁更加反衬出上层社会的冷漠和残酷。哈代创作了一系列深受人们喜爱的小说，如《远离尘嚣》（1874）、《还乡》（1878）、《卡斯特桥市长》（1886）、《德伯家的苔丝》（1891）、《无名的裘德》（1896）等。这些是19世纪英国小说的最后一批优秀成果，它们成功地使农村的土壤气息、诗样的温情和严峻的宇宙观相结合。总体来说，19世纪众多作家的共同努力使英国小说登上了新的巅峰。小说的现实主义深化了，艺术更加精粹。

　　同时诗歌也在继续发展。浪漫主义影响力不减，济慈与雪莱的影响尤著。19世纪中叶的英国诗坛，出现了丁尼生（Alfred Tennyson）与布朗宁（Browning）双峰并峙的局面。丁尼生一生致力于提高诗的艺术，技巧圆熟，抒情、叙事皆精，长诗《悼念》（1850）深刻地写出了诗人面对一个急剧变化的世界时所感到的信仰危机，虽然最后重申了上帝之道，其动人处则在表达怀疑与不安的段落。布朗宁在题材和技巧上进行了多种试验，短诗、长篇都有优秀作品。他特别擅长用口语化的词句描绘人物的内心，写了一系列"戏剧性独白"，跌宕生动。此外，阿诺德力图以古典主义的含蓄纠正浪漫派的恣肆，他青年时写了一些好诗，但后来转向文艺和思想评论，另有重大建树。这时也出现了一个"先拉斐尔兄弟会"的流派，他们认为当时艺术萎靡板滞，应该回到意大利文艺复兴前期的素朴真纯。

7. 二十世纪文学（The 20ᵗʰ Century Literature）

　　20世纪时，人们对西方文明的危机感和第二次世界大战的厌恶，促成了西方现代派文学的形成。20世纪文学的第一个成就表现在戏剧创作上的突破。首先是爱尔兰人萧伯纳（George Bernard Shaw），他来到伦敦，用泼辣的剧评为以易卜生为代表的欧洲现实主义新戏剧打开局面，接着又在自己的创作里将阿里斯托芬以来的欧洲古典喜剧传统巧妙地结合起来，写出了51个剧本，其中有《华伦夫人的职业》（1894）、《人与超人》（1903）、《英国佬的另一个岛》（1904）、《巴巴拉少校》（1905）、《皮格马利翁》（1913）、《圣女贞德》（1923）、《苹果车》（1929）等名作。它们或

萧伯纳

是辩论社会问题，或是发表新颖思想，但都给观众以高尚的艺术享受。萧伯纳的出现使过去一百年英国戏剧不振的局面得以根本改观。

1914—1918 年的战争，英国虽取得胜利却遭受重大损失，一整代有才华的青年死于战壕。战争文学几乎全是创伤文学。炮火初停，仍然疮痍满目，在精神的废墟上出现了现代派文艺，其诗歌上的代表作是艾略特（T. S. Eliot）的《荒原》（1922），它用新奇的形象、多变的韵律大量引文和对比古今各国文化的手法来写西方文明的危机感，引起了巨大影响。爱尔兰作家乔伊斯（James Joyce）首创"意识流"技巧，他的长篇小说《尤利西斯》（1922）细致、深入地写出现代都市居民精神生活的庸俗和猥琐，在结构和语言上都做了大胆创新，成为小说发展史上的一座里程碑。另一个重要的现代小说家劳伦斯（Lawrence）揭露了现代西方社会中人的畸形生活。他用火样的热情和明亮的语言表达了对身心和谐、情感与智慧融合的圆满生活的追求。《虹》（1915）和《恋爱中的女人》（1921）是他的代表作。

在小说方面，传承现实主义传统的更大有人在。老一辈作家中，威尔斯不止善写科学幻想小说，而且长于描绘伦敦小市民的职业生涯。高尔斯华绥（John Galsworthy）用上层人士的语言写资产者福赛特的家史，本涅特和毛姆用法国式的现实主义手法写人们的情感生活，他们都拥有广大的读者。对知识分子更有吸引力的是着重写人与人之间的交情的福斯特（E. M. Forster），他的名作《印度之行》（1924）表达了东西文化在精神上的隔膜。赫胥黎（Huxley）则利用他在科学和文艺上的广博知识，写知识分子在现代世界里的困惑。

第二次世界大战当中和以后，英国文坛仍然名作不断。艾略特的《四个四重奏》（1944）描写了一个诗人在战时最黑暗的年代里对于生、死、历史的沉思，这部作品中已无多少现代派的手法，诗句变得素净而真挚。乔治·奥威尔（George Orwell）用寓言的形式表达了他对高度集中社会的戒惧。威廉·戈尔丁在《蝇王》（1955）一书里用新寓言形式暴露人性的丑恶。战后一代的青年作家则另有一番心情，他们大多是在工党当政后的福利国家里成长起来的，靠国家津贴才上了大学，然而在阶级依然分明的英国，他们又感到处处碰壁，因而出现"愤怒的青年"这一流派文学。

这一时期，有才华的女作家继续涌现，弗吉尼亚·伍尔芙（Virginia Woolf）便是其中的代表。她是英国女作家、文学批评家和文学理论家，意识流文学代表人物，被誉为20世纪现代主义与女性主义的先锋。两次世界大战期间，她是伦敦文学界的核心人物，同时也是布卢姆茨伯里派（Bloomsbury Group）的成员之一。她最知名的小说包括《达洛维夫人》（Mrs. Dalloway）、《到灯塔去》（*To the Lighthouse*）等。多丽斯·莱辛（Doris Lessing）创作了一系列以南非白人妇女生活为题材的小说，表达当代知识妇女幻灭心情的《金色笔记》（1962）写得新鲜而有力。

二、绘　画

英国虽是一个历史悠久的国度，但直到 18 世纪，英国在绘画艺术方面都一直比较沉寂，甚至都没形成属于自己的画派，也没有特别有影响力的画家和代表作出现，直到 18 世纪这种情况才有所改变。经过几个世纪的发展，英国已出现各种流派，现代的绘画艺术更是兼容并包，展现出各种不同的画风。

1856 年后，但丁·罗塞蒂成了拉斐尔前派里中世纪派画风的领导人，他的绘画题材多取自但丁和中世纪传奇文学，具有浪漫主义幻想特点。罗赛蒂所画的全部女性，似乎都有一个共同点，她们似乎都具有一张理智的，同时也是梦幻的、热情的官能的脸。这种面相一时成为英国人的理想典型，而罗赛蒂风的女性当时被认为是"现代式的美人"。其代表作为《玛利亚的少年时代》《受胎告知》《我的爱人》和《但丁的梦》等。

拉斐尔常被看作是艺术中的前卫派代表，不过，他们否认这种描述，因为他们仍然以古典历史和神话作为绘画题材模仿的艺术来源，或者是以模拟自然的状态，来作为他们艺术的目的。拉斐尔前派的活动时间并不长，但对英国绘画产生了深刻的影响，其影响持续至20世纪。

20世纪初期，于伦敦兴起的卡登镇派是现代主义的萌芽，这一时期的画家已经在作品中展现城市花园、火车站、铁桥等，在画作里甚至可以清晰地看到人群，这完全是英国式的叙述方式。此后诞生的漩涡主义则标志着第一次世界大战以前英国前卫派绘画发展的顶点。这一时期涌现出众多杰出画家，其中包括刘易斯和威廉·罗伯茨，刘易斯的作品流露出骚动的能量和愤怒，威廉·罗伯茨比较偏爱舞者的题材，他的《舞者》用支线构成锁链式的人群，他们在跳跃的红色背景中起舞，人物似乎成了现代城市的一部分，他们不知所措地旋转在城市的摩天大楼中，醒目的红色更强调了不安和不协调的感觉。由于第一次世界大战的爆发，漩涡主义很快就中断了。战争对英国现代艺术的发展产生了重大影响，它终结了战前的现代主义试验高潮，给前卫派艺术家带来

玛利亚的少年时代

了根本性改变，战争给艺术家造成了巨大的创伤，他们在心中对军事主义极端厌恶，对秩序极度渴望，战前的激进派画家都回到了更为保守的绘画风格，主要表现为古典主义和叙事绘画。

第二次世界大战使英国艺术家与欧洲大陆失去了联系，很多欧洲艺术家都流亡到了美国，进一步加剧了英国艺术家的孤立状况。但丰富的艺术活动一直在持续，这为战后英国艺术的迅速恢复和发展打下了基础。20世纪30年代，抽象主义曾在英国形成一定的潮流，但战争中止了这种艺术潮流。到了1950年，抽象主义再次在英国兴起，这一时期画家的画作常常带有强烈的风景暗示性，或者一点点的人物暗示性。到了60年代，抽象绘画的观念得到了充分的探索和实践，产生了许多大型、大胆和优美的抽象绘画。

70年代诞生了"概念艺术"的说法。艺术家们认为：艺术家有追求选择的权利，并不一定要将一个实体的、永久性的艺术品作为出售的终极目标，他们想要尽可能地少受到商业利益的限制，他们想创造一种任何人都不能将之作为投资对象的艺术。这一时期是艺术争论激烈的时期，由于绘画艺术和雕塑艺术的相通性，很多画家都进行了雕塑的实践。与此同时，表现主义又在各个画家的画作中得到展现。

到了80年代以后，具象绘画又再次繁荣，60年代的波普运动带来了具象绘画的新发展，伦敦画派的画家们更是以各种不同风格为具象绘画展现出多姿多彩的面貌。画作往往展现出一种不协调的观感，画家通过真诚的、充满激情的观察，达到了得心应手地控制外部世界、

按照自己的愿望塑造形象的目的。

英国绘画经过几个世纪的发展，已经发展出各种流派，现代的绘画艺术更是兼容并包，各种思想并存，展现出各种不同的画风，画家不仅研究现实，还如实地反映现实，将现实与实践相结合，不断创造出更优秀的作品。

三、电　影

在英国电影发展史的一百多年中，布赖顿学派、纪录电影运动、自由电影运动等都为世界影坛贡献了巨大的精神财富。英国电影学院《画面与音响》杂志的十佳电影排名更是专业电影人所信赖的最高标准。每年，英国出产超过 90 部影片，产值高达 8 亿英镑，其中既包括自产影片，也包括海外合作片。优秀的导演、出色的演员、高超的电影拍摄技术和吸引人的电影主题使得英国电影已经成为世界电影界的佼佼者。

为了维持和保护本国电影事业，英国政府仍旧采用上映定额分配办法，规定从 1950 年起，英国影片上映的定额要增加到 30%，可惜当时娱乐捐税仍保持战时标准，电影事业所得实惠甚微。英国政府便在 1949 年成立国家电影筹资公司，通过该公司将钱借给电影事业。接着在 1950 年又创立英国电影生产基金会，专门负责从电影票上征收的捐税，作为补助电影生产。不过，那时候电视越来越受群众欢迎，电影院的上座率开始以惊人的速度下降。

从 50 年代起，英国出现了由巴尔康主持的"伊灵喜剧影片"。伊灵是电影制片厂，位于伦敦西郊。伊灵喜剧敢于打破常规，表现实际生活，描绘反对官僚主义的人物的各种遭遇，以新眼光观察生活，温和地批判贵族阶层和人情风俗的繁文缛节。伊灵最成功的作品当推哈默的《善人与贵族》（1949），麦肯德里克的《清洁的小岛》（1949）、《白衣男子》（1952）和《专门勾引女人的人》（1955）。其他值得一提的有 C. 克莱顿的《大叫大嚷》（1947）、《拉旺德山暴乱》（1951），H. 科尼利厄斯的《史姆利科的护照》（1949）、《日内瓦的妇人》（1953）以及 M. 江普的《天堂的笑声》（1950）等。

英国政府限定了美国影片在英国的发展，电影所得的高额利润都投资在电影拍摄上，美国电影在英国受阻后开始与英国合作拍片。这一阶段英美合拍的佳作有 J. 尼格列斯科的《流浪儿》（1950）、R. 沃尔什的《霍恩布洛上尉》（1951）、休斯登, J. 的《非洲皇后号》（1952）和《莫比·迪克》（1956），而最杰出的作品则是利恩的《桂河大桥》（1957），这是一部当时上座率最高的战争片。

美国的部分电影工作者由于遭受麦卡锡主义的迫害，纷纷离开好莱坞。导演 J. 洛西到伦敦定居后，接踵而来的又有卓别林、C. R. 莱斯特、库布里克、吕美特等。这些人为英国电影艺术做出了卓越贡献。

英国电影事业多年以来得不到振兴，1959 年，一群以林赛·安德森、托尼·理查德森、卡雷尔·赖兹为首的年轻人发表宣言并摄制了一系列影片，倡导自由电影运动，这次运动和反对文学与戏剧中传统价值观有联系，也与"愤怒的年轻人"运动的政治和精神抗议相结合。这次运动的基本内容是要求用积极态度来表现艺术工作者的社会责任感，反对资产阶级的唯美主义。他们鲜明地反对资本主义的社会现实和道德价值观，如 J. 克莱顿的《屋顶阁楼间》（即《金屋泪》，1958）、理查德森的《愤怒的回顾》(1959)、《蜜味》(1961) 和《长跑家的孤寂》（1963）、赖兹的《星期六晚上和星期日早晨》（1960）、安德森的《这种运动生活》

(1963)。此外重要的影片还有施莱辛格，J. 的《恋爱有术》（1962）和《骗子比利》（1963）等。到 60 年代中，自由电影的调子有所变化，它把反抗仅作为个人对待生活的一种表现方法而不再具有社会性含义。这种倾向在理查德森的影片《汤姆·琼斯》（1963）中表现得最为鲜明。60 年代末 70 年代初，自由电影比较重要的作品是安德森的影片《假如》（1968）和《哦，幸运儿》（1973）。在这两部影片里，导演在表现当代社会冲突时把敏锐的观察和独创的概括巧妙地结合在一起，在思想上和艺术上都达到了新的高度。

60 年代英国利用美国的资金拍了不少影片，其中比较重要的有 J. 李·汤普逊的《纳瓦隆的大炮》（1961）、利恩的《阿拉伯的劳伦斯》（1962）、T. 扬的《乌有博士》（1962）、P. 格伦维尔的《绳环》（1964）。其他英国名片有 G. 格林的《愤怒的沉默》（1960）、杰克·卡迪夫的《儿子和情人》（1960）、克莱顿的《无罪的人》（1961）、B. 福布斯的《一个雨天下午的集会》（1964）和《L 形的房间》（1962）、施莱辛格的《亲爱的》（1965）和《远离狂乱的人群》（1967）、L. 吉尔伯特的《阿尔菲》（1966）等。

70 年代上半期英国的重要影片（其中有些是美国导演的作品）有利恩的《瑞安的女儿》（1970）、C. 迈尔斯的《处女与吉普赛人》（1970）、R. 波兰斯基的《麦克佩斯》（1971）、J. 洛西的《送信人》（1971）、M. 弗兰克的《阶级烙印》（1973）、库布里克的《巴莱·林登》（1975）、拉塞尔的《汤米》（1975）、库珀的《太上皇》（1975）等。

70 年代后期，在美国资本牵制下，英国松木和爱尔斯垂两大制片厂虽也自己投资拍片，主要还是出租场地同美国合作。美国著名系列卖座片《超人》、《星球大战》等都是在这两个制片厂的摄影棚里拍的，还有一部分英国电影创作人员去外国拍片。

进入 80 年代，英国电影事业有所好转，1981 年的《火的战车》和 1982 年的《甘地》两片连续获得奥斯卡最佳影片奖。《教育丽塔》（1983）、《当地英雄》（1983）、《印度之行》（1984）等片也获得好评。1986 年，艾非里的《一间可以看见风景的房间》和乔菲的《使命》更获得广泛的国际声誉。这期间英国影片市场仍然被美国电影所垄断，在全部票房收入中，英国影片仅占 10% 左右，许多影片在国内的收入仅能收回投资的 10%～40%。

英国的大电影制片厂有"松木""爱尔斯垂""金波顿"和"图克南"。主要电影教育机构有伦敦电影学校、民族电影学校、皇家艺术学院、伦敦电视电影学院。主要电影研究机构是 1933 年成立的英国电影学院（BFI）。伦敦国际电影节是世界著名电影节，每 4 年举办一次，为非竞赛性的。主要电影出版物有《画面与音响》（1932 年创刊）和《银幕》（1959 年创刊）。

四、音 乐

英国音乐主要由四个民族所创作：英格兰、苏格兰、威尔士与北爱尔兰，每个民族都有他们独特的民族音乐。另外，英国音乐也融合了来自马恩岛、康沃尔、海峡群岛以及牙买加、印度、大英国协与世界各地的移民的传统音乐。

19、20 世纪之交，可以说是英国近代音乐文化的转折点。E. 埃尔加是这个转折的先行者。他有高超的创作技巧和非常巧妙的配器手法，以管弦乐《谜语变奏曲》和雄伟壮丽而带有神秘感的清唱剧《杰龙修斯之梦》著名。稍后的 F. 迪利厄斯与其说是英国传统的代表，毋宁说更受印象主义的影响。他写了不少纤细柔美的音乐和协奏曲。在有些作品中，他把乐器和人声微妙地融合在一起，非常动人。G. 霍尔斯特曾沉醉于印度哲学，他同样具有高超的管弦乐创作技巧，交响组曲《行星》在今天得到重新的评价。在埃尔加等人的同一时期，P. 沃洛克（1894—1930）写了不少精致的英国风格的歌曲。G. 班托克（1868—1946）则收集、改编了许多英国和各地方民族的民歌，并写了不少取材东方和具有东方特色的音乐。特别是第一次世界大战后，由于现代主义音乐不断涌入英国，不少作曲家竞相模仿。但是大多数创作由于缺乏民族特色和独创精神，未能在世界乐坛博得广泛声誉。另一方面，有些作曲家则继续发扬英国传统并吸收某些现代的创作手法，取得了较大的成就。其中有 R. 沃恩·威廉斯、A. 巴克斯（1883—1953）和 J. 艾尔兰（1879—1962）等人。R. 沃恩·威廉斯是继埃尔加以后英国最卓越的作曲家之一，他虽然曾受印象主义影响，但非常重视民间音乐，是英国民歌协会的成员。他曾深入研究英国的民间音乐，特别是诺福克地方民歌，并把它应用到自己的作品里。他还深入研究英国音乐史，吸收本民族的创作经验，丰富自己的创作。代表作有《伦敦交响曲》《田园交响曲》《第六交响曲》等 9 部交响曲。他所写的《民族音乐论》在世界有深远影响。巴克斯和艾尔兰都继承了浪漫主义的传统风格。巴克斯喜爱取材爱尔兰诗歌，使用爱尔兰地方音调，他的 7 部交响曲为英国乐坛添加了不少光辉。艾尔兰则以精致的器乐小曲和抒情独唱曲等为英国乐坛做出了贡献。

英国音乐至今仍深受欢迎。1960 年以来一群音乐家开始推广摇滚乐，英国创造出了非常多知名的新音乐领域，如重金属、民谣、鼓打贝斯、车库摇滚、迷幻浩室、庞克、尘垢、金属、英伦摇滚、新浪潮、辗轭、血腥辗轭，以及英格兰、苏格兰、威尔士、北爱尔兰经历革新后的当地民谣。

英国出了许多对全球极富影响力的歌手及乐团，如披头士、比吉斯合唱团、冲击合唱团、铁娘子乐团、犹太祭司乐团、平克·佛洛伊德、性手枪、谁合唱团、深紫色乐团、滚石合唱团、酷玩乐团、皇后乐团、创世纪乐团、超级流浪汉合唱团、爱默生（Emerson）、雷克与帕玛（Lake & Palmer）、艾瑞克·克莱普顿、洛史都华、罗克希音乐乐团、Foghat、奇想乐团（The Kinks）、Rockpile、超凡乐团（The Prodigy）、艾尔顿·强、绿洲合唱团、布勒乐团、齐柏林飞船合唱团、坏公司合唱团（Bad Company）、电台司令、幻觉皮衣合唱团（The Psychedelic Furs）、流行尖端乐团（Depeche Mode）、治疗乐队、黑色安息日、史密斯乐团、比利·爱多尔、大卫·鲍伊、险峻海峡合唱团（Dire Straits）、ELO、异教乐团（The Cult）、Yes、警察合唱团、放荡乐团等。

第二节　美国的文学与艺术

美利坚合众国（The United States of America），简称美国，是由华盛顿哥伦比亚特区、50 个州和关岛等众多海外领土组成的联邦共和制国家。美国人民富于民主自由精神，个人主义、个性解放的观念较为强烈，这在文学艺术层面有突出的反映。美国又是一个多民族的国家，移民不断涌入，各自带来了本民族独特的文化。

一、美国文学

美国文学（American Literature 或 Literature of the United States）指在美国产生的文学（也包括建国前殖民地时期的文学作品）。用英语写成的美国文学可视为英语文学的一部分。美国文学艺术的历史不长，它几乎是和美国资本主义同时出现，较少受到封建贵族文化的束缚。在众多的思想哲学流派中，清教主义（Puritanism）对美国文学的影响最为深远，有的人甚至称美国文学艺术就是一部清教徒精神诉求的不朽乐章。美国早期人口稀少，有大片未开发的土地，为个人理想的实现提供了很大的可能性。这决定了美国文学风格的多样性和庞杂性。美国文学发展的过程就是不断吸取、融化各民族文学特点的过程。迄今为止，美国文学史上已有近10位作家获得诺贝尔文学奖。

1. 早期殖民地时期美国文学（The Literature of Colonial America）

当欧洲的探险者首先到达美洲大陆的时候，这块土地上生活的印第安土著人还处于原始社会阶段。他们甚至没有自己的文字，代代相传的文化信息是通过口头传承，也因此成为口头文学。随着时间的流逝，越来越多的探险者和旅行者蜂拥而入。他们写了很多日记和信件，他们认为这里是未经开化的第二个伊甸园。一些人认为最早期的美国文学是冒险家的写作日记。

印第安人的历史绝大部分在他们的口头文学和歌曲中得以保存，比如他们对于生活本质的一些想法。他们喜欢他们周围的自然环境，当人过世的时候他们认为死者已经把借用大自然的东西归还于自然。类似这样的哲学观点影响到后期甚至现代的美国作家。当阅读埃米莉、斯蒂温和欧内斯特的时候，读者能找出相似的主题。

同时，早期殖民地时期的作家大多受到欧洲文学的深刻影响，缺乏带有美国特色的文学艺术作品。北美出版的第一部诗集《海湾圣诗》（*Bay Psalm Book*）是以民歌形式写成的圣诗。迈克尔·威格尔斯沃思（1631—1705）的诗全是解释加尔文教的教义，成了宗教性的普及读物。女诗人安妮·布拉兹特里特（1621？—1672）写的也是宗教生活，不过多少以世俗的笔调抒写妇女的心情。生前只发表过挽诗的牧师爱德华·泰勒（约1644—1729）的作品反映了清教主义的衰落。在这些诗人身上，英国的影响也是明显的，布拉兹特里特得益于斯宾塞，泰勒的诗里看得出约翰·多恩和乔治·赫伯特的影响。

2. 理性和革命时期美国文学（The Literature of Reason and Revolution）

众所周知，神学主宰了清教徒时期的美国文学，对当时人们的思想影响也最深刻。用书面或口头形式表达的神学理念，鼓舞和指引了当时殖民地人们的行为。其中大部分作者作为思想的引导者，理所当然地在美国独立战争中扮演了极其重要的角色。托马斯·潘恩声情并茂的《常识》和美国的《独立宣言》在取得战争胜利的过程中，同华盛顿、拉斐特的武装力量一样起到了同等重要的雄浑有力的作用。如果没有托马斯·潘恩的作品，很有可能就没有华盛顿领导的军队；没有托马斯·杰弗逊的作品，法国人就不可能帮助殖民地人民完成独立革命。各州积极准备独立战争时，政治家和文学家相互争论，才使得原来的十三州统一了认识：他们必须联合起来，形成一个统一的联邦国家。

不安于现状且又迅速成长起来的殖民地各州当然不可能接受英国人给他们设计的未来。如果英国政府当时给殖民地人民充分的自由，让他们自己安排自己的生活，发展他们的经济，英国早期殖民者有可能同英国还能保持一种松散的联系，而不至于后来完全独立。然而，没有远见的英国人却继续限制殖民地的各种自由。

18世纪70年代，北部的殖民地人民拿起武器，开始向英国政府宣战。独立战争先后一共持续了八年（1776—1783），最后以美利坚合众国的建立而宣告结束。

美国在1783年获得了最后的独立，诺亚·韦伯斯特宣称："美国不仅要在政治上独立，还需要文化上的独立；不仅要在军事方面扬名，而且还要在艺术方面同样著名。"

1785年杰弗逊的《弗吉尼亚笔记》和1791年巴特拉姆的《旅行笔记》是美国殖民文学走向独立的代表作。美国18世纪的文学走的主要还是英国18世纪的文学道路。菲利普·弗瑞诺（Philip Freneau）是这段时期最重要的诗人和杰出代表，他继承了英国文学中的表现手法、情感特征、工整的偶句等特色，被称为"美国诗歌之父"。根据英国随笔作家艾迪生和斯蒂尔1710—1711年主编的《旁观者》的格式，富兰克林创作出了有自己特色的随笔。乔尔·巴洛则根据亚历山大·蒲柏及其流派的诗歌形式创作出了《匆忙的布丁》。许多女性读者对小说情有独钟，需求越来越大。为了满足这一需求，美国曾直接引进了大量英国小说。

除了同英国保持一定渊源关系之外，时代英雄主义和革命激情为美国创造出一些伟大的政治性小册子和文章提供了历史条件。随笔作家和新闻记者通过通俗有影响的散文，运用理智塑造出了时代的精神信仰和理念。极具感染力的一些作品，如杰弗逊的《独立宣言》、1776年潘恩的《常识》和1787—1788年的《美国危机》等就是在躁动时代的催促下诞生的，这些作品震惊了整个世界，并且对美国的建立起到了推波助澜的历史作用。

3. 浪漫主义时期美国文学（American Romanticism）

美国浪漫主义时期是指开始于18世纪末，到内战爆发为止的这一段时期。这是美国文学史上最重要的时期。浪漫主义文学的基本特征：强烈的主观色彩，偏爱表现主观思想，注重抒发个人的感受和体验。重主观，轻客观和重自我表现，轻客观模仿。喜欢描写和歌颂大自然。作者们喜欢将自己置身于纯朴宁静的大自然中，以衬托现实社会的丑恶及自身理解的美好。重视中世纪民间文学。想象比较丰富、感情真挚、表达自由、语言朴素自然。注重艺术效果。美国浪漫主义文学的代表人物有惠特曼、霍桑、华盛顿·欧文等。

华盛顿·欧文出版的《见闻札记》标志着美国浪漫主义文学的开端，惠特曼的《草叶集》是浪漫主义时期文学的顶峰之作。浪漫主义时期是美国文学的繁荣时期，所以也称为"美国的文艺复兴（the American Renaissance）"。

虽然美国文学受到外国文学的影响，但这一时期著名的文学作品表现的却是富有美国色彩的浪漫主义思想。"西部开拓"就是一个说明美国作家表现自己国家的例子。他们大量描述了美国本土的自然风光：原始的森林、广袤的平原、无际的草原、苍茫的大海。这些自然景物成为人们品格的象征，形成了美国文学中离开尘世，心向自然的传统。这些传统在库柏的《皮袜子的故事》（Leather Stocking Tales）、梭罗的《沃尔顿》（Walden）以及后来马克·吐温的《哈克贝里·芬历险记》（The Adventures of Huckleberry Finn）中都得到了明显的表现。随着美国民族意识的增长，小说、诗歌中的美国人物都越来越明显地讲本地方言，作

惠特曼

品多表现农民、穷人、儿童以及没有文化的人，还有那些虽然没文化但内心高尚的红种人和白种人。

美国清教作为一种文化遗产，对美国人的道德观念产生了很大影响，在美国文学中也留下了明显的印迹。一个明显的表现就是，比起欧洲文学，美国文学的道德倾向十分浓厚。在霍桑（Hawthorne）、梅尔维尔（Melville）以及其他一些作家的作品中加尔文主义的原罪思想和罪恶的神秘性都得到了充分的表现。这一时期涌现了许多作家，著名的有布雷恩特（William Cullen Bryant）、郎费罗（Henry Wordsworth Longfellow）、娄威尔（James Rassel Lowell）、惠特（John Greenleaf Whitter）、爱伦·坡（Edgar Allan Poe）以及惠特曼（Walt Whitman）。惠特曼的《草叶集》（*Leaves of Grass*）是美国19世纪最有影响的诗歌。美国浪漫主义时期的小说富有独创性、多样性，有华盛顿·欧文的喜剧性寓言体小说，有爱伦·坡的哥特式惊险故事，有库柏的边疆历险故事，有梅尔维尔长篇叙事，有霍桑的心理罗曼史，有戴维斯（Rebecca Harding Davis）的社会现实小说。霍桑和梅尔维尔认为人们在内心上都是罪人，因此需要道德力量来改善人性。《红字》一书就典型地反映了这个观点。

在浪漫主义时期，美国文学还逐步出现并形成了超验主义文学。美国超验主义（American Transcendentalism）是美国的一个重要思潮，它兴起于19世纪30年代的新英格兰地区，后来逐渐发展到其他地方，成为美国思想史上一次重要的思想解放运动。它是与拉尔夫·沃尔多·爱默生（Ralph Waldo Emerson）以及梭罗（Henry David Thoreau）相关的一种文学和哲学运动，宣称存在一种理想的精神实体，超越于经验和科学之处，通过直觉可以把握。超验主义的主要思想观点有三。首先，超验主义者强调精神或超灵，认为这是宇宙重要的存在因素。超灵是一种无所不容、无所不在、扬善抑恶的力量，是万物之本、万物之所属，它存在于人和自然界内。其二，超验主义者强调个人的重要性。他们认为个人是社会最重要的组成部分，社会的革新只能通过个人修养才能实现。因此人的首要责任就是自我完善，而不是刻意追求金玉富贵。理想的人是依靠自己的人。其三，超验主义者以全新的目光看待自然，认为自然界是超灵或上帝的象征。在他们看来，自然界不只是物质而已。它有生命，上帝的精神充溢其中，它是超灵的外衣。因此，它对人的思想具有一种健康的滋补作用。超验主义主张回归自然，接受它的影响，以在精神上成为完人。这种观点的自然内涵是，自然界万物具有象征意义，外部世界是精神世界的体现。爱默生有句名言——"相信你自己"，这句话成为超验主义者的座右铭。这种超验主义观点强调人的主观能动性，有助于打破加尔文教的"人性恶""命定论"等教条的束缚，为热情奔放、抒发个性的美国式文化奠定了基础。

4. 现实主义时期美国文学（The Literature of American Realism）

1865—1918年的美国文学在美国文学史上被称为现实主义时期。这一时期的美国文学尤其是美国小说，是美国精神的表现。现实主义是对浪漫主义的一种"反抗"，并且为现代主义文学铺平了道路。

自内战到第一次世界大战的50年之间，美国历史上经历了巨大变化，无论是政治、经济、文化、还是宗教上。这一巨变彻底改变了美国社会的性质和观念。首先，内战给美国的社会价值观带来了很大影响。美国已从杰菲逊时期的农业国向工业化和商业化国转变。蛮荒之地得到了文明的开发。这场战争还给美国经济带来了明显的变化。新的组织和管理方法大规模运用，促进了工业的现代化。

然而，这些变化也有不利的方面。工业化和城市化给劳动人民带来了无数痛苦。越来越多的农民被挤出农村，被迫到城里去谋生，造成劳动力过剩，工资低的境况。资本家不去改善工人的劳动条件，致使贫富两极分化。权利和财富的集中产生了冒险家、商业巨头；而另一头则是贫民窟。就思想意识而言，人们处于动摇的状态。他们怀疑人性和上帝的善。西部开拓的精神已经一去不回。美国之梦已不复存在，代之而来的是马克·吐温（Mark Twain）所描述的"镀金时代"。

内战以后的文学界也与以前大不相同。内战的痛苦记忆，英雄形象的幻灭和实际生活的无情使浪漫主义无立足之地。美国人对浪漫主义思想已感厌倦。新一代作家不满意老一代的浪漫主义思想，产生了新的创作灵感。他们对现实生活产生了浓厚的兴趣，企图对生活的各个方面作出他们的解释，主张客观现实，摒弃主观偏颇、唯心主义和浪漫主义的色彩。人们的兴趣已转移到了日常生活的方方面面，注意到现实的野蛮、肮脏，直接公开描写阶级斗争，这时的作家开始描写人物在各种现实条件或环境下的反映。那些描述远西（Far West）、新移民和劳动阶级斗争的作家受到读者的广大欢迎。这一注意现实生活的创作倾向形成了美国现实主义时期的文学。

这种反映人类现实的主张在豪威尔斯（William Dean Howells）的《批评与小说》（*Criticism and Fiction*）一书中讲得最清楚。他说："我承认首先关注运用反映人类现实的标准来判断一部有创造性的作品。在任何其他标准之前我们要问作品是真实的吗？是真实地反映男女实际生活，反映他们生活的主旨、他们生活的脉搏和他们生活的原则了吗？"现实主义作家就是以这种忠实反映现实的原则来处理当时社会问题和政治问题的。他们的作品写的不是彬彬有礼、衣冠楚楚、说话斯文的中产阶级的青年，而是工人、农民、雄心勃勃的商人、流浪汉、妓女和普通士兵。他们的作品反映了内战以后各种职业、各个阶层的社会生活现实图景，反映了人们的内心感受。

时至19世纪末，现实主义作为一种文学思潮在美国已经得到了蓬勃发展并且日臻成熟。这一阶段的文学主要反映美国人民与垄断资产阶级的矛盾，并广泛地触及这种矛盾制约下的社会生活。这一时期出现了一批现实主义作家，如豪威尔斯、马克·吐温、亨利·詹姆斯（Henry James）、杰克·伦敦（John London）等，正是这些作家的作品标志着现实主义文学潮流在美国已经形成，在创作实践中已经成为一种成熟的文学形式。马克·吐温是美国批判现实主义文学的奠基人，他的主要作品已大多有中文译本。他经历了美国从初期资本主义到帝国主义的发展过程，其思想和创作也表现为从轻快调笑到辛辣讽刺再到悲观厌世的发展阶段，他的前期作品以辛辣的讽刺见长，到

马克·吐温

了后期语言更为直接激烈，被誉为"美国文学史上的林肯"。亨利·詹姆斯是继霍桑、梅尔维尔之后19世纪最伟大的小说家，也是美国乃至世界文学史上的大文豪。詹姆斯的主要作品是小说，此外也有许多文学评论、游记、传记和剧本。他的小说常写美国人和欧洲人之间交往的问题；成人的罪恶如何影响并摧残了纯洁、聪慧的儿童；物质与精神之间的矛盾；艺术家的孤独，作家和艺术家的生活等。代表作有长篇小说《一个美国人》《一位女士的画像》《鸽翼》《使节》和《金碗》等。他的创作对20世纪崛起的现代派及后现代派文学有着非常巨大

的影响。他的作品讲述美国下层人民的生活,揭露资本主义社会的罪恶。他的作品大都带有浓厚的社会主义和个人主义色彩。杰克·伦敦的作品在全世界都广为流传,他是最受中国读者欢迎的外国作家之一。他一生著述颇丰,16年中留下了19部长篇小说、150多篇短篇小说以及大量文学报告集,他还写了3个剧本以及相当多的随笔和论文。其中最著名的有《马丁·伊登》《野性的呼唤》《白牙》《热爱生命》等小说。他是世界文学史上最早的商业作家之一,因此被誉为商业作家的先锋。

5. 二十世纪美国文学(The 20th Century American Literature)

19世纪末到20世纪初,是美国资本主义向垄断资本主义发展的时期。结合了19世纪浪漫主义和现实主义传统的美国小说,伴随着美国社会的演变踏进了20世纪的门槛,在丰富的民族传统和社会土壤的培育下,形成了20世纪初期绚丽多彩的创作景色。这一时期不但产生了一大批杰出的小说家和优秀的作品,而且对美国民族文学独特的风格和众多的流派的产生起了巨大的作用。从整个美国文学发展历程看,这一时期是继19世纪30~50年代的浪漫主义高潮和70~90年代的现实主义高潮之后的第三个高潮。

从本世纪初开始,以马克·吐温和弗兰克·诺里斯为代表的现实主义作家,直接培养出他们出色的继承者——西奥多·德莱塞(Theodore Dreise),随后又现出舍伍德·安德森(Sherwood Anderson)、厄普顿·辛克莱(Upton Sinclair)、维拉·凯瑟(Willa Cather)、辛克莱·刘易斯(Sinclair Lewis)、厄内斯特·海明威(Ernest Hemingway)、司各特.菲茨杰拉德(F. Scott Fitzgerald)、威廉·福克纳(William Faulkner)、约翰·斯坦贝克(John Steinbeck)、托马斯·沃尔夫(Thomas Wolfe)、多斯·帕索斯(John Dos Passos)这样一批出类拔萃的作家,以及像珀尔·布克、玛莱丽特·米切尔等在某个时期因某个作品而具有一定影响的小说家,他们当中的好几位获得过诺贝尔文学奖,使美国小说一跃成为世界文坛上的一支劲旅。

同时,第一次世界大战以后,美国新一代的青年对社会和世界产生了一种茫然的失望情绪。社会意识和人们思维的复杂化,加上欧洲大陆传播过来的"意识流""象征主义""未来主义""超现实主义"等新思想的直接影响下,一股新的文学潮流开始在美国产生。它的萌芽是在20年代,以海明威为代表的"迷惘的一代"和以福克纳为代表的"南方文学"是其中最主要的流派。此外,还有以厄普顿·辛克莱为代表的"黑幕揭发运动"。

(1)"迷惘的一代"。

"迷惘的一代"作家自动流亡欧洲也是一种逃避主义。从积极意义上讲,逃避也是一种否定。司多特·菲茨杰拉德被誉为20世纪20年代的代表人物,"爵士时代"的"桂冠诗人"。他既站在20年代之中,又站在20年代以外,他描述了"迷惘一代"青年的雄心、成功、失败和痛苦。厄内斯特·海明威和多斯·帕索斯曾参加战地救护队,亲身经历了第一次世界大战。他们关于战争的小说反映了士兵对战争的厌恶以及幻想的破灭。托马斯·沃尔夫并没有参军作战,他的迷惘有其自身的特点,他的小说反映出一种孤立感和世纪末的病态和愤怒。"迷惘的一代"并非文学实体,它既无组织又无纲领,但作为第一次世界大战后曾经盛行过一二十年的文学流派,它对当时的美国文

海明威

坛乃至世界文坛都产生过一定影响。"迷惘的一代"是第一次世界大战的产物，属于这个流派的大都是青年作家，他们对战争厌恶、恐惧，但又找不到思想出路。他们常常按自己的本能和观感行事。在美国，人们往往把带有这种思想情绪的作家，如多斯·帕索斯、福克纳、海明威、沃尔夫和诗人托马斯·艾略特等都称作"迷惘的一代"。美国文学在20世纪20年代正处于成长阶段，许多作家仍把欧洲尤其是巴黎奉为世界文化中心，海明威、帕索斯、肯明斯等人先后来到巴黎，受到"自由艺术"空气的熏陶。法国成了"迷惘的一代"的"信念发源地"，福楼拜、古尔蒙等法国作家都对寓居法国的美国作家产生过很大的影响。美国文学的发展和老一代美国作家的开拓性努力也为"迷惘的一代"作家登上国际文坛打下了基础。西奥多·德莱塞、舍伍德·安德森、辛克莱·刘易斯、尤金·奥尼尔、薇拉·凯瑟等人的创作，在某种意义上说，为海明威、福克纳、帕索斯等年轻作家的脱颖而出铺平了道路。"迷惘的一代"在艺术上借鉴了欧洲的传统，但是他们作品中所表现的都是美国人所独有的气质，他们的作品充满了力量，讲求创新并且粗犷感人。

让海明威真正闻名，并成为"迷惘的一代"的代表作，是1926年发表的第一部长篇小说《太阳照样升起》。小说扉页上写着斯泰因曾经对海明威等作家说过的一句话："你们都是迷惘的一代"。随着《太阳照样升起》的出版与成功，"迷惘的一代"便成为一代作家的代名词。弗兰西斯·司各特·菲茨杰拉德（1896—1940）是第一次世界大战后出现的小说家，创作倾向与"迷惘的一代"相似。托·斯·艾略特在给菲茨杰拉德的信中说："实际上，我认为它（指《了不起的盖茨比》）是亨利·詹姆斯以来美国小说跨出的第一步。"这是对菲茨杰拉德全部文学生涯的确切评价。

（2）"黑幕揭发运动"。

20世纪初，由于美国政府以及各大财团营私舞弊事件不断发生，政治丑闻、经济丑闻和生活丑闻成了人们极为关心的问题。一批小资产阶级出身的正直、进步的新闻记者和作家就担当了揭发这些丑闻的责任，这场专门揭露社会黑暗内幕的文学运动被称为"黑幕揭发运动"，而从事这项工作的作家被称为"黑幕揭发者"。在"黑幕揭发者"集团成员中，最有名的是新闻工作者林肯·斯蒂芬斯和小说家厄普顿·辛克莱。刘易斯（Sinclair Lewis，1885—1951）是在第一次世界大战开始创作的，由于对美国中西部那些精神空虚的中产阶级的生活有着透彻了解，因此他能在作品中如实、细致地表现这一阶层人物的心灵与外貌。毫无疑问，刘易斯是一位中产阶级的有独创性的讽刺作家，表现出一种逼真的现实主义精神，不失为美国现代文学史上一位里程碑式的作家。

（3）美国南方文学的发展。

南方小说具有鲜明的地方色彩，经过南方小说家们几十年的努力，这类作品已经呈现出美国南方社会一幅兴亡盛衰的通俗历史画卷。尽管是描写过去的时代，尽管不无神秘、虚幻、痛苦的感情色彩，但南方小说自从30年代福克纳开创以来一直拥有广泛的社会影响，它成功的秘诀在于生动地写出了一个时代。1949年冬，瑞典皇家科学院宣布将该年度的诺贝尔文学奖授予福克纳，以表彰"他对当代美国小说所做出的强有力的和艺术上无与伦比的贡献"，使他成为自辛克莱·刘易斯以来的第四位享受这份特殊荣誉的美国作家。在授奖典礼上，他发表了一个著名的演说，指出这一奖项不是授予他个人，而是授予他的劳动——"一辈子处于人类精神的痛苦和烦恼中的劳动。这劳动并非为了荣誉，更非为了金钱，而是想从人类精神原料里创造出前所未有的某种东西。"同时，他还强调说明，他作为作家的首要目的，是旨在启发"人们心灵中自古至今的真情实感——爱情、荣誉、同情、怜悯之心和牺牲精神"。

现代美国小说是世界文学的后起之秀，西奥多·德莱塞等作家以丰富的创造力，继承过去的传统，照亮未来的道路。他们的作品所勾勒的社会画面的广度和深度，以及创作手法上的创新与成熟，使现代美国小说成为美国文学的一个高峰，成为世界各国人民研究美国社会，解美国人民的一个窗口。1930年，辛克莱·刘易斯在接受诺贝尔文学奖的讲话中提到了一位比他自己更有资格获奖的作家，这个人就是西奥多·德莱塞，一位伟大的开拓者。刘易斯说："德莱塞在孤独中前进，常常无人欣赏，往往被围攻，是他的《嘉莉妹妹》打开了美国小说从维多利亚式和豪威尔斯式的谨慎与体面通向诚实、大胆和激情的道路。若没有他的开拓，我很怀疑我们这些人有谁敢试图去描写生活、美和恐惧，除非冒坐牢的危险。"

约翰·斯坦贝克，20世纪美国最有影响力的作家之一。他熟悉社会底层的人们，许多作品都以他们为主人公，表现了底层人的善良、质朴的品格，创造了"斯坦贝克式的英雄"形象。同时，他的小说艺术造诣很高，将写实风格与幻想风格有机地结合起来，对后来美国文学，尤其是西部文学的发展起了重大的影响。其代表作品有小说《人鼠之间》《愤怒的葡萄》《月亮下去了》《珍珠》《伊甸之东》《烦恼的冬天》等，他于1962年获诺贝尔文学奖。

(4) 文学批评。

20世纪被称为"批评的世纪"，现代美国文学的发展与现代美国文学批评的发展休戚相关。不少著名的美国小说家同时是文学批评家，而许多颇有建树的文学批评家也从事小说或剧本的创作。1901年，美国威斯康辛大学首先设置了美国文学教授一职，这标志着20世纪美国文学评论不再被视为仅仅是美国文学的一个分支。可是美国文学批评在很长一个时期内处于"游击战"的状态，第一次大战前有地位的批评家寥寥无几，批评家们对作家和作品的评价采取"零打碎打"的方针，往往注意了文学与社会、文化变革的关系而忽视了文学自身的美学特点。文学批评的启蒙人物乔尔·伊莱亚斯·斯宾加恩（Joel Elias Spingarn，1875—1939）是美国哥伦比亚大学比较文学教授和著名的文学批评家。他在《新批评》一书中强调将美学原则作为判断文学作品的基础和依据，批评家必须既学会了解文学、艺术、哲学、历史、宗教、道德之间的差异，又懂得如何在批评中使它们在本质上统一起来。范·魏克·布鲁克斯（VanWyck Brooks，1886—1963）从哈佛大学毕业后即开始从事文学批评，是一个有影响的批评家。他在代表作《美国的成年》（1915）中对美国文学采取充分肯定的立场，认为美国社会的清教徒主义传统对美国文化起着破坏作用，认为清教徒主义过分强调了物质的价值而忽视了生活的美学侧面。他热情地称赞惠特曼所继承的自由民主精神为最真切的美国精神，他力求从美国文学的发展中找到根本的动力和思想。经济危机期间，在许多作家向左翼阵营靠拢的同时，文学批评也出现了新的局面。许多批评家试图用马克思主义的观点来解释社会现象和文学现象，他们从剖析资本主义社会危机入手，着重评价文学作品是如何反映美国的社会问题的。例如V. F. 卡尔弗顿所著的《更新的精神》（1925）、《美国文学的解放》（1932），格兰维尔·希克斯的《伟大的传统：对南北战争以来美国文学的理解》（1933）以及高尔德与人合编的选集《美国的无产阶级文学》（1935）等，是30年代左翼文学批评比较有影响的代表作。

20世纪20年代，"新人文主义"流派在美国文学批评界逐步形成。新人文主义者继承了16世纪托马斯·莫尔的人文主义传统，所以被称为"新人文主义学派"。欧文·白璧德（Irving Babbitt，1865—1933）和保尔·艾尔墨·莫尔（Paul Elmer More，1864—1937）和诺曼·

福斯特（Norman Forster，1887—1972）是"新人文主义"的代表人物。

（5）二十世纪中后期美国文学。

20世纪中期以后美国小说的发展，同美国的社会现实及美国社会道德观念的变迁紧密相关。第二次世界大战对人民精神的摧残，引起了美国人民对现存道德标准和人生观念的怀疑，特别是数百万犹太人在德国法西斯集中营里惨遭屠杀和1945年8月两颗原子弹在日本广岛和长崎爆炸给日本人民带来的毁灭性灾难这两件事对美国社会影响最大。战争消耗了人们的精力，也形成了人们毫不含糊的明朗态度。对于生存的洞察力和对于未来事物的预见，促进了各种新思潮的诞生。

此外，随着科学技术的发展和以物质文明及人的精神空虚为主要特点的"群体社会"的产生，人与人之间的关系日益冷漠，人们只注重自身的精神小天地，于是以描写和刻画个人精神的发展与演变的"心理小说"随之兴起。这些作品的主人公往往是受到战后风气感染的"反英雄"，他们出身中产阶级，具有一定的文化水准，但他们思想矛盾、精神迷惘、内心复杂，又没有独立的社会根基，只得听命于垄断集团控制的社会的摆布。诺贝尔文学奖获得者、犹太作家索尔·贝娄60年代的名作《赫索格》是一部犹太中产阶级知识分子的精神悲剧，作品的主人公赫索格是一位美国社会文明的受难者、一个落难的英雄，他复杂思想的演变过程和坎坷的生活经历集中代表了当时美国广大知识分子在社会意识的打击下精神濒于崩溃边缘的痛苦。此外，象卡森·麦卡勒斯的中篇小说《伤心咖啡馆之歌》和约翰·厄普代克的长篇小说《兔子，跑吧》中的主人公艾米莉亚和哈利都是属于这类带有明显时代烙印的病态人物。他们都是些畸形儿，精神上的叛逆者，所谓"反英雄"即是指这个意思。在这些作品中，作者力图探讨人们精神蜕化、演变的根本原因，并希望读者也去思索产生这些现象的社会根源。赫索格的精神崩溃、艾米利亚的生活悲剧和外号叫"兔子"的哈利的几次离家出走，尽管各有各的具体情况，但造成他们这些结局的原因都是社会的侵蚀，社会的压迫和社会的堕落。对人物命运的关注也是二战以后小说主题的核心，从这一点来说它们与现实主义小说并无根本区别，只是随着时代差异的增多，呈现在读者面前的主要是这些人物性格的异化，他们的精神状态恰恰反映了美国社会严重的思想危机和道德危机。

50年代，以"麦卡锡主义"为代表的法西斯势力猖獗，掀起迫害进步人士的反共运动。慑于统治集团反共政策的淫威，一部分美国人沉默了，他们循规蹈矩，不敢有越轨的举动，遂造成美国文坛的萧条沉寂。有些评论家称这一时期为"怯懦的五十年代"或"沉寂的五十年代"。但年轻的一代出于对虚假现实的反感，继续发起叛逆和挑战，用他们认为适当的方式来反抗社会，于是诞生了"垮掉的一代"及其文学。在这些作品中小说占绝大多数，它们反映了这些年轻一代的美国人对精神生活的追求和向往，对于"美国生活方式"提出了大胆的否定。

第二次世界大战结束之后，美国的动乱几乎没有停止过，80年代的古巴导弹事件、肯尼迪被刺、黑人暴动、全国性的反对侵越战争高潮、70年代的"水门事件"和尼克松的辞职、种族歧视和性别歧视、各种各样的政治抗议等等，这一系列政治事件必然影响到千千万万美国人的心理、思想和精神状态，使一种危机感持续下来。这是没有一个作家能够完全忽视的。反映到文学创作中则是黑色幽默小说、荒诞小说、反现实主义小说、存在主义小说等等流派小说的产生，一般人把它们合称为"后现代派小说"。所谓"后现代派小说"大都是用荒诞的、隐喻的、超现实的笔法，以曲折的形式来达到揭露现实、反映人们内心世界的目的。这一时期的作者几乎都厌恶这个社会,甚至抱着绝望的心情。这个流派的小说家们不惜用夸张、讽刺以至歪曲现实的"愤世嫉俗"之笔来揭示世界的本质,而结果往往以荒谬隐喻真理,以丑陋代替美感,把一切都颠倒了。

"黑色幽默"在这方面最具典型性。约瑟夫·海勒的《第二十二条军规》以非正常性的描写给人造成一种强烈的印象:作品中那些似乎疯疯癫癫、混混浊浊的人物不正是美国现代社会实质的象征吗?"黑色幽默"作家们认为,在这个光怪陆离的世界里,好像"人全疯了"。不仅"黑色幽默小说"如此,其他如"犹太小说""南方小说"也都反映出美国社会这种实质性的内在因素。诺曼·梅勒的长篇小说《裸者与死者》呈现在读者面前的是美军内部的种种矛盾,突出地反映了权欲使人丧失理性,战争使人变得更加贪婪的现实,这样就造成了指挥混乱,上下对立,人与人之间关系紧张。犹太作家杰罗姆·戴维·塞林格的长篇小说《麦田守望者》中的主人公霍尔顿,是当时美国青年中失望一代的典型。他看不惯一切又丢不掉坏习惯,他想靠劳动养活自己又找不到出路。流浪、徘徊、苦闷,终于造成精神崩溃,被送进精神病院,只能躺在床上回想他那些乱七八糟的经历。

麦田守望者

从70年代后期到80年代,美国黑人文学进入了托尼·莫瑞森所谓的"对世界持更广搏的看法"阶段。女作家艾丽丝·沃克(Alice Walker)是一位后起之秀,在她的作品中,争取民权和女权的主题常常结合在一起。她的新作《紫色》全部用书信写成,表现出在手法上趋向的创新。

总的看来,20世纪以后的美国作家陷入了对"美国生活方式"的信任危机。他们的美国梦经常被梦魇所代替,这就不可避免地使他们对其国家及其前途产生茫然之感,否定和批判的声音成为小说创作的主旋律,作家的才华和想象力在人物的悲剧性命运及其精神世界之间纵横驰骋。而现实主义和超现实主义、喜剧和悲剧、事实和象征,全都通过难以捉摸的形式相混合,像当代现实生活一样扑朔迷离。

二、电　影

1893年,T. A. 爱迪生发明电影视镜并创建"囚车"摄影场被视为美国电影史的开端。1896年,维太放映机的推出开始了美国电影的大众放映。

对美国早期电影的发展做出贡献的共有四位导演,他们是卓别林、格里菲斯、英斯和塞纳·马恩省特。格里菲斯的《一个国家的诞生》(1915)在当时来说是一部空前的巨作,但该片的种族主义观念受到舆论界与观众的指责。他次年拍摄的《党同伐异》由于构思和技巧不适应当时观众的接受观念,加之其他社会的、经济的原因,也遭到冷遇,但该片中四个不同时代、不同地点的故事平行剪辑的技巧给了以后的蒙太奇方法以启示。英斯的以开发美国西部为题材的影片,塞纳·马恩省特以滑稽、打闹见长的喜剧影片,则是美国电影类型片的雏形。

卓别林1914年拍摄了第一部影片《谋生》,立即吸引了全世界的观众。1919年,卓别林、范朋克、璧克馥三位著名演员和格里菲斯一起创办了联美公司以发行他们独立制作的影片。

20年代，美国影片生产的结构从以导演为中心逐步转化为以制片人为中心。"制片人中心"模式形成了20年代的"明星制度"，各大公司均以公司旗下的一批明星为重要财富。

好莱坞（Hollywood），又称荷里活，位于美国西海岸加利福尼亚州洛杉矶郊外，依山傍水，景色宜人。"好莱坞"一词往往直接用来指美国的电影工业，由于美国许多著名电影公司设立于此，故经常与美国电影和影星联系起来，好莱坞是世界闻名的电影中心，每年在此举办的奥斯卡颁奖典礼则是世界电影的盛会。好莱坞不仅是全球时尚的发源地，也是全球音乐电影产业的中心地带，拥有着世界顶级的娱乐产业和奢侈品牌，引领并代表着全球时尚的最高水平，比如梦工厂、迪士尼、20世纪福克斯、哥伦比亚影业公司、索尼公司、环球影片公司、华纳兄弟、派拉蒙等等这些电影巨头，还有像RCAJIVE Interscope Records这样的顶级唱片公司都汇集在好莱坞，这里的时尚与科技互相支持发展，好莱坞拥有着深厚的时尚底蕴和雄壮的科技作支持，一直被全球各地争相模仿。好莱坞经典电影100部，其中比较有代表性的有：

① 《公民凯恩》（Citizen Kane）（1941），奥逊·威尔斯的不朽之作，"玫瑰花蕾"已经成为所有美国影人和影迷心中电影魅力的象征，也成为电影历史上最著名的谜语。奥逊·威尔斯是好莱坞的叛逆代表，在这部作品中，他颠覆了传统电影技术，使这部60年前拍摄的作品，直到今天，仍然充满着神奇和新意。对于每个电影人而言，"景深镜头"等技术上的创举，已经不仅仅是技术上的革命，而是观念上的启迪：电影是将梦化为现实，同时将现实化为梦最好的工具。

② 《卡萨布兰卡》（Casablanca）（1942），美国式主旋律作品最早也是最著名的篇章。大家在里克咖啡馆中高唱《马赛曲》的片段，在当年曾经鼓舞了无数为反法西斯战争奋斗的人们，即使在今天，观众依然可以从这一段落感受到爱国主义的力量。与此相比，影片中俊男靓女式的爱情纠缠，就成了影片的小小佐料。

③ 《教父》（The Godfather）（1972），《教父》的地位似乎应该比《卡萨布兰卡》更高。科波拉在影片中塑造的维托堂·克里昂家族史，在背叛、忠诚、爱情、亲情、敌人之间辗转挣扎，将人性的光芒与卑微阐述得如此鲜明生动，《教父》的意义已经超越了普通的黑帮人，它更应该是被视作一部史诗。

④ 《乱世佳人》（Gone with the Wind）（1939），好莱坞黄金时代的代表作品，斯佳丽的故事曾经让无数多情女子神往，虽然那一段内战的历史在影片中有些歪曲，但烽火佳人的爱情，总是能吸引人们的目光，这部豪华巨作，是好莱坞最杰出的爱情电影。

⑤ 《阿拉伯的劳伦斯》（Lawrence of Arabia）（1962），又一部史诗片，英国名导大卫·里恩的传世杰作。精致的影像和浩瀚的场面，体现了这位以拍摄大作品见长的导演优秀的电影素养，英国人的品位在影片中完美地体现出来。

⑥ 《绿野仙踪》（The Wizard of Oz）（1939），1939年对于好莱坞电影是个金色年华。好莱坞是造梦的工厂，而本片是为儿童和他们的父母打造的一个美丽梦想，电影里的奥兹

乱世佳人

国让无数观众为之着迷,其中的名曲《跨越彩虹》,已经被很多歌手翻唱过。

⑦《毕业生》(The Graduate)(1967),这是一部为一个时代做出定义的影片。对于所有经历过上个世纪60年代的美国人而言,那段日子要比二战更为难忘,那是个价值观念被重新洗牌、时代风云跌宕翻腾的10年。影片中,达斯汀·霍夫曼扮演的年轻大学生遭遇贵妇的诱惑,这正是被寓言化了的年轻一代面对的虚伪和虚浮的美国社会。

⑧《在江边》(On the Water Front)(1954),导演埃利亚·卡赞和演员马龙·白兰度有过两次成功的合作,第一次是1951年的《欲望号街车》,第二次则是《在江边》。卡赞在影片中成功地运用了纪实风格的摄影手段,使整部作品沉浸在冷峻的氛围中,这和影片所描绘的码头工人的生活形成默契,而白兰度在影片中的表演是他早期电影生涯的一个巅峰。

⑨《辛德勒的名单》(Schindler's List)(1993),导演斯皮尔伯格首先从一个人的角度,其次再是从电影导演的视野,拍摄出了这部在沉默中爆发的巨作,在今天的好莱坞,很少有电影和导演如此深沉和深刻。

⑩《雨中曲》(Singing in the Rain)(1957),与偶尔出现的《辛德勒的名单》相比,《雨中曲》才是好莱坞拥有的本色。作为一部经典到不能再经典的歌舞片,《雨中曲》向观众解释了什么叫真正的歌舞升平。吉恩·凯利的歌舞给人们带来了欢乐。

在此,向大家推荐全美电影票房前50位的经典美国电影。

全美电影票房排行榜(1~50)(截止2015-12-06)

序号	英文名	中文名	年代
1	Avatar	阿凡达	2009
2	Titanic	泰坦尼克号	1997
3	Jurassic World	侏罗纪世界	2015
4	The Avengers	复仇者联盟	2012
5	The Dark Knight	黑暗骑士/蝙蝠侠——黑夜之神	2008
6	Star Wars: Episode I — The Phantom Menace	星球大战前传一:魅影危机	1999
7	Star Wars	星球大战	1977
8	Avengers: Age of Ultron	复仇者联盟2:奥创纪元	2015
9	The Dark Knight Rises	蝙蝠侠:黑暗骑士崛起/黑暗骑士:黎明升起	2012
10	Shrek 2	怪物史莱克2	2004
11	E. T. the Extra-Terrestrial	外星人 E.T	1982
12	The Hunger Games: Catching Fire	饥饿游戏2:星火燎原	2013
13	Pirates of the Caribbean: Dead Man's Chest	加勒比海盗:聚魂棺/加勒比海盗:神鬼奇航	2006
14	The Lion King	狮子王	1994
15	Toy Story 3	玩具总动员3	2010
16	Iron Man 3	钢铁侠3	2013

续表

序号	英文名	中文名	年代
17	The Hunger Games	饥饿游戏	2012
18	Spider-Man	蜘蛛侠	2002
19	Jurassic Park	侏罗纪公园	1993
20	Transformers：Revenge of the Fallen	变形金刚：复仇之战	2009
21	Frozen I	冰雪奇缘	2013
22	Harry Potter and the Deathly Hallows：Part 2	哈利·波特与死亡圣器（下）/哈利波特：死神的圣物2	2011
23	Finding Nemo	海底总动员	2003
24	Star Wars：Episode III — Revenge of the Sith	星球大战前传三：西斯的复仇	2005
25	The Lord of the Rings：The Return of the King	魔戒三部曲：国王归来/指环王3：王者无敌	2003
26	Spider-Man 2	蜘蛛侠2	2004
27	The Passion of the Christ	耶稣受难记	2004
28	Despicable Me 2	神偷奶爸2	2013
29	Inside Out	头脑特工队	2015
30	Transformers：Dark of the Moon	变形金刚3：黑月降临	2011
31	American Sniper	美国狙击手	2014
32	Furious Seven	速度与激情7	2015
33	The Lord of the Rings：The Two Towers	魔戒二部曲：双塔奇兵	2002
34	The Hunger Games：Mocking jay（Part 1）	饥饿游戏3：嘲笑鸟（上）	2014
35	Spider-Man 3	蜘蛛侠3	2007
36	Minions	小黄人大眼萌	2015
37	Alice in Wonderland	爱丽丝梦游仙境	2010
38	Guardians of the Galaxy	银河护卫队	2014
39	Forrest Gump	阿甘正传	1994
40	Shrek the Third	怪物史莱克3	2007
41	Transformers	变形金刚	2007
42	Iron Man	钢铁侠	2008
43	Harry Potter and the Sorcerer's Stone	哈利·波特与魔法石	2001
44	Indiana Jones and the Kingdom of the Crystal Skull	夺宝奇兵4	2008

续表

序号	英文名	中文名	年代
45	The Lord of the Rings: The Fellowship of the Ring	魔戒首部曲：魔戒现身	2001
46	Iron Man 2	钢铁侠2	2010
47	Star Wars: Episode II — Attack of the Clones	星球大战前传二：克隆人的进攻	2002
48	Pirates of the Caribbean: At World's End	加勒比海盗：世界的尽头	2007
49	Star Wars: Episode VI — Return of the Jedi	星球大战3：武士复仇	1983
50	Independence Day	独立日	1996

三、音 乐

美国音乐起源于印第安人音乐。美国音乐经过长期发展，到20世纪初才具备独特的美国风格，并取得了与西方各国音乐文化同样重要的地位。在此之前，美国境内存在着生活在这块土地上的各个民族或种族的音乐，也存在着欧洲音乐家从欧洲各国带来的专业音乐。它们之间经过长时期的相互影响、融合，促进了美国音乐的形成和发展。

美国在音乐艺术方面有着领先全世界的艺术成就，在经过大众娱乐的流行音乐洗礼后，美国的主流音乐和非主流音乐都受到全世界歌迷的热烈追捧和共鸣，国际流行乐坛逐渐成为欧美音乐、美国音乐的代名词，美国各种音乐的艺术表达形式渐渐被亚洲和欧洲的主流音乐吸收和混合，使得美国音乐跨越国土，成为了全世界的时尚音乐文化指标。

出生于1942年3月25日的黑人女歌手艾瑞莎·富兰克林（Aretha Franklin）将灵乐虔诚的信仰表现得淋漓尽致。1967~1973是艾瑞莎·富兰克林的巅峰时期，她以灵魂、福音式曲风以及女性自觉的歌曲内容掳获广大歌迷的心，畅销曲一首接一首。在她三十多年的演唱生涯中艾瑞莎获奖无数，其中包括15座格莱美奖，尤其节奏蓝调的奖项似乎是专为她设置的。另外获终生成就奖且第一位进入摇滚名人殿堂的女性艺人也唯有艾瑞莎·富兰克林。跨越流行与黑人音乐界线的她拥有七十多首流行单曲与近百首节奏蓝调单曲，除号称"灵魂乐第一夫人"外，"灵魂歌后"的称号更确切说明了艾瑞莎·富兰克林在美国流行音乐的地位。她深深影响了后来的惠特妮·休斯顿（Whitney Houston）、艾丽西亚·凯斯（Alicia Keys）、亚伦·纳维尔（Aaron Neville）、安妮·蓝妮克丝（Annie Lennox）等知名歌手。

出生于1930年9月23日的雷·查尔斯（Ray Charles）是美国的灵魂音乐家、钢琴演奏家。从6岁开始，雷的眼睛出了问题，视力愈来愈弱，家里又没有钱为他看病，7岁时便已完全失明，雷的母亲对他非常严格，在他失明后，还教他洗衣、生火烧水。他说："旁人都认为她十分残忍，可我母亲一直认为，我必须要学会这一切，眼睛看不见并不代表我比别人笨。"雷从小在一个乡村、蓝调、灵魂、爵士、Big Band等音乐杂陈的环境中长大，他10岁时开始在佛罗里达州的圣奥古斯汀聋哑学校学习，并学习了古典音乐，在那里，他用布莱叶盲文学乐谱，创作音乐，并先后学会了钢琴、风琴、吹喇叭和演奏萨克斯管。这位伟大的黑人歌手除了留下一大批优秀而经典的作品以外，也深深地影响着范·莫里森（Van Morrison）、奥蒂斯·雷丁（Otis Redding）、史提夫·汪达（Stevie Wonder）等当今乐坛名家。

埃维斯·普里斯利（Elvis Presley），大名鼎鼎的"猫王"开辟了现代流行音乐的先河。猫王生于1935年1月8日，于1977年8月16日逝世。20世纪50年代，猫王的音乐开始风靡世界。他的音乐超越了种族以及文化的疆界，将乡村音乐、布鲁斯音乐以及山地摇滚乐融会贯通，形成了具有鲜明个性的独特曲风，强烈地震撼了当时的流行乐坛，并让摇滚乐如同旋风一般横扫世界乐坛。在唱片业历史上，猫王是世界范围内专辑销量最大的歌手之一。仅仅在美国，猫王就已经拥有RCA唱片公司和美国录音工业协会（RIAA）追发的131张金唱片及白金唱片。据估计，猫王唱片的总销量中，40%是在国外创造的。猫王影响了至少整整一代人，受他影响的很多人后来成为知名音乐家：U2乐队的主唱BONO，美国摇滚精神代表人物布鲁斯·斯普林斯汀（Bruce Springsteen），著名乐队齐柏木飞船（Led zeppelin）的主唱罗伯特·安乐尼·普朗特（Robert Anthony Plant）等等。

黑人灵魂歌手山姆·库克（Sam Cooke）生于1931年1月22日，于1964年12月11日逝世。山姆·库克早期接受的是宗教音乐教育，后来转为流行歌手。他的一生悲剧频繁。1958年11月10日出车祸受伤，一年后他的第一任夫人又因车祸丧生。1963年夏天，他的小儿子在家庭游泳池中溺水身亡。他一生短暂，但他的成就却影响了许多后继者，如奥蒂斯·雷丁（Otis Redding）、罗德·斯图尔特（Rod Stewart）、马文·盖伊（Marvin Gaye）等，他的曲目在摇滚界更是被广为翻唱。

马文·盖伊生于1939年4月2日，于1984年4月1日逝世。作为一个R&B流行歌手，他演唱了那个时代最受人欢迎的歌曲，包括开创性的概念专辑"*What's Going On*"，他于1996年获格莱美终身成就奖。专辑"*What's Going On*"被誉为"黑人的佩柏军士俱乐部"，同名单曲《What's Going On》被流行音乐杂志《滚石》与MTV音乐电视联合评选为自1963年以来世界最伟大的一百首流行歌曲之一。当代歌手迪·安格罗（D'Angelo）、亚瑟小子（Usher）、罗伯特·凯利（R. Kelly）和艾丽西亚·凯斯（Alicia Keys）等都深受其影响。

出生于1941年5月24日的鲍勃·迪伦（Bob Dylan），被认为是20世纪美国最重要、最有影响力的民谣歌手，并被视为20世纪60年代美国民权运动的代言人。他直接影响了一大批同时代和后来的音乐人，并被《时代》杂志选入本世纪最有影响力的100人的名单。迪伦的影响力主要体现在60年代，如果没有迪伦，摇滚乐也许要走很长一段弯路，或许就不会出现披头士的专辑《佩珀军士孤独心俱乐部》（*Pepper's Lonely Hearts Club Band*），也不会有滚石乐队的《乞丐的宴会》（*Beggar's Banquet*）。他对音乐最主要的贡献，这点也影响了列农和麦卡特尼之后的很多歌手，那就是歌词的深刻寓意与音乐成为同等重要的一部分，他从一开始的抗议歌曲，就展示出他的歌词比音乐更浪漫、更激动人心。他对工业国家整代人的敏感性的形成起了很大的作用，他的音乐对理解和分析60年代是至关重要的。迪伦真正赋予了摇滚乐以灵魂。

盲人歌手史提夫·汪达（Stevie Wonder）出生于1950年的5月13日，在他20多年的演唱生涯中，他有9首单曲成为美国年度排行冠军曲，他获得过"最佳R&B男歌手""最佳流行男歌手""最佳专辑"等22座格莱美大奖，及奥斯卡最佳电影歌曲奖，及2004年度公告牌奖（Billboard）之"世纪成就奖"，全球唱片销量超过7000万张。他创作了大量脍炙人口的音乐作品，为美国乐坛一致公认的"国家一级人物"。

詹姆斯·布朗（James Brown）将R&B和灵魂乐融合在一起，使其和蓝调、爵士乐一起构成了现代摇滚乐的基石。有着"早期爵士乐之王"美誉的他是最富改革精神的一位音乐家。如果没有他的出现,美国早期爵士乐的历史演变必定会截然不同。詹姆斯·布朗在舞台上的爆发力和嗓音都是浑然天成,也是独一无二的。他将早期爵士乐进行改革并使其成为一门独立的音乐流派,他对现代音乐的贡献要远大于许多大师级的人物,他创造了属于自己的音乐世界。

第三节 澳大利亚和加拿大的文学与艺术

一、澳大利亚的文学

澳大利亚文学起始于殖民时期(1788—1890),以流放犯和乡野劳动者的口头歌谣为开端。帕特森搜集编纂的《古丛林歌》(1905)就是这一时期的歌谣汇集,其中大多抒发被侮辱与被压迫者的感受,包含较多的民主精神。最早在澳大利亚出版的诗集是英国官员巴伦·菲尔德(Baron Field,1786—1846)的《澳大利亚诗歌的第一批果实》(1819),但艺术性不高。随后出现了一批当地出生的诗人:威廉·查尔斯·温特沃斯(1793—1872)、查尔斯·汤普森(1806—1883)和查尔斯·哈珀(1813—1868)等,其中哈珀较为突出,他受英国诗人弥尔顿、华兹华斯和雪莱的影响,擅长描绘景色和叙事。继之而起的亚当·林赛·戈登(Adam Lindsay Gordon)(1833—1870)在当时颇负盛名,但其作品意境不高,他还著有《丛林歌谣与跃马曲》(1870)等。亨利·肯德尔(1839—1882)是这个时期造诣较高的诗人,以抒情诗见长。

小说的出现稍迟于诗歌。最早类似小说的作品是流放犯亨利·萨弗里(1794—1842)写于狱中的《昆塔斯·塞文顿》(1830)。在1850年前后,游记、回忆录等成为文学的主要形式,它们向英国介绍澳大利亚本土的风土人情及殖民者的生活情况。后期,这种形式的作品更接近于小说。较有影响的作品有亨利·金斯利(1830—1876)的《杰弗里·哈姆林回忆录》(1859)、马克斯·安德鲁·希斯洛普·克拉克(1846—1881)的《无期徒刑》(1874)和托马斯·亚历山大·布朗(1826—1915)的《武装抢劫》(1888)等,这些作品描写了放牧漫游、流放囚犯、绿林好汉、淘金致富等典型的澳大利亚生活场景,其中最突出的是《无期徒刑》,作者根据历史材料,在作品中揭露了澳大利亚早期的殖民流放制度。

这个时期的文学创作,无论是诗歌还是小说,成就都不甚突出,基本上囿于英国作家和文学流派的影响,没有形成澳大利亚文学自己的风格特色。多数作品在艺术上也不够精湛,特别是小说,往往侧重于叙述故事,忽视人物形象的刻画和心理描写。

19世纪80年代,澳大利亚开始酝酿成立联邦,兴起了民族主义运动。同时,由于世界性的经济危机袭击了澳洲大陆,工人和其他劳动者的生活愈加贫困,加之工作条件恶劣,工人纷纷组织工会,举行罢工,争取民主,要求改善工作和生活条件。蓬勃兴起的民主运动给澳大利亚文学带来了新面貌。1880年约·费·阿基布尔德创办的《公报》杂志公开提出"澳大利亚属于澳大利亚人"的口号,宣传激进主义、共和主义和社会主义,团结了一大批作家,形成了"公报派",促进了澳大利亚民族文学的发展。阿·乔·斯蒂芬斯(1865—1933)担任编辑之后，开辟"红页"，大力扶植青年作家，提倡创作短篇小说和"丛林歌谣"，并组织出版长篇小说。在他的倡导下，许多作家踊跃创作，出现不少优秀作品，形成了繁荣的创作局面。民谣和短篇小说的创作尤为突出。

约瑟夫·弗尔菲（1843—1912）和亨利·劳森（1867—1922）是这个时期创作成就最大而且最有影响的两个作家。弗尔菲是工人出身的小说家和诗人。他的长篇小说《如此人生》（1903）以日记的形式描述了丛林风光和劳动人民的悲惨境遇，有明显的民主精神，语言生动幽默，生活气息浓郁。劳森既写诗也写短篇小说，出版过诗集《在海阔天空的日子里》（1896）和短篇小说集《当罐里的水沸腾的时候》（1896）等14部作品。他的诗充满爱国主义激情，表达了人民反抗压迫和要求民主、自由的强烈愿望。他的小说反映下层人民的生活和思想感情，塑造普通劳动者的形象，歌颂他们的优秀品质。他的作品语言多采用劳动人民的口语，朴实生动。这两位作家的作品都从现实出发，具有澳大利亚特色。他们对澳大利亚现实主义文学的发展有很大影响。

此外，短篇小说作家还有：幽默作家阿瑟·霍伊·戴维斯（1868—1935），反映流放犯生活的威廉·阿斯特利（1854—1911），反映海洋生活的乔治·路易斯·贝克（1855—1913），反映工人生活的爱德华·乔治·戴森（1865—1931）。迈尔斯·富兰克林（1879—1954）的表现男女平等的自传体小说《我的光辉历程》于1901年发表，被誉为"第一部澳大利亚小说"。亨利·汉德尔·理查逊（1870—1946）是一位有才华的女作家，她善于发掘人物的内心世界。她的三部曲之一《马奥尼的命运》在澳大利亚文学史上占有重要地位。

歌谣创作的代表是安德鲁·巴顿·帕特森（1864—1941），他搜集整理并创作了大量歌谣，有些歌谣在谱曲以后广为流传，《雪川来客》（1895）等诗至今为人传诵。其他著名诗人有玛丽·吉尔摩（1865—1962）和克里斯托弗·布伦南（1870—1932）等。前者的诗具有明显的民主性，而后者的诗作较多地体现出了法国象征主义的影响。

20世纪20年代以后，澳大利亚小说又有了长足的进步。帕尔默继承了劳森、弗尔菲的现实主义传统，写出了反映劳工运动的著名三部曲：《戈尔康达》（1948）、《播种时期》（1957）和《大家伙》（1959）。普里查德是澳大利亚共产党的创始人之一和重要的左翼作家，她写过多部反映劳动人民生活和斗争的小说和剧本。小说《库纳尔都》（1929）是最早的一部反映白种人和土著人关系，并对土著人寄予深切同情的小说。战后的金矿三部曲《沸腾的九十年代》（1946）、《黄金的里程》（1948）和《有翼的种子》（1950）描绘了19世纪末期至20世纪上半叶澳大利亚历史的一个侧面。从战后到60年代初将近20年的时间里，左翼文学蓬勃发展，涌现出一批优秀作家和作品。如弗兰克·哈代通过长篇小说《不光荣的权力》（1950）抨击了社会的黑暗；艾伦·马歇尔擅长刻画儿童心理，以自传体小说《我能跳过水坑》（1955）著称；工人作家约翰·莫里逊则主要反映工人生活，著有长篇小说《蔓延中的城市》（1949）等。

19世纪30年代至40年代，澳大利亚文坛上有一些关于文学流派和文艺观点的论争。30年代初期，以诺曼·林赛为代表的"幻影派"诗人反对文学艺术中的狭隘民族主义倾向，他们有意识地探求一种新的表现形式，以取代风行一时的"丛林歌谣"，因其在诗歌创作上过于追求形式美。代表诗人有肯尼斯·斯莱塞（1901—1917）、罗伯特·菲茨杰拉尔德等。1938年雷克斯·英格默尔斯（1913—1955）发起了"津狄沃罗巴克运动"。"津狄沃罗巴克"是土语"合并""融合"的意思。英格默尔斯认为文艺家只有和澳洲本土文化融合在一起，才能真正创作出具有美感的好作品。他主张作家、诗人应该从土著民族的艺术、诗歌和传说中汲取营养。尽管这一运动没有产生出突出的诗人和作品，但自19世纪90年代之后，是他们首先从新的角度提出民族文学的口号，也是他们首先把人们的注意力引向土著民族的文化。这些观点吸引了一批青年诗人，对他们的诗歌创作影响很大。40年代初期，马克斯·哈里斯创办诗刊《愤怒的企鹅》，提倡先锋派诗歌，即在诗歌创作上袭用英美的超现实主义表现方法。

同时，意识流小说开始传入澳大利亚。继切斯特·弗兰西斯·科布（1899—1943）之后，帕特里克·怀特在小说创作上着意运用意识流手法，并取得了突出成就。《人类之树》（1955）、《暴风眼》（1973）等都是他的成功之作。他的小说注重挖掘人物的内心世界，在语言运用上也有独到之处。因此，怀特于1973年获得诺贝尔文学奖，成为澳大利亚第一个得此荣誉的作家。其他著名的作家还有克里斯蒂娜·斯特德，著有《悉尼的七个穷汉》（1934）等。哈尔·波特具有独特的风格，用词刻意求新，除短篇小说外，诗歌创作成就也很突出。伦道夫·斯托的小说在写法上接近怀特，但多以西部生活为题材。托马斯·基尼利是一位多产作家，共有14部小说和3个剧本。克里斯托弗·考什的作品虽然数量不多，但风格清新，被认为是近年来出现的一位优秀作家。

当代诗人中最著名的是阿历克·德温特·霍普，此外还有朱迪思·赖特、戴维·坎贝尔（1915—1979）、詹姆斯·麦考莱（1917—1976）、道格拉斯·斯图尔特等。

二、澳大利亚民族戏剧

在诗歌和短篇小说创作的影响下，澳大利亚民族戏剧艺术也有所发展。1909年剧作家威廉·穆尔（1868—1937）发起每年举行一次的"澳大利亚戏剧晚会"。随后，路易斯·埃森（1879—1943）与万斯·帕尔默（1885—1959）等人共同组织了"先驱演员"团体。同时，出现了一批反映人民生活与斗争的剧本，如埃森的《时机尚未成熟》（1912）、帕尔默的《黑马》（1922）、凯瑟琳·苏珊娜·普里查德（1883—1969）的《先驱者》（1922）等。

戏剧自50年代以后有了较快的发展，主要剧作家有亚历山大·布佐、戴维·威廉逊、杰克·希伯德、巴利·欧克莱、约翰·罗默里尔等。近10年来，剧院上演的澳大利亚戏剧不断增加，这些剧本大多着力于反映澳大利亚现实生活，有强烈的时代感，语言生动，富有民族特色。

三、加拿大的文学与艺术

对于最早定居于加拿大的人类和定居时间等，科学家们仍存有很大的分歧。但目前普遍认为，约3万年前，经西伯利亚和阿拉斯加之间相连的陆地，由亚洲迁移至加拿大的土著居民，应是最早抵达的人类。除了一部分定居在加拿大之外，其他人继续向南迁移。能确定的是当早期欧洲探险家来到加拿大时，加拿大居住着各种土著居民。由于生活环境不同，当时的土著居民以狩猎、捕鱼或农耕为生，过着游牧或定居的生活。而土著居民和欧洲人在加拿大的首次接触大概要追溯到一千年前左右，当时一个来自冰岛的诺曼底人在纽芬兰住了一段时间。但在此后的600年之后，才有大批的欧洲人来到加拿大。

土著人文化是唯一真正属于加拿大自己的本土文化，因为加拿大人其他的文化都是由来自世界各地的移民引进的。加拿大最早期的移民是从17世纪开始向加拿大迁移的，他们给加拿大带来了他们的着装风格、饮食爱好和风俗习惯。20世纪初，加拿大向世界各地敞开了移民的大门，并于1988年通过了《多种文化法案》，从而使加拿大的多元文化得到了正式承认。

　　长期以来，人们一直赞叹加拿大的自然美景和广阔的土地，但加拿大还以当代艺术创造中心闻名于世。加拿大艺术的独创性源于多种原因：加拿大的地理位置、气候、人文多样性及历史等。而今天，在音乐、舞蹈、戏剧、文学、视觉艺术方面，加拿大人的身影也频繁出现在世界各大文化活动中。

1. 文　学

　　加拿大的文学是其双重语言的一面镜子。英裔加拿大人和法裔加拿大人的文学本身被细分成各个地区的声音，分别反映他们各自不同社区所关注的事情。尽管缺乏传统，但加拿大文学的读者日益增多，并被翻译成世界各种语言，声誉日隆。加拿大著名的小说家、散文家和诗人，诸如罗伯逊·戴维斯（Robertson Davies）、玛格丽特·阿特伍德（Margaret Atwood）、加布利埃勒·罗伊（Gabrielle Roy）、雅克·费龙（Jacques Ferron）、艾丽斯·芒罗（Alice Munro）、安娜·埃贝尔（Anne Hebert）、雅克·戈德布特（Jacques Godbout）、诺斯罗普·弗赖伊（Northrop Frye）、于贝尔·阿坎（Hubert Aquin）、加斯东·米伦（Gaston Miron）、迈克尔·翁达捷（Michael Ondaatje）和莫迪凯·里奇勒（Mordecai Richler）等的作品中都表达了加拿大人最深邃的思想和感情。

　　戏剧文学种类繁多，从黑色喜剧到活泼的土著戏剧，不一而足，包括汤普森·海威（Tompson Highway）、安娜·玛丽麦克唐纳（Anne-Marie MacDonald）、斯凯·吉尔伯特（Sky Gilbert）、罗伯特·勒帕热（Robert Lepage）、琼·麦克劳德（Joan McLeod）和布拉德·弗雷泽（Brad Fraser）的作品。首要的一点是，这些作品真实地反映了加拿大的文化和目前正承受的压力。

　　从科内留斯·克里格霍夫（Cornelius Krieghoff）的风景画和泰奥菲·勒阿梅尔（Theophile Hamel）的肖像画（他们的作品开创了加拿大艺术传统的先河）到迈克尔·斯诺（Michael Snow）的多学科著作，加拿大的视觉艺术经历了众多蜕变，而这些蜕变反过来证明了加拿大整个社会经历的变革。1948年，法裔加拿大人保罗·埃米尔·博尔迪阿（Paul-Emile Borduas）在介绍他的《环球拒绝》一书时宣布："留出魔力的空间、希望的空间、想象的空间"。这个由14名艺术家签名的宣言呼吁摒弃学院风气、迎接社会新秩序的来临。博尔迪阿和他的团体——自动主义画家——提倡非写实派艺术。

　　在20世纪60年代，加拿大艺术家吉多·莫利纳里（Guido Molinari）、伊夫·戈谢（Yves Gaucher）和克洛德·图西尼昂（Claude Tousignant）开创了另一种风格，这种风格倾向于几何图形式抽象作品。乔克·麦克唐纳（Jock MacDonald）、雅克·布什（Jack Bush）、威廉·罗纳德（William Ronald）和另外八位抽象派画家在多伦多组成了"十一名画家"。在本世纪初，以汤姆·汤普森（Tom Thompson）为首的"七人组"以自然为主题，在画布上竭力表现加拿大风景的广阔和宏伟。

2. 音　乐

无论什么流派，音乐在加拿大文化中占有一席显要之位，加拿大人在世界音乐领域已留下深远的影响，其影响力甚至超出了种族和文化界线。尼尔扬（Neil Young）、布里安·亚当斯（Bryan Adams）、赛琳·迪昂（Celine Dion）和莱昂纳尔·科昂（Leonard Cohen）深受全世界摇滚歌迷的欢迎，而罗什·瓦西纳（Roch Voisine）、罗伯特·沙勒布瓦（Robert Charlebois）和丹尼尔·拉沃伊（Daniel Lavoie）已赢得了法语听众的心。近年来，像沙尼亚·特温（Shania Twain）、阿拉尼·莫里塞特（Alanis Morissette）、悲呼组合（the Tragically Hip）和萨拉·姆拉什朗（Sarah Mclachlan）等新人也在国际上赢得了赞誉。

在蒙特利尔举办，一年一度的爵士音乐节举世闻名，是所有爵士乐迷必去之处。诸如 UZEB 等团体在世界最好的爵士乐合奏团中有了自己的地位。其他人包括洛林·代马雷（Lorraine Desmarais）、奥利弗·琼斯（Oliver Jones）、卡伦·杨（Karen Young）、米歇尔·多纳托（Michel Donato）和埃德·比克特（Ed Bickert），正加入到诸如奥斯卡·彼得森（Oscar Peterson）这样最伟大的人物之列，他们越来越受到爵士乐爱好者的广泛认可。

古典音乐在加拿大也很受欢迎。实际上，许多城市都有自己的交响乐团，如 I Musici 和 Tafelmusik 等，这些乐团在重大国际音乐节和高品质唱片公司一般都有显著地位。而在加拿大所有交响乐团中，蒙特利尔交响乐团或许是最出名的。在查尔斯·迪图瓦（Charles Dutoit）的指挥下，蒙特利尔交响乐团赢得了许多重要奖项和声誉。

温哥华歌剧协会、加拿大歌剧公司以及其他机构为歌剧爱好者提供良好服务，这些机构以他们的独创性和高品质的演出闻名。莫林·福里斯特（Maureen Forrester）、恩·赫普纳（Ben Hepner）以及路易和吉诺奎利科（Louis and Gino Quilico）都被列入加拿大众多天才演员之中。

3. 舞 蹈

在提到加拿大现代舞蹈这一主题时，舞蹈迷的头脑里马上会想起 La La La Human Steps 和 Holy Body Tattoo 这些名字。在舞蹈领域，这些都是处于实验前沿的现代舞团。

三大芭蕾舞公司——温尼伯皇家芭蕾舞团、加拿大大芭蕾团和加拿大国家芭蕾舞团——定期在国际舞台巡回演出，所到之处受赞誉。每年，越来越多的独立舞蹈编导和舞蹈演员在加拿大和国外登台演出。在这个 150 多人的群体中，玛吉·吉利斯（Margie Gillis）、玛丽·舒伊纳尔（Marie Chouinard）、吉内特·洛林（Ginette Laurin）、佩吉·贝克（Peggy Baker）和让-皮埃尔·佩罗（Jean-Pierre Perrault）继续展示加拿大人独特的舞蹈表现方法。

4. 戏 剧

加拿大的戏剧真正体现了这个国家的文化多样性。近年来，魁北克戏剧在国内外越来越受人喜爱，这主要得益于米歇尔·特伦布莱（Michel Tremblay）的剧本，他的剧本现在已被翻译成 20 多种语言。

加拿大戏剧以其创新精神和探索新的表现形式闻名。像卡篷 14（Carbone 14）、勒贝尔（Repere）和一只黄兔子（One Yellow Rabbit）等公司到世界各地巡回演出，无论走到哪里都受到热烈欢迎。其他一些剧团，像绿拇指（Green Thumb）、两个世界（Les Deux Mondes）和梅尔美德（Mermaid）等主要关注儿童剧创作，这些儿童剧具有成人剧的高雅品质。自 1984 年以来，太阳杂技团（Cirque du soleil）在其黄色和蓝色马戏场帐篷下不断使娱乐方式发生革命性变化。世界各地上百万名观众对其将戏剧、杂技和音乐结合在一起的惊人创举感到震撼不已。这些公司在国内外享有的盛誉证明他们的专业水准和独创性。

5. 电 影

近年来，加拿大的电影业出产了一些脍炙人口的作品，其质量、普遍性和对现实的贴近已引起评论家的注意。电影制作人大卫·克罗嫩贝格（David Cronenberg）的《无遮栏的午餐》、德尼斯·阿坎（Denys Arcand）的《美帝国的衰落》和《蒙特利尔的耶稣》、莱亚·普尔（Lea Pool）的《安妮·特瑞斯特》以及让·克洛德·洛宗（Jean Claude Lauzon）的《莱奥罗》和《深夜动物园》已赢得国际声誉。

近期获得成功的加拿大电影有《红色小提琴》《美好未来》《空中花园》《吻》《异国风情》《路易十九》《爱与人的遗骨》《忏悔》《佛罗里达》和《玛格丽特博物馆》。充满活力的加拿大电影制作人，像阿托姆·埃格扬（Atom Egoyan）、大卫·克罗嫩贝格（David Cronenberg）、克洛德·加尼翁（Claude Gagnon）等在欧洲、亚洲和拉美的国际市场上的影响力持续上升。国家电影协会，特别是诺尔曼·麦克拉伦（Norman Mclaren）已使加拿大在动画片和记录片领域成为一支生力军。弗里德里·巴克（Frederick Back）的 1987 年奥斯卡获奖电影《植树人》就是这一光荣传统的延续。而现在，计算机图像动画片是加拿大艺术家在这一领域非凡想象力的结晶。每年在蒙特利尔、多伦多、温哥华、哈利法克斯和班夫举行的国际电影和电视节使世界将聚光灯投向加拿大和加拿大作品。

第四节 教学案例及解读

艺术源于生活，也影响着人们的生活。东西方艺术根植于不同的文化之中，虽有相似，也不乏差异。了解不同国家的文化，有助于培养学生的跨文化意识，同时激发学生对艺术的兴趣，提高文化修养和生活品质。本文以人教版普通高中课程标准实验教科书英语选修六 Unit 1 Art 中的第一课时 Reading：A Short History of Western Painting 为例来阐述如何在阅读教学中展开对艺术的跨文化教学。

一、教学内容

本课教学内容选自人教版普通高中课程标准实验教科书英语选修六 Unit 1 Art。本单元的中心话题是西方绘画艺术的历史、中西方各种艺术形式与风格、各时代的著名画家以及他们的作品。话题内容反映了《普通高中英语课程标准》所提出的"向学生渗透人文理念和注重对学生文化意识的熏陶"的要求。同时整个单元又是以话题为核心，听说读写等语言知识和语言技能主要围绕"绘画艺术"这一主题设计的。阅读部分 A Short History of Western Painting 主要介绍西方绘画简史、不同的艺术流派的艺术特点及其代表性的画家和作品。文章开头阐述导致艺术发展的因素：生活方式和人们的信仰。随后，文章介绍了主要的西洋绘画艺术流派、特点及其代表性的画家和作品等。阅读文章中附四幅插图，能更好地帮助学生了解不同艺术流派的特点。通过学习，帮助学生了解绘画艺术在各个历史发展时期的不同风格以及相关的美术背景知识，培养学生对艺术的兴趣。

二、教学目标

1. 知识与技能
（1）学习本单元重点单词和短语以及谈论中西方绘画技巧的相关词汇。
（2）简要了解中西绘画艺术的历史和风格，各时代的著名画家以及他们的作品。

2. 过程与方法
（1）通过速读、略读和细读训练学生的阅读能力。
（2）能用小标题概括段落大意，并对阅读材料进行全面整体的理解。
（3）学习如何用本单元重点词汇谈论绘画艺术。

3. 情感态度价值观
（1）让学生了解中西绘画艺术的历史和风格，激发学生对艺术的兴趣。
（2）通过对西方艺术的学习和欣赏，提高学生的艺术修养以丰富其生活。

三、教学重难点

1. 教学重点
（1）掌握本课中与艺术相关的重点词汇。
（2）如何让学生了解中西绘画艺术的历史和风格。
（3）如何提高学生的阅读能力。

2. 教学难点
（1）对课文内容细节的理解。
（2）如何帮助学生谈论对不同的绘画艺术作品的看法。

四、教学方法

根据《普通高中英语课程标准》要求，结合学生英语基础情况及学生英语水平参差不齐的实际，把每个教学环节所设计的问题和任务区分出高低不同的层次，由浅入深，循序渐进，使每个教学环节尽量符合多数学生的认知水平，力争全班绝大多数同学都能积极参与课堂活动。

课堂教学方法的选择是课堂教学效率高低的关键。科学的学法指导是智能发展目标得以实施的重要途径。本单元教学从以下几方面体现了英语新课程的理念。

（1）以"任务型"教学作为课堂教学设计之理念，具体采用情景交际教学法。学生通过阅读、听说、表演等各种语言形式来学习和掌握语言，实现目标，感受成功。

（2）英语教学和情感教育的有机结合。在本节课中，教师除了营造宽松、民主、和谐的教学气氛，给予学生展示成功的平台外，还要处处鼓励学生运用自主学习、合作学习和探究学习等新的学习方式，以形成积极的学习态度，促进语言实际运用能力的提高。这是实施新课程最为核心和关键的环节。

（3）利用现代教育技术，拓宽学生学习和运用英语的渠道。运用多媒体辅助教学，充分利用听觉和视觉手段，丰富教学内容和形式，进而达到启发学生的英语思维，发展交际能力的理想教学效果。

五、教学过程

Step Ⅰ Lead-in

通过图片引出本节课的话题 painting，然后让学生列举他们所知道的绘画形式，进而补充介绍。

Step Ⅱ Warming-up

接着给学生展示一些中西方著名画家的画作，并让学生归纳出中西绘画的特点。

Step Ⅲ Pre-reading

根据展示的图片对比中西方绘画艺术哪个变化更大，从而引出本节阅读课的课文——A Short History of Western Painting。

Step Ⅳ Reading

① 让学生通过速读，了解文章大意。What's the main idea of this passage?

② 通过略读，了解文章结构。How many periods of the paintings are mentioned in this text? What are they?

③ 通过细读，了解文章细节，设置练习逐段分析。

a. Read Paragraph 1 as quickly as you can and get the main idea：

Art is influenced by the _____ and _____ of a people.

b. Read Paragraph 2 and fill in the chart.

Period 1	Middle Ages（中世纪）
time	$5^{th} - 15^{th}$ century
characteristics of the paintings	_____ themes Full of _____ （respect and love for god）
artists	Giotto di Bondone（乔托·迪·邦多纳）

c. Read Paragraph 3 and find out the characteristics of the renaissance：

Period 2：The Renaissance（文艺复兴时期）

features / characteristics：focused more on _____ and less on _____. Two developments：_____ and _____. Artist：_____.

d. Read Paragraph 4 and find out the characteristics of the impressionism：

Period 3：Impressionism（印象主义）

features：work _____；they are eager to show how _____ and _____ fell on objects at different times of day.

Period 4：Modern Art（现代艺术）

Read the last paragraph carefully and then summarize the style of modern art.

styles	facts
Their styles are _____.	The impressionists' paintings were _____ but today they are accepted as _____ of modern art, some modern art is _____

Step V Reading Comprehension

Let the students read the passage again and deal with the Exercise 1 and 2 in comprehending on page 3.

Step VI Discussion

① 通过一个 guessing game 来让学生讨论所展示图片的风格，并猜出这些画作属于哪个时期。学生通过阅读讨论的方式掌握四个画派画作的特征并了解其代表画家和画作。

Teacher：I think you are quite familiar with each artistic style and their characteristics.

Task：Now you are visiting an art gallery. Here are some paintings in it. Discuss in groups and tell which period each belongs to, sort them out and give the reasons. Show students some paintings. Group 1 for Middle Ages and Renaissance, Group 2 for Impressionism, Group 3 for Modern Art. Ask three small groups to report.

② Speaking Task.

Teacher：So art is influenced by the customs and faith of people. On the contrary, our life is also influenced by art. Many people like to decorate their house with paintings. But before decorating, they should have some knowledge of paintings such as the painting's artistic style and characteristics. Now, are you confident to help Mr. Bai solve his problem?

Students：Yes.

Teacher：Now discuss in groups and help Mr. Bai choose three paintings. You should state your reasons.

六、教学反思

通过这六个环节的教学活动，学生对西方和中国绘画艺术的历史和风格、各时代的著名画家以及他们的作品都有了简要的了解。教师从文章的结构入手，先整体后段落进行讲解，结合图片增强学生的兴趣、加深他们的印象，并通过游戏调动他们的积极性，让他们学以致用，取得了良好的效果。同时，加强了学生对西方艺术的了解，既有利于培养学生对艺术的兴趣，提高其艺术修养，也有利于培养学生的跨文化交际意识。

课文中有关绘画艺术的词汇比较多，并且很多都是学生第一次接触到的，所以上完课后，学生对这些词汇还是掌握得不够，程度更差的学生甚至还读不准确。因此，词汇学习还有待加强。

思考题

1. 英国文学主要分为哪几个时期，各有什么特点？

2. 美国文学主要分为哪几个时期,各有什么特点?

3. 请选择一部英国或美国的奥斯卡经典电影进行赏析,并谈谈你的感受。

参考文献

[1] ABRAMS M H. The Norton Anthology of English Literature [M]. New York: W. W. Norton Company, Inc., 1993.

[2] 常耀信. 英国文学简史 [M]. 天津:南开大学出版社, 2006.

[3] 陈嘉. 英国文学史 [M]. 北京:商务印书馆, 1986.

[4] [美] 克里斯汀·汤普森, 大卫·波德维尔. 世界电影史 [M]. 陈旭光等, 译. 北京:北京大学出版社, 2004.

[5] 王珉. 美国音乐史 [M]. 上海:上海音乐出版社, 2005.

[6] 潘耀昌等. 外国美术简史(第二版) [M]. 上海:上海人民美术出版社, 2011.

[7] 刘道义. (普通高中课程标准实验教科书) 英语 (选修6) [M]. 北京:人民教育出版社, 2007.

[8] 刘道义. (普通高中课程标准实验教科书教师教学用书) 英语 (选修6) [M] 北京:人民教育出版社, 2007.

[9] 席玉虎. 名师说课 (修订版) 高二 (上) [M]. 临汾:山西师范大学出版社, 2010.

第九章　人际交往（一）

随着人类社会的快速发展，全球化进程加快，国与国、民族与民族之间的联系日益加强，沟通和交往的机会也日渐增加。中国加入世界贸易组织（WTO）之后，与其他国家合作的机会大大增多，而跨文化交际对国人来说也是越来越普遍。要顺利而有效地与西方国家进行跨文化交际，必须在了解中国与其他文化差异的基础上进行研究学习，以避免交际尴尬和文化冲突，与西方人建立良好的人际关系，有助于中国在政治与经济上得到快速发展。语言是人类交往的工具，是传达给对方的第一信息，无论在普通人际交往还是跨文化交际中都发挥着重要的作用。日常交际用语更是在人际交往中起着不可忽视的作用，只有广泛而正确地掌握并运用，才能有助于无障碍的沟通与交流，避免不必要的误会。本章主要介绍英语交际中的日常用语并进行相应的教学案例解读。

第一节　英语交际中的日常用语表达

在英语交际中，日常用语发挥着不可忽视的作用，无论什么时间、什么场合，恰当的日常用语可以有助于良好的沟通，拉近人与人之间的距离，同时避免不必要的误会，所以掌握一定的日常用语表达在英语交际中是非常重要的。与此同时，还要适当地了解中英语言中日常用语表达的习惯和差异，从而更好地进行跨文化交际。

一、问候语

① Good morning (afternoon, evening)!
② Hello!
③ Hi!
④ —— How are you?
　　—— Fine, thank you, and you?
　　—— Very well, thank you.
⑤ Best wishes (regards) to you!
⑥ Please give my regards (best wishes, love) to Tom.
⑦ Please remember me to Tom.
⑧ Say hello to Tom.
⑨ Glad (Pleased) to meet you here (again).
⑩ —— Are you Bill Jones?

— Yes, I am.

⑪ — How is Helen?

— She's very well, thank you.

⑫ How are you this evening?

二、赞扬语

① You look great today.（你今天看上去很棒！）

② You did a good job.（你干得非常好！）

③ We're so proud of you.（我们十分为你骄傲。）

④ I'm very pleased with your work.（我对你的工作非常满意！）

⑤ This is really a nice place.（这真是个好地方！）

⑥ You're looking sharp!（你看上去真精神/真棒/真漂亮！）

⑦ You always know the right thing to say.（你总是说话得体！）

⑧ You're very eloquent.（你总是说话得体！）

⑨ Nice going! = You did a good job.（干得好！）

⑩ The food is delicious.（好吃！）

⑪ Everything tastes great.（每样东西都很美味！）

⑫ Your son / daughter is so cute.（你的孩子很可爱！）

⑬ What an adorable baby!（多么可爱的孩子！）

⑭ I admire your work.（我对你的工作表示敬意！）

⑮ I respect your work.（我对你的工作表示敬意！）

⑯ You've got a great personality.（你的个性很好！）

⑰ You have a good sense of humor.（你真幽默！）

⑱ Your Chinese is really surprising.（你的中文令人惊讶！）

⑲ Your English is incredible.（我真不敢相信你的英语这么好！）

⑳ You have a very successful business.（你的事业很成功！）

㉑ You're very professional.（你非常专业！）

㉒ Your company is very impressive.（你的公司给我留下了深刻印象！）

㉓ You're so smart.（你非常聪明！）

㉔ I envy you very much.（我非常羡慕你！）

㉕ Your wife is very charming.（你的妻子很有魅力！）

㉖ You two make a lovely couple.（你们真是天生的一对！）

㉗ You're really talented.（你很有天赋！）

㉘ You look nice in that color.（你穿那种颜色很好看！）

㉙ You have a good taste.（你很有品位！）

㉚ You look like a million dollars. = You look outstanding. = You look like a movie star.（你看上去帅呆了！）

三、感谢语

① Thanks a million. I really appreciate it.（万分感谢，真的是帮了我大忙啦！）

② I really appreciate what you've done for me these days.（我真的很感激这些天来你对我的帮助！）

③ It's very kind of you to help me.（你能帮助我真是太好了！）

④ I really don't know what I would have done without your help.（真不知道没有你的帮助我该怎么办！）

⑤ Thank you for contributing so much to the pleasure of our staying.（感谢您给我们在这里停留期间带来的那么多欢乐！）

⑥ Thank you so much for your generous hospitality.（非常感谢您慷慨的款待！）

⑦ Thank you very much / ever so much / most sincerely / indeed / from the bottom of my heart.（很/非常/最真诚地/确实/衷心/感谢您！）

⑧ Thanks a million (ever so much).（万分/非常感谢！）

⑨ I want to thank you for your kindness to me and for your compliments.（我要感谢您对我的友爱和问候！）

四、告别语

① It's getting late. I must be going.

② It's five o'clock already. I must be off now.

③ Oh, God, it's late, I've got to go.

④ It's time I was going, I'm afraid.

⑤ I think I must go now.

⑥ I think I'd better leave.

⑦ I'm glad to have met you.

⑧ Come again whenever you are free.

⑨ If you pass my home, drop in.

⑩ Good night, have a nice dream.

⑪ Can't you stay a little longer?

⑫ I hope we'll meet again sometime.

⑬ Good night, John.

⑭ Good-bye, Bill.

⑮ See you tomorrow.

五、称谓语

1. 通称：Sir, Madam, Ladies and Gentlemen, Lady + 姓氏，Mr. + 姓氏，Mrs. + 姓氏，Miss + 姓氏，Ms. + 姓氏。

2. 职务称谓：Dr. ＋姓氏，Professor＋姓氏，President，Director。

3. 职业称谓：Waiter，Conductor。

4. 亲属称谓：Dad，Mom，Grandpa，Grandma，Aunt＋名字，Uncle＋名字，Cousin。

六、介绍语

① Let me do some introduction.

② Let me introduce myself.

③ I am very happy to introduce myself to you here.

④ My name is…

⑤ I am… years old.

⑥ I am from…

七、请求语

① 我可以请您帮个忙？

Do you mind if I ask you a favor?

Can I ask a favor?

May I ask you a favor?

② 能搭把手吗？

Would you give me a hand?

Would you please help me?

Would you mind giving me a hand?

Could you help me out?

③ 对不起……

I'm sorry to bother you, but…

I'm sorry to bother you, but can you help me?（对不起，能帮我一下吗？）

回答：It's no bother.（没问题。）

④ 我可不可以……／可不可以让我……

Could I possibly…?

Could I possibly use your bathroom?（我能用一下您的洗手间吗？）

回答：Of course／Sure.（当然。）

⑤ 请您把……拿过来行吗？

Could you pass the salt, please? 请您把盐拿过来行吗？

回答：Sure. Here you are.（好的，给你。）

Could I have the salt, please?

Could you hand me the salt, please?

Could you give me the salt, please?

Salt, please.（比较随便的说法。）

⑥ 请做这个。

Please do this.

Please take care of this.

Would you please do this for me?(您能为我做这个吗?)

⑦ 您能开车送我到……么?

Would you drive me to the store?

Would you take me to the store?

Would you drop me off at the store?(能让我在那家店下车吗?)

⑧ 您能帮我找到 ABC 饭店的电话号码吗?

Would you help me find the number for the ABC Hotel?

回答:My pleasure.(可以啊!)

⑨ 我不知道怎么填这张表。

I don't know how to fill out this form.

How do I fill out this form?

Can you help me with this form?

⑩ 告诉我为什么?

Tell me why.

What's the reason?(理由是什么呢?)

Why do you think that?(你为什么那么想?)

⑪ 能借用一下你的钢笔吗?

May I borrow your pen?

May I use your pen?

Is it okay if I use your pen?

Do you have a pen?

Do you have a pen that I can borrow?

⑫ 你能给我打个电话吗?

Would you give me a call?

Could you call me?

Can you ring me up?

I'd appreciate it if you could call me tonight.

⑬ 请关小点儿声。

Please turn it down.

Would you please turn it down?

Not so loud, please.

Please lower the volume.

It's too loud. Turn it down.

⑭ 等我回来。

Wait here until I get back.

Please wait here for me.

⑮ 我想打听点儿事。

May I ask you something?

May I ask (you) a question?

I'd like to ask you something.

I have a question.

Could you tell me something?

Do you have time to answer a question?

Could you answer a question?

I hate to bother you, but can I ask you a question?（真不好意思，打扰您了，我可以问个问题吗？）

⑯ 对不起，打断一下可以吗？

Sorry for interrupting.

I'm sorry to interrupt you.

May I interrupt you?

Excuse me for interrupting.

Forgive me for interrupting.

第二节　教学案例及解读

在中学英语教材中，很多章节都涵盖英语日常用语的学习，一般都出现在每一单元的 Speaking 部分里，学生通过学习与本单元话题相关的文章，了解一些必要的背景知识、词汇及表达方法，在完成了这一输入过程之后，在 Speaking 部分里，则要运用这些所学到的东西进行表达交流，即完成输出的过程。

一、教学内容

本教学案例选自人教版高中英语教材必修一 Unit 2 English around the world—Reading and Speaking 部分。本单元讨论的话题是"世界英语"，介绍了英语在人们生活中扮演的不同角色及其重要意义，尤其介绍了英美语言的差异，让学生更进一步了解学好英语的必要性和其重要意义。本单元促使学生了解英美语言在词汇、拼写、语音等方面的区别，使学生在认识到学好英语的重要性的同时，更加热爱自己的祖国，从而培养他们的爱国意识。在 Reading and Speaking 这一课中，要求学生选择所给情境中的一种，并利用所提供的表达方法结合本单元所学习的背景知识编写一组对话。

二、教学目标

（1）学生通过练习对话再次感悟和体验英式英语和美式英语的差异，要求学生进行角色表演，以灵活生动的对话形式帮助学生熟练掌握如何运用直接引语和间接引语表达请求。

（2）学生使用所学会的英式英语和美式英语中的日常交际用语，克服语言交流中的障碍，增强用英语与人沟通的能力。

三、教学重难点

（1）练习阅读及听说能力。
（2）学习和体会不同国家英语语言运用的差异，正确进行运用，培养跨文化意识。

四、教学过程与方法

Step I Warming-up

Show students some pictures about arriving in a strange city, let them discuss the following questions.

① If you arrive in a strange city, what difficulties do you think you will face?

② What should we do to communicate with the native people easily?

【设计意图】在教学过程中，通过向学生展示图片，将学生带入与本课话题相关的情境中，身处陌生的城市，想象会遇到哪些可能的困难，在不同的语言环境下，我们怎样才能与处于不同文化背景的陌生人无障碍地交流。让学生思考以上问题，并提出解决方法，从而提高跨文化交流的意识和能力。

Step II Reading

Task 1 Read the given dialogue carefully and get the main idea.

Task 2 Circle the words that mean the same.

American English—Britain English

subway—underground

blocks—streets

keep going straight—go straight on

【设计意图】学生认真阅读对话，了解其大意，并从对话中圈出包含相同意思的英式英语和美式英语。通过这一过程，学生体会到不同国家、不同文化背景下语言运用的差异，即使同是英语，在美国和英国也有着不同的表达方法，如果不了解这种差异就不能正确地运用，也就会造成交流的困难和障碍。

Step III Discussion

Ask students to think about more different words in British English and American English that we have already learned.

American English—Britain English

game—match

gas / gasoline—petrol

soccer—football

apartment—flat

be on vacation—be on holiday

【设计意图】通过上一个环节的启发，激发学生思考英式英语和美式英语运用的差异，并帮助学生一起归纳常用的词汇及短语，为下一环节的角色表演做好准备。

Step IV Speaking

Let students choose one of the situations and make a dialogue, use the given expressions to help them. Pay attention to the intonation while talking.

【设计意图】学生利用所给的英语中常用的表示请求的表达方法，根据所给情境编写对话并进行表演，在这个环节中，要求学生扮演不同国家的人，运用英式英语和美式英语进行交流。

Step V Summary and homework

Summarize all the words and expressions used in American English and Britain English.

五、教学反思

本节课学生通过阅读简短对话，了解和学习表达请求时的相关词汇和短语，在根据情境编写对话的过程中，进一步提升学生的阅读和听说能力。同时，通过对相关话题知识的讨论和学习，进一步强化了跨文化交流的意识及交流中应注意的问题。学生了解到不仅要学习好本国的语言，还要学习并了解其他不同文化背景下的语言及文化，才能在跨文化交际中更加自如、轻松。

思考题

学习了本章中英语日常交际用语的相关表达方式，请思考英语中日常用语与中文表达方式有哪些差异？我们在日常交流中应该注意哪些问题？

参考文献

[1] 刘燕霞. 从中国和英语国家日常交际用语解析文化差异 [J]. 语文学刊, 2011 (11): 109-110.

[2] 边华. 日常交际用语中的中西文化差异分析 [J]. 河南农业, 2011 (5X): 57-58.

第十章 人际交往（二）

语言是人类进行交际活动的重要工具，但并非唯一的交际手段。手势、表情、姿势等就是一些非言语交际手段，非言语交际主要体现在口头交际中，通过交际者的面部表情、身体姿势、眼神、服饰、音质、声调等来更真实地表达感情和态度，它是人类交际的重要组成部分。在交际过程中，非言语交际与语言交际互为依托，相辅相成，共同传递信息与情感。语言和非言语交际的同时运用在任何文化中都是极为重要的表现形式。值得注意的是，在不同文化中，身势语的意义并不完全相同。本章主要介绍英语交际中的非言语表达问题并进行相应的中学英语教学案例解读。

第一节 英语交际中的非言语表达

西方学者的研究表明，在人们的交际行为中，语言交际所传达的信息仅占35%，而65%的信息则是通过非言语交际（主要是身势语）来传递的，这说明了非言语交际的现实性和普遍性。事实上，人们在语言交际的同时还无时无处不在进行有效的非言语交际。

一、日常生活中的非言语表达

人在最兴奋时，眼睛瞳仁会自动扩大，打招呼时眉毛会快速闪动，不满时会皱眉，困乏时会打呵欠或合眼皮，恼恨愤怒时爱咬牙。再如人往往喜则笑，悲则泣，羞则脸红等。有些身势语是后天习得的。

由于人们生活在不同的语言文化背景下，形成了各民族独特的身势语。这些身势语大都是模仿习得而来，具有极大的差异性。同是跷二郎腿，英美男子的姿势却截然不同，中国人均认为此行为极不礼貌。拱手礼是中国特有的身势语：喜庆欢聚时表示祝贺、祝愿；让路时表示谦让并互致敬意；逢年过节时相互祝拜。在某些特定场合身势语还表示感谢关照，嘱托致谢。

身势语有些是可以控制的，人们从而可以做出有意识的身势。若一个人在公共场合发言时，不时玩弄铅笔或触摸眼镜，往往说明他很紧张；若常把手下意识地罩在嘴上，说明他缺乏自信；听报告或讲演时若观众身子扭来扭去，偷看手表或两手罩在嘴上打哈欠，常表明讲演或报告令人厌烦。这些情况若当事者能够意识到往往会加以控制，甚至会做出一些假的身势语来掩饰自己的真实感情。如高超的演讲者往往会在紧张的心情下也表现出自信来，因为他发出了自信的信号。

在空间习惯方面，交际双方身体接触行为的次数与程度往往因文化而异，体触行为只能发生在亲近距离和个人距离之内。在亲近距离内，人们能够相互搂抱、拥抱、亲吻、爱抚。在个人距离内，可以相互触摸、拉手、审视对方面部的细微表情。正像语言和姿势可以传递人们的情感信息一样，身体与他人的接触在交际中也无时无刻不在传递信息。

微笑，是最有益于人际交往的面部表情。白居易的名句"回眸一笑百媚生，六宫粉黛无颜色"写出了最微妙的表情效果。正如亚当斯所说的，"当你微笑的时候，别人会更喜欢你"。笑脸不只是快乐和友好的表示，也能传递道歉与谅解的信息。在公共汽车上因急刹车而踩了别人的脚，微笑就等于说"对不起"。与陌生人相碰或相撞时，露出微笑是为了向对方表示自己没有敌意。服务行业的人脸上常带着微笑则是欢迎和友善的表示。东方人比较含蓄，感情不容易外露，不像西方人那样直接表达情绪。中国人习惯用面部来遮掩感情，而不是显露感情。

二、不同文化背景下的非言语表达

同一身势语在同一文化的不同场合下往往具有不同的社会功能。有专家提出，人能发出多达50万个不同的身体信号，只用"千姿百态"作比喻已显得苍白无力，任何想将它们分门别类的企图都是徒劳的。所以笔者只能从传递交际信息的常见姿势中诠释一些行为代码与文化含义。

姿态常常反映出一个人对与其相处者的态度。手势在各国有不同的表达意义，不同的文化背景赋予了手势不同的交际功能。如美国人擦鼻子可能表示不同意某人或拒绝某事，但也可能表示另外的含义。中国人的微笑既能表示赞许，也可表示某种不安。挥手既可表示问候、欢迎，也能表示告别、再见。

相同的身势语在不同的文化中常具有不同的含义，从而代表不同的交际功能。如吐舌头，英美人往往表示蔑视对方，而汉族人表示惊讶，藏族人则表示对客人的尊敬。不同的身势语在不同的文化中可以表示相同或相似的意义，起到相似的社会交际效果。如表示问候或欢迎时，美国人一般握握手。多数讲英语的人在交谈时不喜欢离得太近，总要保持一定的距离。对两个不熟悉的北美成年男性来说，合适的距离是从一臂的长度到4英尺（约1.2米）左右。

西方文化注重个人隐私，东方人隐私的概念相对薄弱。在电梯、巴士或火车上，素不相识的人拥挤在一起，东方人可以容忍身体与身体的接触，西方人则无法容忍。在对个人空间的要求方面，中国人、日本人以至大多数亚洲人要比西方人低得多。

西方人喜欢宽松的氛围，崇尚个人自由和个人权利，而东方人则有所不同。在许多国家，握手已经成为一种常用的表示亲热和友好的礼节，显示相互亲近和愿意交往的意思。但各国握手的习惯不大一样。在美国，男人之间的握手是很用力的，这可能源于印第安人的角力竞赛。中国人一边讲"你好"一边握手，对此没有什么忌讳。在人类交际活动中，眼睛传递的信息是微妙的，而握手发出的信号却是直截了当的。在异性之间，如果女方不主动伸出手来，男性是不能去握她的手的。如果伸左手与人相握，则是无礼的表现。握手的文化如此丰富多彩，有必要深入研究，严加区分，以避免文化冲突和误会。

中国人竖起大拇指表示"好"，伸出小指表示"差"或"坏"，这反映了一种"尊卑有等""长幼有序"的文化心态。美国人将拇指朝上表示要求搭便车,将拇指朝下则表示"坏"。在美国,人们用挥手来表示"再见",而在南美,人们见到这种动作时不但不会离去,反而会向你跑过来。在美国,用拇指和食指捏成一个圈,其余三个指头分开向上伸直,则表示"OK"一词,意指同意或接受。美国人抿着嘴吃东西才算得体,而有些国家却以张口大嚼为礼貌。美国人用手指着太阳穴表示用手枪自杀,这反映的是美国私人拥有枪支不足为奇的社会文化背景。

美国人着重随意与个性,常常大大咧咧地坐下来或者站着,一副松松散散的样子,美国大学里的老师在授课时,有时一边讲课一边坐在椅子上,甚至把脚翘在另一张椅子上,体现出一种师生关系融洽、毫无拘束的课堂气氛。而在中国的课堂里,老师若是这样做是对学生不尊重的表现,也是决不允许的。

在欧洲国家,人们的生活方式比较规范,十分注重礼仪,懒散的样子常被认为是粗俗和无礼的标记。不同文化在姿态动作上的这些微妙的差别常常容易导致交往失当,甚至会使交际完全中断。了解这些差异并采取必要的补偿手段,对于人们在跨文化交际中增进互相理解,避免误会,具有十分重要的意义。

身势语与语言同时参加交际过程,相互支持,相互制约,都是交际的重要手段和不可缺少的组成部分。身势语在言语交际过程中可以传递丰富、微妙的信息与情感,从而行使独特的交际功能。身势语属于非言语系统,处于各国不同的社会历史背景下的非言语交际,既有共性又有差异,这主要是因为不同的民族文化赋予非言语交际丰富多样的文化内涵。在跨文化交际中,要清楚地认识非言语交际与文化之间的关系。文化和绝大多数非言语交际都是代代相传且后天习得的,都是经长期历史和文化积淀而成的某一社会共同的习惯。关于二者之间的关系,萨莫瓦(Samova)认为,文化与非言语交际密不可分,许多非言语行为都是文化习得的结果;人们的非言语行为的形成和效果往往都由一定的文化环境所决定。因此了解非言语交际与文化之间的关系至关重要。

第二节 教学案例及解读

在人际交往中言语交流是重要的沟通手段,除此之外非言语沟通也起着重要的作用。人们利用手势、体态、眼神、表情甚至单音调的声音等表达自己的思想情感,使人们的思想交流得到辅助和增进。如果了解了非言语表达的含义和作用,并能适当运用到人际交往中,必将会极大地丰富人们的思想交流方式,增进人们的情感表达力度。《英语新课程标准》明确指出,高中英语教学要"侧重提高阅读能力,特别注重开发和利用课程资源,创造机会,使学生积极、主动的用英语去思维,去交流。"因此,在中学英语教材中,也介绍了人际交往中尤其是跨文化交际中的非言语交际知识。

一、教学内容

本课内容选自人教版高中英语教材必修四 Unit 4 Body language 中的 Reading 部分。根据新课标教学理念,老师应对课文内容进行拓展与补充,采用"任务型"教学模式进行授课。本课的中心话题是"身势语"。身势语是非言语交际手段中非常重要的一个方面,它通过无声的语言表达一个人的内心世界。了解身势语的不同文化内涵并正确加以运用,经常会在交际场合起到意想不到的效果。在教授本课时,老师应提醒、引导学生注意在不同的文化背景下自己和他人在日常交际中的体态、姿势、面部表情等,体验文化差异,正确理解和运用身势语。

二、教学目标

(1) 了解文化差异和身势语的变化。
(2) 培养学生掌握一定的阅读技巧,学习使用有关预测、猜测的技巧。
(3) 培养学生用英语表达身势语,培养学生实际运用英语的能力。

三、教学重难点

(1) 了解不同国家身势语的意义及正确使用,提高跨文化交际的意识和能力。
(2) 指导、鼓励学生课前利用网络资源或图书馆查找有关资料对身势语有初步的了解,使师生实现资源共享。

四、教学过程与方法

Step I Warming-up

① How much do you understand the film?
② What kind of ways can you use to communicate with others?
③ What does "Body Language" mean?

【设计意图】采用影像资料导入,让学生观看卓别林的《城市之光》。此时趁热打铁,提出问题,导入主题,学生讨论后回答。在教学的第一环节引起学生深厚的兴趣,学生在轻松的气氛中,感受着身势语给人们带来的欢乐。

Step II Act out

Read the following statements. Choose a phrase and act it out without speaking.

为启发学生进一步了解身势语,教师带领学生做游戏。如教师用大拇指和食指捏成一个圈,其余三个手指分向上伸直,询问学生这个手势表示的意义。然后,咬紧牙关,告诉学生"I'm an Arabian",看看学生知不知道这表示什么意思。接着,让学生根据所给的陈述做动作。让学生就给出的意思做出相应的动作,到讲台前充分展示自己。最好采用游戏形式,让学生用自己的身势语表达,让大家猜其所想表达的意思或据学生的描述表演动作,看哪个能胜出。

【设计意图】此举激发了学生强烈的参与意识,调动起不同层次学生的积极性。这样多种感官协调动作,学生学到了除了语言交际以外的体态交际语言。在游戏的过程中,顺便教学了表示动作的单词。

Step III Reading

学生在学习身势语的同时,理解身势语的不同文化涵义并正确加以运用。在这个教学环节,主要完成以下5个任务:

（1）让学生解释文章的标题。

（2）谈论图片，根据标题和所给的图片预测文章的内容，对学生进行学习策略指导。

（3）学生阅读后完成表格。

（4）在了解细节的基础上，再次阅读（skimming），概括段落大意，而且要求使用不超过3个单词来概括，这既降低了难度又提高了学生的归纳能力。

（5）阅读课文，分小组讨论并回答问题。

① Is the author of this passage male or female? How do you know?

② What were the two mistakes that the author noticed?

③ "When in Rome, do as the Romans do." What does this famous saying mean?

④ Do you agree with the author's statement that body language is not good or bad? Why or why not?

【设计意图】阅读部分以机场接客人为场景，几个来自不同国家的学生由于文化背景的差异，初次见面时互相问候的方式迥然不同，而造成了一些小误会，形象地表明了身势语与文化背景的密切关系。

理解部分设计了三个练习：一是要求学生根据课文填写表格。表格的内容主要是课文中提到的不同国家、不同身份和性别的人在初次见面时互相问候的情景，特别是身势语的使用细节。二是要求学生阅读后概括文章大意，培养学生的归纳能力。三是要求学生回答4个问题，引导学生思考课文主题所隐含的跨文化交际问题。如要求学生运用细节推断作者的性别，对"入乡随俗"的认识等，引发学生对身势语的文化差异进行积极、深入地思考，如"身势语无优劣"的观点。

Step IV　Summary and homework

① 阅读课文，完成课后第3题。

② 小组活动：利用网络或图书查找一些国家的身势语和习俗，并用英语表达出来，下次课前进行汇报。

五、教学反思

本课介绍了一些不同文化背景下问候时的身势语，学生通过学习了解到在不同的文化下，问候的方式也有很大的差别，所有不同的文化都应该得到尊重。在教授的过程中，教师应该有意识地引发学生思考这样的跨文化行为和应注意的问题。

思考题

学习了本章中有关身势语的不同含义和表达方式，请对比中西方在日常行为上有哪些差别？我们在日常交流中应该注意哪些问题？

参考文献

[1] 毕继万，胡文仲. 跨文化非言语交际 [M]. 北京：外语教学与研究出版社，1999.

[2] 李杰群. 非言语交际概论 [M]. 北京：北京大学出版社，2002.

[3] 谢琳. 谈非言语交际中的文化差异 [J]. 外国语文，1998（1）：70-74.

第十一章 人际交往（三）

礼仪是人类为维系社会正常生活而要求人们共同遵守的最起码的道德规范。对一个人来说，礼仪是一个人的思想道德水平、文化修养、交际能力的外在表现；对一个社会来说，礼仪是一个国家社会文明秩序、道德风尚和生活习惯的反映。本章主要介绍中西方服饰礼仪与餐桌礼仪，并对此进行中学英语教学案例解读。

第一节 中西方服饰礼仪

服饰礼仪是现代礼仪中重要的一部分。服饰反映了一个人文化素质之高低，审美情趣之雅俗。具体说来，它既要自然得体，协调大方，又要遵守某种约定俗成的规范或原则。如今全球经济的一体化、文化的本土化和多元化是人类持续发展的共识。中西方服饰文化礼仪从古至今也在永不停歇地同化和异化。

一、中西方服饰的差异

中式和西式这两类服装不论是从造型、结构、材料、工艺还是穿着观念及穿用目的等方面，都是截然不同的。中式服装是平面型的服装，崇尚装饰，富有传统的民族特色。西式服装是立体型的服装，讲究穿着效应，善于显示优美的人体体态，有着浓郁的时代气息，是时代精神的反映。

中西服装文化，各有自己的历史渊源，受着各自的生活条件、生活方式、文化传统、地域环境和穿着观念等的影响，其中尤以文化传统和穿着观念的影响更为重要和直接。

二、中西方服饰的内涵

中国强调服饰的符号意义。在中国古代，服装是一种身份地位的象征，一种符号，它代表个人的政治地位和社会地位，使人们各守本分，不得僭越。因此，自古国君为政之道中，服装是很重要的一项，服装制度一旦形成，政治秩序的构建也就完成了一部分。所以，在中国文化传统中，服装是政治生活的一部分，其重要性远超出服装在现代社会的地位。

中国服饰有两大功能：一是区别身份地位。古代政府对天下臣民的着装，尤其天子、诸侯至百官，从祭服、朝服、公服至常服，都有详细规定。二是表示所处的场合。中国古代的服装，根据穿着场合，主要可分为礼服、朝服、常服三类，每类又可细分几种，原则是地位愈高的人，可以穿的种类愈多，可以用的颜色也愈多。

西方注重服饰的装饰意义。西方人在服装穿着上追求潮流，样式不断翻新，旧款式被高速淘汰。美国著名小说《飘》中提道，南北战争开始后，北方军队封锁了南方的重要港口，使得南方人与世隔绝，而靠封锁线做投机生意的男主人公白瑞德因为时常来往于欧洲和美国南部，在南方人缺衣少食的情况下，他的衣服却永远是最时髦的，当地的太太和小姐们经常会问他关于衣服款式和流行趋势的问题，他总能依据欧洲时下的流行给她们提出中肯的意见。他关于女人着装的描述甚至可以代替当时难得一见的时装杂志。西方人对服饰装饰意义的注重可见一斑。

三、中西方的服饰行为

中国讲究仪表的修饰。中国传统服饰文化没有或者很少突出对人体美的直接赞赏。在一些古典文学作品里更多的是人与服饰共同构成的美的形象："著我绣夹裙，事事四五通，足上蹑丝履，头上玳瑁光，腰若流纨素，耳著明月珰，指如削葱根，口如含朱丹，纤纤作细步，精妙世无双。"（《古诗为焦仲卿妻作》）；还有"三月三日天气新，长安水边多丽人。态浓意远淑且真，肌理细腻骨肉匀。绣罗衣裳照暮春，蹙金孔雀银麒麟。头上何所有？翠微䕺叶垂鬓唇。背后何所见？珠压腰衱稳称身。"（《丽人行》）

西方崇尚显露人体的美。以人体美为基础的服饰文化形态在西方几乎一直占据着主导的位置。只要研究一下西方不同时代的服装款式，就会发现它们大都非常强调对人体的肩、胸、腰、臂、臀、腿等部位的表现。特别是女性服饰，突出人体曲线的倾向更加明显。当代的牛仔裤、超短裙等均属于这种服饰文化形态。西方人的服装行为注重自我表演，所以较开放，多变革。

中国人的服装行为注重自我调节，所以较保守，少变化。在中国几千年来的历史进程中，在相对稳定、自闭保守的状态下，儒和道的学说信仰互助互补地融合，汇成了古代哲学思想的主流。儒家以"德""礼"来规范服饰。儒教力求社会的伦理规范和个性的心理欲求交融统一在服饰上加以表现。儒家美学从社会整体的审美角度出发，要求人们着装造型的外在形式美和内在品质的气韵美相一致，体现了强化理想人格和提升道德修养的服装造型观念，把表里如一、内外兼顾的个性美融入整齐统一、秩序分明的社会风尚之中。道教认为纯自然状态是人类最理想的状态。服饰也应顺应自然，趋向自然，展现自然的人格精神，在尽量与自然贴近相融的过程中，渐渐达到无我境地。人与衣，人与自然，衣与自然三者之间的关系是和谐的，互不冲突的。衣不可束缚或加害身体，人亦不可破坏自然规律。在服饰上追求自然地遮盖人体，不以自我张扬炫耀为目的，不大肆表现个体。服装的宽松离体使身心自由，无拘无束，穿着时油然而生一种休闲惬意、轻松自在的舒适感，体现了融己于自然的脱俗境界。由于儒道在中国思想史上长期占统治地位，尽管中国历史上历代王朝起起落落、变更宕荡，但服饰一直较为保守，变化不多。

四、中西方服饰的审美

中国人对服装重意象气韵之美。中国服饰美学观念在造型上表现为意象的结构，充分调动艺术造型以追求一种超越形体的精神空间。这种平面的直线与曲线的裁剪方法使衣服适体又不完全合体，不裸露张扬也不尽力束缚，在遮体的同时含蓄地显现出流畅婉约、温情流动的人体曲线美。我国传统的服装造型是借"虚与实""明与暗"的节奏来表达的。中国人在服装造型上不追求明确的立体几何形态，不追求夸张人体的效果。中式的宽松衣服摆放或悬挂时像画卷和布料一样平整，一目了然，尽收眼底，展现了二维平面的大方气度和坦荡胸怀。穿在身上时，起伏连绵的衣褶和曲直缠绕的襟裾，营造了有远有近、有虚有实、活泼生动的三维立体效果。

西方人对服装重立体造型之美。西方在塑型美学观念影响下，喜欢竭力表现人体的立体裁剪效果。衣服无论挂在衣橱里还是穿在身上，都没有太明显的变化，始终保持着相对静止的立体几何空间效果。西方的服装空间意识是在中世纪以后形成的，反映了西方人对空间的探求心理，有着明显的"自我扩张"的心理动机，渴望占据更多的空间，于是增大服装造型的体积，将服装视为扩大自我肉体的一种工具。这种夸张的服装造型使人与自然整体之间，人与人之间保持着一定的距离，反映了西方人的宇宙观，也反映了人与自然万物、心灵与环境、主观与客观的对立性。

如今全球经济一体化，为适应现代日益发展的涉外活动的要求，中国人在服饰穿着上也逐渐与国际接轨。在中国，目前人们穿着的服装主要有中式与西式两种类型。在工作环境中，穿西式的套装、套裙或专门的制服，穿制式皮鞋已经成为一种规矩。而在一般的大型社交活动如宴会、舞会、音乐会、社交聚会中，由于社交场合强调时尚个性，比较得体的穿着一般是时装、礼服。

虽然中国服饰装束日益西化，但具有中国特色的传统服饰并没有退居幕后，甚至得到西方人的广泛喜爱，在西方盛行。近十几年来，中国传统旗袍在国际时装舞台上频频亮相，风姿绰约有胜当年，并被视为一种有民族代表意义的正式礼服出现在各种国际社交礼仪场合。旗袍，是一种内与外和谐统一的典型民族服装，被誉为中华服饰文化的代表。它以其流动的旋律、潇洒的画意与浓郁的诗情，表现出中华女性贤淑、典雅、温柔、清丽的性情与气质。

第二节 中西方餐桌礼仪

饮食文化、餐具、进餐方式以及一系列的餐桌礼仪等反映了不同民族的社会生活样式和文化取向。现代社会文化礼仪无处不在，用餐不单是满足基本生理需要，更是很重要的社交活动。中西方在餐桌礼仪方面的要求有许多差别，了解两者的不同能够防止失礼于人。

一、中国的餐桌礼仪

餐饮礼仪文化可谓源远流长。据文献记载可知，最早在周代，饮食礼仪已形成一套相当完善的制度，特别是在曾经任鲁国祭酒的孔子的推崇下而成为历朝历代表现大国之貌、礼仪之邦、文明之所的重要方面。餐桌礼仪在中国人的生活秩序中占有非常重要的地位。中国人一般认为，用餐不单是满足基本生理需要，也是头等重要的社交经验。为此，掌握一定的中式餐饮规则与知识便显得特别重要。

1. 餐桌摆设

日常饭食的摆设包括一个饭碗、一双筷子、一只汤匙、一碟调味酱。用饭后主人通常会给客人一条热毛巾，代替纸巾擦拭手与嘴。用餐时，所有菜肴同时端上餐桌中央，各人用自己的筷子直接从各碟共享的菜肴中夹取食物。汤水用一个大锅端上桌，各人同饮一锅汤。客人用饭时可以来一招"飞象过河"，夹取放在远处的菜肴。由于中国人喜欢全体共享菜肴，所以餐桌大多数是圆形或方形，而不是西方人常用的长形餐桌。

2. 入　座

无论你是主人，抑或只是一位客人，都必须掌握一些入座规则。圆形餐桌颇受中国人欢迎，因为可以坐更多的人，而且大家可以面对面坐。客人应该等候主人邀请才可坐下。主人必须注意，不可叫客人坐在靠近上菜的座位，此为一大忌。客人和主人必须等到所有人到齐才可以开始进餐——即使有人迟到也要等。一旦大家就位，主人便可以做开场白了，主要是说明本次活动的目的、事由等。进餐期间，主人必须承担一个主动积极的角色——敦促客人尽情吃喝，并适时活跃餐桌气氛。

3. 餐具的使用

一张典型的中式餐桌看上去相当空，在西方人眼中尤甚。每个座位前仅可以见到一只碗，右面是一双筷子与一个汤匙。不可以用盘子吃饭，只能用碗。骨头和壳类放在盘中。不干净的盘子必须经常用清洁盘子替换。除了汤之外，席上一切食物都用筷子。筷子是进餐的主要工具，因此千万不可玩弄筷子——把它们当鼓槌是非常失礼的做法，更不可以用筷子向人指指点点或打手势示意。此外，绝对不可吸吮筷子或把筷子插在米饭中，这是大忌——这正好像葬礼上的香烛，被认为是不吉利的。再有，不可以用筷子在一碟菜里不停翻动，应该先用眼睛看准想取的食物。可能的话，用公共的筷子和汤匙取菜。吃完饭或取完食物后，将筷子放回筷子座。

4. 菜　肴

中式菜肴大多数不会只有一种材料，通常有其他伴菜或配料衬托主菜，以做出色香味俱全的菜肴，例如烹煮猪肉，会以爽脆的绿色蔬菜做伴菜，如芹菜或青椒，衬托粉红色、柔软的猪肉。一顿餐一般不会只有一款菜肴，通常同时有两款、甚至四款菜肴，且每款菜肴都要色香味俱全，上菜次序则以菜肴的搭配为原则，通常同类的菜肴会同时端上，不会前后分别端上，总之整顿饭都要讲求搭配的协调。

5. 饮　茶

一席中式餐饮如果没有茶便称不上正式了。为此，尽可能贮存不同品种的茶是明智的做法。有关茶的问题，应该注意几个关键的因素。距离茶壶最近的人应该负责为其他人和自己斟茶——斟茶的次序按照年岁，由最年长者至最年青者，最后为自己斟。当别人为你斟茶时，礼节上应该用手指轻敲桌子，这样做是对斟茶者表示感谢和敬意。

6. 饮　酒

中国人很少在日常用饭时喝酒，但酒在他们的盛宴上则担当重要的角色。中国俗话说，"无酒不成席"。在宴会开始时，主人必须先向客人祝酒，这时客人的饮酒兴致便油然而生，啤酒或汽水都可用来祝酒，要先为别人添酒或汽水，后为自己添加，才合乎礼仪，且要添至近乎满泻为止，以表示尊重对方及彼此友谊的深厚。若你不想饮酒，应在宴会开始时便表明，以免出现尴尬的场面。如今，在新的形势下，中国人已逐渐改变以往一些传统做法，向世界接轨，招待客人时，尽量尊重客人意愿，不再强行劝酒。这也是文明健康聚会用餐应该提倡的做法。

二、西方餐桌礼仪

不同的社会历史，不同的民族文化和不同的地域特征，造就中西方迥异的饮食文化。中西方饮食文化在就座形式、用餐工具、餐饮对象等方面存在着明显的差异，并且中西方餐饮礼仪也存在着明显的区别。通过对比中西方饮食方式以及中西方餐桌礼仪的差异，有助于了解中西方文化传统，也有利于促进各民族语言、人文文化的发展。

1. 入　座

如果是以主人的身份举办宴会，则男女主人应该分别坐在长餐桌的中间，面对面而坐。主人要逐一邀请所有宾客入座。而关于邀请入座的顺序方面，第一位安排入座的应该是女性贵宾，位置在男主人的右手边，男贵宾则坐在女主人的右手边。如果没有特别的主客之分，除非有长辈在场，必须礼让他们，否则女士们可以大方地先行入座，一个有礼貌的绅士也应该等女士坐定之后，再行入座。

西式宴会的核心在于交谊，通过与邻座客人之间的交谈，达到交谊的目的。与中国饮食方式差异更为明显的是西方流行自助餐，大家各取所需，不必固定在位子上吃，走动自由，这种方式便于个人之间的情感交流，也表现了西方人对个性、对自我的尊重。

2. 餐具使用

必须等大家都坐定之后，才可开始使用餐巾。餐巾摊开后，应该摊平放在大腿上，千万不要放进领口。另外，餐巾的主要功能是防止食物弄脏衣服以及擦掉嘴唇与手的油渍，切忌在忘记带面纸的情况下，拿餐巾来擦鼻子，因为这样既不典雅也不卫生。有些人或许会担心食具的卫生问题，因而用餐巾来擦拭食具，其实这是很不礼貌的举动，会造成餐厅或主人的难堪。用餐完毕之后，应该将餐巾折好，置放在餐桌上再离开。在西餐的刀叉使用顺序方面，原则是由外向内。要先使用摆在餐盘最外侧的食具，每吃一道菜，就用一副刀叉。食用完毕之后，刀叉并排放在盘子中央，服务生会主动来将盘子收走。食具除了用来切割食物之外，也被用来移动食物，在正式场合下转动盘子是很不礼貌的行为。

3. 餐桌气氛

餐桌气氛上的差异总的来说是西方好静东方人好动。西方人平日好动，但一坐到餐桌上便专心致志地安静吃饭。中国人平日好静，一坐上餐桌，便滔滔不绝，相互让菜，劝酒。中国人餐桌上的闹与西方餐桌上的静反映出了中西饮食文化上的根本差异。

4. 餐桌礼仪

欧洲的餐桌礼仪由骑士精神演变而来。在12世纪，意大利文化流入法国，餐桌礼仪和菜单用语均变得更为优雅精致，教导礼仪的著作亦纷纷面世。时至今日，餐桌礼仪还在欧洲国家继续传留下去。若前往朋友家做客，须穿上得体的衣服，送上合宜的礼物，处处表现出优雅的言谈举止。在餐馆用餐的穿着可以随便一些，即使是T恤、牛仔裤都可以，只有在重要的宴会上才需要穿得隆重一些。赴宴时穿着得体是欧美人的常识。去高档的餐厅，男士要穿着整洁的上衣和皮鞋；女士要穿套装和有跟的鞋子。如果指定穿正式服装的话，男士必须打领带，不可以穿休闲服到餐馆里用餐（即使再昂贵的也不能）。坐定之后要维持端正坐姿，但也不必僵硬到像个木头人，并且注意与餐桌保持适当的距离。中途需要离席时，跟同桌的人招呼一声是绝对必要的，而男士也应该起身表示礼貌，如离开的是隔座的长辈或女士，还必须帮忙拖拉座位。用餐完毕之后，必须等男女主人离席后，其他的人才能开始离座。

5. 食用礼仪

（1）肉类：切牛排时应由外侧向内切，切一块吃一块，不要为了贪图方便而一次将其切成碎块，这不但是缺乏气质的表现，而且会让鲜美的肉汁流失。割肉块时大小要适中，不要切得太大，以至于有嘴巴合不起来的危险。咀嚼食物时，务必将嘴巴合起来，避免发出声音，而且口中食物未吞下之前，不要再送新食物入口。

（2）贝类海鲜：贝类海鲜应该以左手持壳，右手持叉，将其肉挑出来吃。吃鱼片时，可用右手持叉进食，避免使用刀具，因为细嫩的鱼肉很容易就会被切碎而变得难以收拾。遇到一整条鱼的时候，先吃鱼的上层，再用刀叉剔除鱼骨，切忌翻身。吃龙虾时，可用手指去掉虾壳后食用。

（3）水果：水分多的水果应该用小汤匙取食。桃类及瓜类，餐厅会先削皮切片，应该用小叉子取食。草莓类则多放于小碟中，用勺或叉取食均可。另外，在吃水果的时候，餐厅通常会提供洗手盆，里面会放置花瓣或柠檬，以供洗手之用。

（4）甜点：一般蛋糕及饼类，用小叉子分割取食，较硬的用刀切割后，同样用小叉子分割取食，至于冰淇淋或布丁等，就可用小汤匙取食。如果遇到小块的硬饼干，可以直接取用。

6. 饮用礼仪

（1）汤：喝汤时要用汤匙，而不是将整个碗端起来喝，用汤匙喝汤时，汤匙应该由自己这边向外舀，切忌任意搅和热汤或用嘴吹凉。喝汤时避免出声是最起码的礼貌，当汤快要喝完时，可将汤盘用左手拇指和食指托起，向外倾斜以便取汤。喝完汤之后，汤匙应该放在汤盘或汤杯的碟子上。

（2）咖啡和茶：喝咖啡或茶时，餐厅一定会附上一支小汤匙，它的用途在于搅散糖和奶精，所以尽量不要拿糖罐及奶精罐中的汤匙来搅拌自己的饮料，也不要用匙舀起咖啡来尝甜度。喝咖啡或茶时，应该用食指和拇指拈住杯把端起来喝，至于碟子就不必端起来了。喝完之后，小汤匙要放在碟子上。

（3）酒：喝酒时可以欣赏酒的色彩，闻一下酒香再慢慢品味。不要为显示自己的海量，举起酒杯看也不看，便一饮而尽，也不必矫揉造作地在举杯时翘起小手指，以显示自己的优雅举止。不宜一边饮酒，一边吸烟。当今许多西方人，尤其是美国人不喜欢吸烟或喝酒，许多人也不喜欢别人在他们的住处吸烟喝酒。而在当今的中国，许多人既吸烟又喝酒，有一种社会怪现象似乎是"不吸烟不喝酒"就无以社交。所以在中国的餐桌上依旧存在吞云吐雾、烂醉如泥的陋习。

中西方饮食方式、餐桌礼仪的差异，不仅反映出各地迥异的文化传统，还折射出不同的民族心理、价值观与道德标准、社会关系、社会礼仪和社会风俗等方面的差异，即西方文化主张个人荣誉、自我中心、创新精神和个性自由；中国文化主张谦虚谨慎、无私奉献、中庸之道和团结协作。西方人平等意识较强、家庭结构简单；中国人等级观念较强，家庭结构较复杂，传统的幸福家庭多为四代同堂等。研究不同文化之间的差异有利于文化交流，以便"取其精华、去其糟粕"，从而有利于促进各民族语言、人文文化的繁荣发展。

第三节　教学案例及解读

礼仪是人与人之间交流的规则，是一种语言，也是一种工具。由于形成礼仪的重要根源——宗教信仰的不同，使得世界上信仰不同宗教的人们遵守着各不相同的礼仪。中国的礼仪，始于夏商周，盛于唐宋，经过不断的发展变化，逐渐形成体系。西方社会经过中世纪的黑暗，最终迎来了文艺复兴，并孕育了资本主义和现代文明，产生了现代科技和文化，与之伴生的是礼仪的发展变化。中西方有着截然不同的礼仪文化。随着我国改革开放的步伐日益加快，跨国交际日益增多，中西方礼仪文化的差异更是越发显露。因此，中学英语教材就向学生们介绍了中西方餐桌礼仪方面的知识。

一、教学内容

本课选自人教版九年级英语上册 Unit 12 You are supposed to shake hands 的 Section B Talking about the table manners。本节课话题为讨论不同国家的餐桌礼仪，学生通过本课学习与餐桌礼仪相关的背景知识和词汇，对比其他国家与中国餐桌礼仪的差异。本课的目的是通过学习，让学生了解各国餐桌礼仪文化差异。通过比较分析，让学生学会尊重不同的风俗习惯，学会在不同的场合礼貌待人，文明交际。

二、教学目标

（1）了解餐桌礼仪方面的词汇及表达方法。

（2）了解西方餐桌礼仪并对比中西方餐桌礼仪的差异，增加跨文化交际能力。

三、教学重难点

（1）学习中西方餐桌礼仪，提高跨文化意识。

（2）掌握相关词汇并谈论正确的餐桌礼仪。

四、教学方法与过程

Step I Lead-in

① Introduce myself to students.

② Show a short video about table manners in western countries, let students know about the background knowledge and motivate their interest in this topic.

【设计意图】通过自我介绍消除师生之间的陌生感和紧张感。通过播放一个小短片让学生对西方的餐桌礼仪有个初步的认识，然后过渡到本节课要讲的餐桌礼仪，并为新课的学习做好准备。

Step II Words and expressions

empty, basic, exchange, go out of one's way, make…feel at home, teenage, granddaughter, behave, except, gradually, get used to

You're supposed to…

You're not supposed to…

It's impolite to…

You shouldn't…

【设计意图】快速回忆并自学与餐桌礼仪相关的单词，解决预习中出现的读音问题和弄清生单词的意义和使用，为学生后面环节的表达扫除障碍。

Step III Reading Section B 3a

① Tell a story about my friend Wang Kun.

② Take out the paper, read 3a's Section B quickly and finish the True or False questions.

a. In India, you're supposed to eat with your hands.

b. In China, you're not supposed to stick your chopsticks into the food.

c. In Korea, the youngest person is expected to start eating first.

d. In France, you're supposed to put your bread on the table.

e. In China, it's impolite to use your chopsticks to hit an empty bowl.

③ Check the answers and read it together.

【设计意图】锻炼学生快速搜索信息的能力，跳读找出相关信息判断正误，帮助学生了解中西方餐桌礼仪的知识和中西方文化中就餐习惯等差异，为下一步餐桌礼仪表演奠定基础。

Step IV Act out

Situation 1：Ask four students to act the table manners out in France.

a. Put your hands in your lap.

b. Keep your hands and elbows on the table.

c. Eat an apple.

d. Eat the bread.

Situation 2：Ask four students to act the table manners out in China.

a. You're not supposed to start eating first if there are older people at the table.

b. You shouldn't point at any one with your chopsticks.

c. It's impolite to stick your chopsticks into your food.

d. It's impolite to use your chopsticks to hit an empty bowl.

e. You are not supposed to talk when you're eating dinner.

f. It's not necessary to order too many dishes.

g. It's impolite to make a big noise when you are eating soup.

h. You're not supposed to put your clothes into a bowl or plate when picking up your food with chopsticks.

【设计意图】有意识地将本课餐桌礼仪的内容与学生已有的认知经验有机地结合起来，训练学生的语言运用能力和语言表达能力。通过本课学习的各国不同的餐桌礼仪知识，让学生分组表演不同国家的餐桌礼仪，在表演中体验文化差异，增强跨文化意识，提高跨文化交际的能力。

Step V Summary and homework（略）

五、教学反思

本节为Unit12 Section B部分第一课时，为一节听说课。以谈论世界各地餐桌礼仪为主题，贴合学生日常生活，且能帮助学生们了解更多外国文化。

思考题

学习了本章中各个国家不同的餐桌礼仪，请对比他们与中国餐桌礼仪文化的差异。我们在日常交流中应该注意哪些问题？

参考文献

[1] 范冰. 西方社会礼仪与文化 [M]. 杭州：浙江大学出版社，2002.

[2] 欧玲. 西方礼仪文化 [M]. 重庆：重庆大学出版社，2008.

[3] 孙爱珍. 中西方礼仪文化的差异 [J]. 太原师范学院学报，2002（4）：63－80.

第十二章　谚语及典故

英语教学中出现的谚语和典故，不仅可以使学生丰富知识，拓宽视野，了解各国的历史、文化和风土人情，还可以让学生通过形象思维加深记忆。

在某种程度上，学习中外的谚语和典故能够帮助我们更好地了解各民族语言中的文化底蕴，从而更好地理解不同民族的历史文化和风俗习惯。本章将对中外谚语与典故进行系统介绍。

第一节　中外谚语及典故

一、中外谚语

谚语是对各种生活现象进行综合概括并在群众中广泛流传运用的固定语句，大多是劳动人民对长期生活经验的科学总结。不同文化土壤中滋生出来的谚语都打上了各自不同的文化烙印。作为民族文化的一面镜子，谚语折射出各个民族的天赋、智慧和精神，也反映了各个民族丰富多彩的文化现象。

1. 反映宗教思想的谚语

基督教是英美国家的主要宗教信仰，由此产生了许多独具宗教特色的文化。谚语"Christmas comes but one year（圣诞节一年才过一次，或佳节难逢）"已成为人们耳熟能详的一句话。谚语"Every man must bear his own cross（人人都得背自己的十字架）"中，cross一词指的是耶稣殉难时所背的十字架，谚语借此喻指生活中人人都会面对的苦难。又如："The cross on his breast and the devil in his clothes（十字挂胸前，鬼魅藏心间）。"此外，英语谚语常用"God"来指代"人类的主宰"。例如，"God does nothing in vain（造物主无所不能）""God helps those who help themselves（上帝帮助自助的人）""God provides for him that trusts（上帝庇佑信奉者）""Man propose, God disposes（谋事在人，成事在天）""God is where He was（上帝无所不在）"。

英语谚语有不少是来源于《圣经》中的说法或教义。例如，谚语"Every heart has its own ache（各人有各人的苦衷）""You cannot serve God and Mammon（不能既侍奉上帝又侍奉财神）""The sins of the fathers are visited upon the children（父辈的罪孽会殃及子孙）"。

与基督教不同，佛教传入中国已有一千多年的历史，人们相信佛祖在左右着人世间的一切，因此汉语中有许多含"佛"的谚语，例如"借花献佛""无事不登三宝殿""不看僧面看佛面""善恶到头终有报，只争来早与来迟""善必寿长，恶必早亡""佛要金装，人要衣装"

"放下屠刀，立地成佛""平日不烧香，临时抱佛脚""人争一口气，佛争一柱香"等。

汉语谚语很大程度上也受到儒教和道教的影响。儒家思想在汉语谚语体系中留下了宝贵的财富，如："受人滴水之恩，应以涌泉相报""严于律己，宽以待人""大难不死，必有后福""恭敬不如从命""不孝有三，无后为大"等。道教作为中国土生土长的宗教，也有自己的观念，汉语反映道教思想的谚语有"一人得道，鸡犬升天""八仙过海，各显神通""福兮祸所伏，祸兮福所倚""物极必反，否极泰来""乐极生悲，昏极则乱"等。

2. 反映价值观念的谚语

西方国家提倡以自我为核心，十分重视个人利益与隐私。谚语 "An Englishman's home is his castle（英国人的家是独立王国）"即为一例，还有 "Self comes first（自我第一）""Look after number one（照顾自己）""Self-preservation is the first law of nature（自我保护是自然的第一法则）""Put the heads of states in a field and let them fight it out（把国家首领投入战场，让他们去打）"等。

与西方人推崇的个人主义不同，中国人比较崇尚集体主义价值观。集体主义体现在人们比较强调彼此之间的情义和义务。谚语"一日为师，终身为父"是中国传统师生关系的体现；"谁言寸草心，报得三春晖"体现了报答母亲养育之恩的拳拳之心；"士为知己者死"体现了朋友之间的惺惺相惜与肝胆义气。集体主义也体现在个人与集体之间的关系，主张"个人服从集体，小家服从国家"，因此有了诸如"先天下之忧而忧，后天下之乐而乐"等体现崇高的集体主义思想的谚语。

3. 反映历史文化的谚语

中西谚语中，有些词语或说法与其历史文化息息相关。因此，了解其历史背景对于正确把握谚语的意义十分重要。英语谚语 "Talk of the devil, and he is sure to appear" 或 "Peak of angels and you will hear their wings" 意思接近于汉语谚语"说曹操曹操就到"，前者带有浓厚的西方宗教色彩，后者则与历史人物有关。"Love is blind（爱情是盲目的）"意思是谈恋爱的人往往看不到对方的缺点。谚语源自古希腊罗马神话中的爱神丘比特，他是个长着翅膀的裸体男孩。他被蒙住了眼睛，手持弓箭在空中翱翔，盲目地发射"爱情之箭"。凡中他金箭的人就可得到爱情，而中铅箭者会失去爱情。他不关心，也不知道究竟谁被他的金箭射中，但人们都期望被他的箭射中，民间便有"被丘比特爱情之箭射中"的说法。其对应的汉语谚语为"情人眼里出西施"，这带有明显的中国历史文化的痕迹。

英语和汉语虽有相似的谚语，但有的来源于生活，有的源于独特的历史文化背景，不可直接对号入座。例如 "Don't be a dog in the manger" 类似于汉语谚语"别占着茅坑不拉屎"，前者来源于《伊索寓言》故事，后者来源于实际生活。再如，英语谚语 "Two heads are better than one" 类似于汉语谚语"三个臭皮匠，顶个诸葛亮"，前者是从实际生活出发，后者却来源于历史传说。

4. 反映不同审美习惯的谚语

不同民族受其民族个性的影响，就形成了不同的审美习惯与审美情绪。在中西谚语中，动物常常被用来喻指各种不同类型的人，但不同国家的人对一些动物的感情色彩和认识却不尽相同，有的甚至截然相反。特别值得一提的是"dog"一词。在英美国家，人们喜欢养狗，因此常以"dog"来自称或互称,却不含卑劣之意。狗在英美国家还有着"人之良友"(Man's best friend)的美称,故英语中有诸如"Every dog has its day(人人都有得意日)""Barking dog seldom bite(嘴硬者手软)""Dog does not eat dog(同类不相残)""You are a lucky dog(你是个幸运儿)"等说法,其中大部分不含贬义。而在中国,"狗"往往使人联想到令人厌恶的东西,如"狗娘养的""狗东西""狗改不了吃屎"等,人们对狗好像没有什么好感。英语谚语"Love me, love my dog"与汉语谚语"爱屋及乌",英语谚语"Better be the head of a dog than the tail of a lion"与汉语谚语"宁为鸡头,不为凤尾"等等,其喻体的选择差异在一定程度上反映了中西民族不同的审美习惯。

二、中外典故

1. 汉语典故

汉语典故的来源大致有三种。第一,源于民间故事、传说、民间习俗、神话、历史上的著名事件,或是某个地名等。第二,源于一些历史书或文学作品中的故事和人物。第三,源于《佛经》《圣经》等宗教书上的故事、人物等。

(1)"愚公移山"的典故(Yu Gong moves a mountain)。

人教版英语教材八年级下册 Unit 6 An old man tried to move the mountains 介绍了"愚公移山"这一典故。

"愚公移山"的典故出自《列子·汤问》,作者是春秋战国的列御寇。

传说古时候有两座大山,一座叫太行山,一座叫王屋山。北山里住着一位名叫愚公的老人,他快90岁了。他每次出门都被这两座大山阻隔,要绕很大的圈子才能到南方去。他准备借助全家人的力量,把太行、王屋两座大山移走。于是愚公带着儿孙们开始挖山。

有个名叫智叟的老人得知这件事后,特地来劝愚公说:"你这样做太不明智了,凭你这有限的精力,又怎能把这两座山挖平呢?"愚公回答说:"即使我死了,还有我的儿子在这里。儿子死了,还有孙子,孙子又生孩子,孩子又生儿子。子子孙孙是没有穷尽的,而山却不会再增高,怎么会挖不平呢?"

当时山神见愚公他们挖山不止,便向玉皇大帝报告了这件事。玉皇大帝被愚公的精神感动,便派了两个大力神下凡,把两座山背走。从此,那里便不再有高山阻隔了。

"愚公移山"的故事告诉我们:认定一个目标是完成一个事业的起点。人只要有诚心、决心和信心,向着目标矢志不渝、不畏艰难地努力工作,定能达到目标。

(2)"后羿射日"的典故(Hou Yi shoots the suns)。

人教版英语教材八年级下册 Unit 6 An old man tried to move the mountains 涉及"后羿射日"这一典故。

"后羿射日"的典故出自《淮南子·本经训》,作者是西汉的刘安。

尧在世的时候,天上十个太阳同时出来,烧焦了庄稼,使花草树木干涸而死,百姓没有可吃的东西了。猰㺄、凿齿、九婴、大风、封豨、修蛇这些妖兽都来危害百姓。尧于是派遣后羿去为人民除害，后羿先是在畴华的郊外杀死了凿齿，然后在凶水上杀死了九婴，在青邱的沼泽地里杀死了大风，继而又杀死了地上的猰貐，在洞里斩杀了修蛇，最后在桑林擒获了封豨。天下百姓都很高兴，推举尧成为领导人。

"后羿射日"的故事告诉我们：人要敢于与不合理、不符合自然规律的东西进行斗争，要坚信人定胜天。人要胸怀天下苍生，以天下事为己任，有一颗博爱之心，耐苦耐劳，不达目标永不放弃。

（3）"女娲补天"的典故（Nv Wa repairs the sky）。

人教版英语教材八年级下册 Unit 6 An old man tried to move the mountains 涉及了"女娲补天"这一典故。

"女娲补天"的典故出自《淮南子·览冥训》，作者是西汉的刘安。

上古的时候，大地四方尽头极远的地方崩塌，天不能把大地全都覆盖，地不能把万物完全承载，火势宽广猛烈而不熄灭，洪水浩渺无边而不消退，猛兽吞食善良的人民，凶猛的鸟用爪抓取老弱。于是女娲熔炼五色石以补青天，折断鳌的四肢来把擎天的四根柱子支立起来，杀黑龙来拯救冀州，累积芦苇的灰烬以抵御洪水。苍天得以修补，四柱得以直立，洪水干枯，冀州太平，强壮凶猛的鸟兽死去，善良的百姓生存下来。

"女娲补天"的故事告诉我们：人要有积极追求科学真理的进取精神，要有持之以恒、坚持不懈、不畏艰难的品质，要有征服大自然的信心和勇气。

（4）"嫦娥奔月"的典故（Chang'e flight to the moon）。

人教版英语教材九年级 Unit 2 I think that mooncakes are delicious! 中 Section A 的 3a～3c 部分介绍了"嫦娥奔月"这一典故。

"嫦娥奔月"的典故出自《淮南子·览冥训》，作者是西汉的刘安。

相传，后羿因为射下九个太阳而受到百姓的尊敬和爱戴，后来娶了个美丽善良的名叫嫦娥的女子为妻。后羿除传艺狩猎外，终日和妻子在一起，人们都羡慕这对郎才女貌的恩爱夫妻。不少志士慕名前来投师学艺，心术不正的蓬蒙也混了进来。

一天，后羿到昆仑山访友求道，巧遇由此经过的王母娘娘，王母给了他一颗不死药。据说，服下此药，能即刻升天成仙。然而，后羿舍不得撇下妻子，便暂时把不死药交给嫦娥珍藏。嫦娥将药藏进梳妆台的百宝匣里，不料被小人蓬蒙看见了，他想偷吃不死药自己成仙。

三天后，后羿率众徒外出狩猎，心怀鬼胎的蓬蒙假装生病,留了下来。待后羿率众人走后不久,蓬蒙手持宝剑闯入内宅后院,威逼嫦娥交出不死药。嫦娥知道自己不是蓬蒙的对手,危急之时她当机立断,转身打开百宝匣,拿出不死药一口吞了下去。嫦娥吞下药后身子立即飘离地面、冲出窗口,向天上飞去。由于嫦娥牵挂着丈夫,便飞落到离人间最近的月亮上成了仙。

(5)"神农尝茶"的典故(Shen Nong tastes the tea)。

人教版英语教材九年级 Unit 6 When was it invented? 中 Section A 的 3a~3c 部分介绍了"神农尝茶"这一典故。

"神农尝茶"的典故出自《神农本草经》,作者不详,约成书于秦汉时期。

神农氏是我国原始社会时期的一位勤劳、勇敢、睿智的部落首领。当时神农氏给人治病,不但需要亲自爬山越岭采集草药,而且还要对这些草药进行熬煎试服,以亲身体会鉴别草药的性能。有一天,神农氏采来了一大包草药,在大树底下架起铁锅,放入溪水,生火煮水。当水烧开时,神农打开锅盖,忽见几片树叶飘落在锅中,当即闻到一股清香从锅中散发出来,他用碗舀了点汁水喝,只觉味带苦涩,清香扑鼻,喝后回味香醇甘甜,而且嘴不渴了,人不累了,头脑也更清醒了,不觉大喜。

一天,神农终于在不远的山间发现了几棵野生大茶树,其叶子和落入锅中的叶片一模一样,便将其熬煮成黄绿汁水,饮之其味也同,神农大喜,遂定名为"茶",并取其叶熬煎试服,发现确有解渴生津、提神醒脑、利尿解毒等作用。

"神农尝茶"的典故告诉我们:人要有开拓创新、奋发图强的精神。生活在社会群体中,我们要关注大众,为社会奉献自己的力量,必要的时候能公而忘私,舍弃自己的利益。

2. 英语典故

在生活、学习中经常会遇到一些国外的典故,如果对国外的历史、文化、神话故事不了解的话,就可能看不懂典故的意思,下面为大家介绍一些常见的英语洋典故。

(1)"普罗米修斯盗火"的典故(Prometheus stealing fire)。

"普罗米修斯盗火"的典故源于古希腊神话传说(legends and myths of ancient Greece),后被收录在《希腊神话传说》一书中。

在古希腊神话中,人类是普罗米修斯创造的。他也充当了人类的老师,凡是对人有用的,能够使人类满意和幸福的,他都教给人类。同样的,人们也用爱和忠诚来感谢他,报答他。但最高的天神宙斯(Zeus)却要求人类敬奉他,让人类必须拿出最好的东西献给他。普罗米修斯作为人类的辩护师触犯了宙斯。

作为对普罗米修斯的惩罚,宙斯拒绝给予人类为了完成人类文明所需要的最后的物品——火。但普罗米修斯却想到了个办法，他用一根长长的茴香枝，在烈焰熊熊的太阳车经过时，偷到了火种并带给了人类。于是，宙斯勃然大怒，他差人将普罗米修斯带到高加索山，用一条永远也挣不断的铁链把他缚在一个陡峭的悬崖上，让他永远不能入睡，疲惫的双膝也不能弯曲，还在他起伏的胸脯上钉着一颗金刚石的钉子。他忍受着饥饿、风吹和日晒。此外，宙斯还派一只神鹰每天去啄食普罗米修斯的肝脏，但他被吃掉的肝脏随即又会长出来。就这样，日复一日，年复一年，直至一位名叫赫剌克勒斯的英雄将他解救出来为止，他一直忍受着这难以描述的痛苦和折磨。

后来，普罗米修斯也就成为"机智勇敢、富有同情心、不屈不挠，为大我而宁愿牺牲小我精神"的代名词。

（2）"潘多拉魔盒"的典故（Pandora's box）。

"潘多拉魔盒"的典故源于古希腊神话传说，后被收录在《希腊神话传说》一书中。

宙斯为了惩罚普罗米修斯盗取火种，想出了一个恶毒的危害全人类的办法。他命令以巧工艺妙著称的火神赫淮斯托斯（Hephaestus）造了一个美丽的少女，神使赫耳墨斯（Hermes）把能够迷惑人心的语言技能馈赠给了这妩媚的姑娘，爱情女神则赋予了她无限的魅力。她就是潘多拉（Pandora），是"被赐予一切的女人"。

宙斯给了潘多拉一个盒子，里面是每一位天神送的对人类有害的礼物。后来，潘多拉来到人间，捧着那个盒子去找普罗米修斯的弟弟——愚笨的后觉者厄庇墨透斯（Epimetheus），将盒子送给他。厄庇墨透斯被潘多拉那美丽的容貌和动听的语言迷惑住了，便毫无戒备地接过了盒子。这时，潘多拉打开了盒子，藏在里面的一大群灾害立刻飞了出来，它们无声无息，无踪无形，一眨眼工夫就布满了整个大地。好在盒子底部还留着唯一一个美好的东西，那就是希望。可希望还没有来得及飞出来，潘多拉就按照宙斯的命令关上了盒盖。从此，各种疾病和灾难就悄然而至。

因此，"潘多拉的盒子"就成为了疾病和各种灾难的代名词。

（3）"金苹果"的典故（an apple of discord）。

"金苹果"的典故源于古希腊神话传说，后被收录在《希腊神话传说》一书中。

忒萨利亚国王珀琉斯（Peleus）同海中神女忒提斯（Thetis）结婚时，邀请了所有的神祇参加他们的婚礼，唯独没有请纷争女神厄里斯（Eris），因为她总是制造纷争和吵闹。厄里斯受到怠慢，决意报复。她暗中把一个上面写着"送给最美丽的女人"的金苹果（a golden apple）扔在欢快的客人们中间，天后赫拉（Hera）、智慧女神雅典娜（Athena）、爱神阿佛洛狄忒（Aphrodite）都认为自己该得到这个金苹果。宙斯出面制止了她们的争吵，决定让山上牧羊小伙帕里斯（Paris）裁决。

三位女神依言而去，见到了帕里斯，赫拉许他以权力和财富，雅典娜许他以荣耀和战胜的桂冠，阿佛洛狄忒则答应他把最美的女性给他做妻子。帕里斯最后决定袒护阿佛洛狄忒，这样就与另外两位女神结了怨。

更大的问题是，阿佛洛狄忒决定给帕里斯做爱人的那个最美的女性是斯巴达国的王后海伦（Helen）。本来国王夫妇生活得非常幸福，但帕里斯去斯巴达做客时，却在阿佛洛狄忒的帮助下，劝诱了海伦同他私奔，并把她带到了特洛伊（Troy）。这样就造成了长达十年之久的特洛伊战争（the Trojan war）。厄里斯那只美丽而充满诱惑的金苹果就成为了引起巨大纠纷的导火索。

（4）"亚当与夏娃"的典故（Adam and Eve）。

亚当与夏娃的典故出自《圣经》（The Bible）里的"创世纪"（Genesis）。

亚当与夏娃是人类的始祖。自从上帝造了亚当之后，对他关爱有加，让他当世间万物的主宰，还给他建了个园子来住，取名为伊甸园（the garden of Eden）。亚当在园子里实在是太孤单了，于是央求上帝再造个女子出来，好出入成双。上帝便施催眠之术麻醉了亚当，取其肋骨（rib）一根塑成女状，再吹之以仙气，遂成夏娃。

亚当与夏娃在园子里过的是天堂般的生活，但是上帝给他们发了一个禁令：无论如何不可摘取园中那两棵树上的苹果来吃。伊甸园中藏一毒蛇，据说是撒旦（Satan）的化身。他心肠歹毒，告诉夏娃那两棵树一棵唤作智慧之树，吃其果可以聪明如上帝；另一棵唤作生命之树，吃其果可以长生如上帝。夏娃便从智慧树上摘了个苹果来吃，又将余下的部分拿去给亚当吃。两人在吃下苹果之后，便有了上帝的智慧，同时也便有了羞耻之心。他们见彼此都赤身裸体的，不成体统，于是摘了无花果的叶子来遮羞，打那时起人类才开始穿衣服。

上帝得知亚当、夏娃偷吃禁果后十分生气，罚亚当一辈子务农，春种秋收，要用自己的血汗来浇灌生他养他的大地才可免受饥饿之苦。夏娃不该轻信谗言，因此上帝罚她要饱受生育之苦。对于那条蛇，上帝则砍掉其四条腿，让它一辈子只能用肚皮走路，以泥土为食。

（5）"诺亚方舟"的典故（Noah's ark）。

《圣经》里"创世纪"第6章到第9章记载了诺亚方舟的故事。

由于偷吃禁果（the forbidden fruit），亚当、夏娃被逐出伊甸园。此后，夏娃的儿子该隐（Cain）杀死弟弟亚伯（Abel），揭开了人类互相残杀的序幕。人世间充满着强暴、仇恨和嫉妒，只有诺亚（Noah）是个正义的人。创造世界万物的上帝耶和华（Jehovah）看到人类的种种罪恶，愤怒万分，决定用洪水毁灭已经败坏的世界，只给诺亚留下有限的生灵。耶和华神指示诺亚建造一艘方舟，并带上他的家人。同时神也指示诺亚将牲畜与鸟类等动物带上方舟且必须包括雌性与雄性。

当方舟建造完成时，大洪水也开始了，这时诺亚与他的家人以及动物们皆已进入了方舟。在220天之后，洪水开始消退，方舟在阿勒山附近停下。又经过了40天之后，阿勒山的山顶才露出。7天之后诺亚放出鸽子（dove），这次它立刻就带回了橄榄树（olive tree）的枝条，诺亚这时知道洪水已经散去。又等了7天之后，诺亚再次放出鸽子，这次它却没有回来。诺亚一家人与各种动物便走出方舟。离开方舟之后，诺亚将一个祭品献给神。耶和华闻见献祭的香气决定不再用洪水毁灭世界，并在天空制造了一道彩虹作为保证。后来，诺亚方舟被用来比喻灾难中的避难所或救星。

第二节 教学案例及解读

典故是文化学习的重要内容之一。现行中学英语教材中，多有涉及中外典故。人教版英语教材八年级下册 Unit 6 An old man tried to move the mountains 介绍了"后羿射日""大闹天宫""女娲补天""愚公移山"等典故。人教版英语教材九年级 Unit 2 I think that mooncakes are delicious! 中 Section A 的 3a~3c 部分介绍了"嫦娥奔月"的典故。人教版英语教材九年级

Unit 6 When was it invented? 中 Section A 的 3a~3c 部分介绍了"神农尝茶"的典故。人教版英语教材高三必修十 Unit 1 Nothing ventured, nothing gained 对比了中西文化中人们对"不入虎穴，焉得虎子"的不同表达，通过学习这些不同的表达，学生可理解中英文常用的谚语或俗语及其包含的文化内涵。人教版英语教材高三必修十一 Unit 4 Legends of ancient Greece 介绍了一些希腊的神话传说，培养学生对中外神话传说的兴趣，同时通过对比中西方神话故事，加深学生对中外文化差异的理解。

本节选取人教版英语八年级下册 Unit 6 An old man tried to move the mountains 中 Section A (1a~2d) 部分对其文化教学进行解读。

一、教学内容

Section A 部分的主题是中国民间神话故事。主题图呈现了"女娲补天""后羿射日""大闹天宫""愚公移山"这四个家喻户晓的神话故事。本部分以中国神话故事为主线，要求学生能听懂用英语叙述的几则故事，并能根据故事的相关信息发表自己的观点，能够模仿和运用语言。

1a~1c 主要通过主题图导入听力活动和单元话题。1a 要求学生熟悉四个神话故事的英文名称（Nv Wa Repairs the Sky, Hou Yi Shoots the Suns, Uproar in Heaven, Yu Gong Moves a Mountain）。1b 让学生通过听力来了解"愚公移山"这一传说故事的英文表述。1c 则要求学生学会使用"How does the story begin?""What happened next?""Where would they put all the earth and stone from the mountains?"等一系列特殊疑问句进行问答，完成简单的语言输出。

2a~2c 部分是听说教学。本部分的听力材料巩固和补充了 1a~1c 的语言输入，增加 as soon as, but, so, finally 等连词用于故事的叙述，使交际语言更丰富、更完整。活动 2a 引导学生依据四幅图片了解愚公移山的故事发展。2b 部分引导学生关注故事细节的表述。2c 部分要求学生基于听力输入，尝试用自己的语言讲述故事，进一步巩固讲述故事的核心词汇和句型。2d 对话呈现了学生就神话故事"愚公移山"展开的讨论，提供了真实的对话范例，培养了批判性思维。

二、教学目标

1. 知识目标

To understand the vocabulary in this lesson; Listening practice; To learn the Past Tense.

2. 技能目标

To train students' listening and speaking skills; To be interested in taking part in all kinds of activities in English class.

3. 情感目标

在"愚公移山"这个问题上，不同学生持不同的观点。一些学生觉得愚公果然是"愚"公，太顽固太迂腐了。他们认为搬家比移山来得快得多，从山中间挖一条隧道都比把整座山夷为平地轻松得多。不能说这些想法是错的，但或许"愚公移山"更多的是想告诉我们"有志者，事竟成"的道理，告诉我们人定胜天，只要有信心，持之以恒，就一定能实现自己的目标。

三、教学方法

本课时主要采用任务型教学法和带问题自主探究等学习策略，让学生理解故事的基本结构，通过 pair-work 和 group-work 的形式引导学生谈论有趣的传说和神话故事，进行口语交际和听力训练。

四、教学重难点

（1）让学生学习讲述故事，在讲述过程中恰当使用连词。
（2）将学生熟悉的中国神话故事内容转换为符合英语表达习惯和思维的语言表达。

五、教学过程

Step I Activity 1a

教师出示 1a 的四幅图片，学生说出这四个神话故事的中文名称，教师再呈现他们的英文名称。同时，教师还可以提出一些问题，与学生交流四个传说故事的内容，例如：

Do all of you know about these stories? Which one do you like best?
Who are the main characters in each story?
Could you use your own words to tell the stories in English?

最后，让学生将图画和故事名称进行匹配，完成 1a 的任务。

Step II Activity 1b ~ 1c

学生阅读 1b 活动要求，浏览所列的三个句子，预测并回答 1b 提出的问题 "Which story are Anna and Wang Ming talking about?"。

教师先提出 1c 的三个问题 "How does the story begin?" "What happened next?" "Where would they put all the earth and stone from the mountains?"，并让学生根据自己所讨论的问题，进行听前预测，然后播放第一遍录音，完成 1b 的问题。再播放第二遍录音，用简短的句子回答 1c 的三个问题。师生核对答案。

Step III Activity 2a ~ 2c

听录音前，让学生阅读 2a 的活动要求，浏览四幅图，根据已有的知识和经验判断图片所表现的故事情节的发生顺序，进行听前预测。

播放第一遍录音（对于学生英语基础不好的班级，可以再听一遍），学生核对自己的听前预测是否准确。师生核对答案，要求学生能用简单的句子来描述图片内容。

让学生朗读 2b 的五个句子，借此获取反馈，了解学生是否存在生词障碍或理解障碍，必要时给予适当指导或解释。学生初步理解句子的大意，猜测 "god" 和 "remind" 的含义，同时根据自己的感受进行听前预测。

播放第二遍录音（对于学生英语基础不好的班级，可以再听一遍），学生按要求圈出听到的单词。师生核对答案。

让学生翻开附录部分的听力材料，再次播放听力，学生边听边跟读，模仿语音语调。接着，教师或课代表进行教读，最后全班齐声朗读听力材料。

Step IV Retell the story

教师先带领全班学生试着复述"愚公移山"的故事，然后给学生时间准备，让他们根据 PPT 上展示的关键词单独进行复述。

Step V Activity 2d

教师先以简短的叙述导入 2d 对话的语境，如："Yu Gong and his family kept on digging day after day and year after year. Finally, a main god was so moved that he sent two gods to take the mountains away"。让学生默读、细读对话 2d，要求他们根据所读内容整理各人的观点并完成下面的表格：

Wang Ming's opinion	Claudia's opinion	Teacher's conclusion

师生核对表格信息，学生回答问题时要用完整的句子进行表述。播放 2d 录音，学生听录音并跟读模仿。然后全班齐声朗读或分角色朗读。让学生两人一组分角色表演对话，老师最后给予一定评价。

Step VI Discussion

教师出示下列几个问题，让学生进行讨论，并用完整的一段话表述自己的观点：

Does it seem possible to move a mountain?

What do you think about the story of Yu Gong?

Do you think it's a good way to solve the problem?

What could Yu Gong do instead of moving a mountain?

六、教学反思

教师应该用心去思考怎样更好地让学生记住新词，最好是"做到词不离句，不离篇"，教师可以把文章改编为填新单词、短语等形式来练习。在听力教学中，教师应该在课前认真地准备。在备课的同时，可通过对课本上"听"的活动进行改编，减少学生听的难度，让不同层次的学生都可以轻松地找到答案，以此激发全体学生的积极性和学习兴趣。

思考题

1. 除了本章提及的典故外，中外还有很多其他有趣的神话故事或传说，请向学生们讲述一个你所熟知的英语典故。

2. 在本章提及的典故中，我们认识了像"愚公""后羿""神农"等传奇的人物，请根据自己的想象设计一位超凡脱俗的人物并编写一个和他/她有关的故事。

参考文献

[1] 梁冬梅. 浅谈中西语言文化差异对习语翻译的影响 [J]. 金色年华（下），2011（10）：164.

[2] 赵颖. 牛郎织女神话传说的流变及其现实意义 [J]. 西安电子科技大学学报，2009（2）：109-112.

[3] 陆雁华. 小议东西方文化和艺术的差异 [J]. 大众文艺（学术版），2010（18）：191-192.

[4] 武恩义. 英汉典故对比研究 [D]. 北京：中央民族大学，2005.

[5] 袁珂. 中国神话史 [M]. 北京：文艺出版社，1988.

[6] 王德春. 汉英谚语与文化 [M]. 上海：上海外语教育出版社，2003.

[7] 郭建民. 英语谚语研究 [M]. 兰州：甘肃教育出版社，1992.

[8] 赖金编. 常用英语谚语 [M]. 南昌：江西人民出版社，1984.

[9] 王德春，陈晨. 现代修辞学 [M]. 上海：上海外语教育出版社，2001.

[10] 周盘林. 中西谚语比较研究 [M]. 台北：文史哲出版社，1975.

[11] 义务教育教科书人教版英语教材八年级下册教师教学用书 [M]. 北京：人民教育出版社，2014.

[12] 义务教育教科书人教版英语教材八年级下册 [M]. 北京：人民教育出版社，2014.

[13] 中华人民共和国教育部. 义务教育英语课程标准（2011版）[S]. 北京：北京师范大学出版社，2012.

第十三章　英国地理历史文化

英国是一个地理位置优越，历史悠久，文化灿烂的资本主义国家。它优越的地理条件给英国的发展带来了巨大的优势，同时它独特的地理特征使得生活在这个岛国上的人民形成了岛国民族特有的性格特征。悠久的历史使得该国的文化具有鲜明的特征。可以说，英国的地理特征及历史渊源共同铸造了英国人的性格及文化。

第一节　英国地理文化

在欧洲大陆的西北角，通往大西洋的海路口有一个大岛——不列颠群岛（Great Britain），这里原本与大陆相连，上古时代的地质变化使得不列颠与大陆分离，中间出现了一个海峡，这就是今天的英吉利海峡（English Channel）。不列颠就是今日的英国。

一、英国的地理概况

英国是大西洋中的群岛国家，既与欧洲大陆相隔，又靠近欧洲大陆，由大不列颠岛和爱尔兰岛东北部及附近许多岛屿组成。东濒北海，面对比利时、荷兰等国；西邻爱尔兰，横隔大西洋与美国和加拿大遥遥相对；北过大西洋可达冰岛；南穿英吉利海峡行驶33千米就到法国。

英国是欧洲共同体成员国之一。英国是由不列颠群岛中大部分岛屿组成的，其中第一大岛是大不列颠，第二大岛上有北爱尔兰（Northern Ireland）和爱尔兰共和国（the Republic of Ireland）。苏格兰西部沿海有一个叫做赫布里底的大群岛。苏格兰本土的东北沿海有奥克尼群岛和萨得兰群岛。上述这些群岛都与本土有行政上的关系，但爱尔兰海上的马恩岛以及大不列颠与法国之间的海峡群岛则基本上自治，不是联合王国（The United Kingdom of Great Britain and Northern Ireland）的组成部分。

英国的西北部有很多的山丘和高原，当然山丘都是些海拔不太高的小山丘，高原也是相对来说的高原，比起真正的高原海拔还差很多，称其为高原主要是相对英国东南部的平原而言。

英国的面积大约为242 500平方千米（93 600平方英里），从南部海岸到苏格兰的最北部差不多将近1 000千米（约600英里），横向最宽处差不多将近500千米（约300英里）。

英国是典型的温带海洋性气候，主要受西风的控制，没有明显的四季变化。大家都知道这里常年见不到太阳，总是有一层雾笼罩着，还时常下点儿小雨，总的来说天气比较阴沉。但是这里的气温非常温和，既不太热也不太冷。春夏季平均气温在 20 摄氏度左右，秋冬季平均气温在 10 摄氏度以下，非常适合人类生产生活。在英国，每年的 2 月和 3 月这段时间比较干燥，而从 10 月一直到来年的 1 月份则相对湿润一些。

二、英国的地理优势

英国是一个典型的岛国，位于西欧大陆海外，攻守自如。英吉利海峡最狭处仅三十余千米，使英国进可参与欧洲事务，退可自保，外人只能望洋兴叹。在世界航海事业落后、现代武器出现以前，海洋是英国免受战争威胁的屏障，岛国位置使其本土几个世纪内都没有受到外国军队的袭扰。另外，在英国的海上力量强大起来之后，它又利用靠近大陆的有利位置参加欧洲的政治、经济活动，进而掠夺、控制某些国家。

岛国的地理位置对英国的发展具有积极的作用。世界经济发展的重心从地中海移向大西洋时，英国利用地理位置的优势发展海权成为世界强国。西欧人抓住世界历史难得的发展机遇，率先从陆地走向了海洋，从欧洲走向了世界，然后以海洋带动内陆，以世界保证欧洲。西欧现代化进程是在内陆—海洋—内陆、欧洲—世界—欧洲的循环结构中发展起来的。英国凭借其优异的中心位置积极向外扩展殖民地，广泛进行殖民地掠夺，成为独霸全球的海上强国，掌握了全世界一半以上的殖民地与全球贸易利益，并迅速发展成"世界工厂（world factory）"和国际航运、贸易中心。凭借广大的殖民地市场、强大海军护卫的全球运量最大的海运船队，英国一路遥遥领先欧洲各国。英国地处世界工业地带的关键部位，东部和南部面向欧洲经济最发达的地区，向西可直达大西洋彼岸的北美工业地带，处于北欧、西欧沿岸国家同北美、地中海、印度洋等地海路交通的要冲。

三、英国的国民性格

英国一直是一个等级森严的社会。贵族（nobles）、上流社会（upper class）、中产阶级（middle class）和底层劳工（lower class）界限十分清晰。人们在择业、社交和婚姻方面都严格遵循等级制度的规范。日不落帝国的神话，至今还萦绕在英国人的心头。独特岛国地理位置在漫长的历史进程中为英国的发展带来无限契机和巨大辉煌，使人民对岛国形成了牢固的优越感和依赖感，这种感情让英国人在具有自信、民主和开拓精神的同时，也具有排外等明显特点，从而形成了一种"岛国情结（island complex）"，这种岛国情结在扩张与殖民中不断成长与成熟，从民族意识变成民族自觉，并延续至今，投射到英国社会的方方面面。英国人的岛国情结由来已久。1485 年，英国建立了封建的都铎王朝。正是在这一阶段，特别是伊丽莎白时代（1558—1603），英国人对其岛国地位有了准确客观的认识，岛国意识开始形成并最终确立，这也许是英法百年战争的副产品，是上帝赋予英格兰人的礼物。

岛国观念在英国人的想象中占有重要的地位，大文豪莎士比亚（Shakespeare）的作品中很早就流露出英国人的岛民心态，如《查理二世》里冈特的老约翰说"这镶嵌在银灰色大海里的宝石，那大海就像一堵围墙，或是一道沿屋的壕沟"。莎士比亚在言辞之间流露出对自己的国度处于大海之中的优越感。岛国情结让英国人富于想象并善于开拓，海洋的神秘莫测，引发了人们探海、斗海的兴趣，大海成了人们展开自由的翅膀并顽强拼搏的理想场所。开放的海洋地理环境使英国人产生了外向、好动的性格，他们有独特的人格、开拓精神和变异观念，这对英国文学产生了深远的影响。18 世纪，丹尼尔·笛福（Daniel Defoe）的《鲁滨孙漂流记》就是取材于水手亚历山大·赛尔科克的精彩故事，成为不朽的海岛题材小说之一。

由于四周都是大海，安全有了保障，英国人很早就获得一种自信，岛国情结深深地印在了英国人的头脑里，英国人为自己生活在这样一个岛国感到无限骄傲，从而形成了对外界表现出排斥与蔑视的民族性格。1592 年，在描述维尔腾姆公爵弗雷德里克访问英国的情景时，一位德国作家这样评论道，"居民们非常傲慢，盛气凌人的他们对外国人毫不尊重，而且藐视和嘲笑他们"。英国人对外国的蔑视常表现在日常小事上，比如他们将煮得既不好看，也不好吃的牛排形容为"像法国人煮的"；当英国人说了粗话请求原谅时，会说"请原谅我用了法语"（梅杰首相在 20 世纪 90 年代经常用这个口头禅）；把不告而别称为"请法国假"；称腐败是"西班牙习俗"。可以说，英国的岛国地理环境是英国文化形成的基础。

第二节　英国历史文化

一、英国历史概况

"Britain" 这个词起源于希腊和拉丁语词汇，而最终可能要追溯到凯尔特语（Cornish）。尽管用"史前时期"这一尺度来衡量，凯尔特人也是稍后才来到不列颠群岛的（距今约 4 000 年前。在此之前居住在不列颠岛上的是创造了诸如埃夫伯里巨石建筑遗址和圆形巨石阵这样的著名历史遗迹的原住居民），但是有关英国历史的文字记载还是从讲述凯尔特人的历史开始的。"凯尔特（Celt）"这个词语相当普遍地被用来区分不列颠群岛的早期居民和后来的盎格鲁——撒克逊人（the Anglo-Saxons）。

公元前 43 年，罗马统帅凯撒（Julius Caesar）带领罗马军队进入大不列颠，从此这里就成了罗马帝国的一个行省，开始了文明社会的历程。罗马人于 408 年最后撤走之前，该岛开始

遭到来自北欧的盎格鲁人、撒克逊人和朱特人的侵扰，经历了一段日趋混乱的时期。在此后的两个世纪中，侵扰者逐步定居下来，并建立了许多小王国。不列颠人在如今的威尔士和康沃尔地区独立生存下来。这些小王国中出现了力量较强称霸全国的王国，先是北方的诺森布里亚王国，然后是中部的麦西亚王国，最后是南方的西撒克斯王国。尽管在10世纪时西撒克斯王朝曾击败过入侵的丹麦人并一度称霸英格兰的广大区域，但是来自斯堪的纳维亚的北欧海盗也趁势入侵英国并定居下来。

1066年发生了对英格兰的最后一次成功入侵。诺曼底的威廉公爵在黑斯廷斯战役中击败了英国人，来自法国的诺曼人和其他人来此定居。在随后的3个世纪中，法语成为贵族的语言，法律结构受到了英吉利海峡彼岸所通行的那一套的影响，社会结构在某种程度上也受到了影响。

威尔士虽然常常处于英格兰人的势力范围之内，但一直是凯尔特人的堡垒。然而在1282年卢埃林王子阵亡之后，爱德华一世发动了一场战役并取得胜利，把威尔士置于英格兰的统治之下。威尔士人的民族情绪继续高涨，15世纪初由欧文·格林德领导的起义便说明了这一点。1536年和1542年的联合法令把英格兰与威尔士在行政、政治和法律上统为一体。

当初住在苏格兰的大多是皮克特人。公元6世纪，来自爱尔兰的苏格兰人在如今的阿盖尔地区定居。洛锡安住着英格兰人，而威尔士不列颠人则继续北上来到斯特拉思克莱德。9世纪时，苏格兰各地区联合起来抵御北欧海盗。在整个中世纪，英格兰当时强大的君主国一直威胁着苏格兰的独立。

英格兰与苏格兰最终的联合表明，当时宗教上的差异比之以往的民族仇视更加紧要。在英格兰，伊丽莎白一世（Elizabeth I）于1603年由苏格兰詹姆斯六世（英格兰詹姆斯一世）继位。英格兰和苏格兰除了在奥利弗·克伦威尔（Oliver Cromwell）统治时一度被强行联合在一起之外，在17世纪它们一直是相互独立的。到1707年，由于意识到更紧密的政治和经济联合会带来巨大的利益，双方同意建立一个单一的大不列颠议会。苏格兰仍然保留自己的司法制度和宗教社区。但是在乔治一世和乔治二世这两位汉诺威王室新教徒统治期间，英格兰和苏格兰之间的关系紧张起来，詹姆斯二世党人发动过两次叛乱，试图恢复信奉天主教的斯图亚特王室。

1169年，英格兰的亨利二世发动对爱尔兰的入侵。英格兰籍教皇阿德里安四世授予亨利二世最高统治者的权力，因为他急于想使爱尔兰教会完全顺从罗马。爱尔兰大部分地区都落到了盎格鲁——诺曼权贵手中，但是在中世纪英格兰几乎没有在此直接行使管辖权。

都铎王朝（Tudor Dynasty）的几位君主干预爱尔兰的倾向十分强烈。在伊丽莎白一世统治时期，对爱尔兰叛乱者发动过一系列战役。抵抗运动主要集中在北部的乌尔斯特省，1607年由于抵抗运动失败以及领导人出逃，乌尔斯特变成了来自苏格兰和英格兰的移民聚居地区。

由于英国内战（1642—1652），爱尔兰又爆发了多次起义，但都被克伦威尔镇压下去。1688年詹姆斯二世被废黜之后，英格兰与爱尔兰之间更是战争不断。18世纪大部分都是脆弱的和平时期。18世纪末，英国政府为谋求稳定作出了多方努力。1782年，爱尔兰议会（建立于中世纪）获得立法自主权，在宪法上与大不列颠的唯一纽带是王国政府。然而，该议会仅仅代表少数盎格鲁——爱尔兰特权阶层，天主教徒被排斥在外。1798年发生了一次起义，但没有成功。1801年，爱尔兰与大不列颠联合为一体。

虽然1916年都柏林民族起义者的起义遭到了镇压，但是在第一次世界大战末期，一股称为爱尔兰共和军的游击力量开始对英国当局采取军事行动。1920年通过的爱尔兰政府法案规定要成立两个地方自治议会，一个设在都柏林，另一个设在贝尔法斯特。该法案于1921年在北爱尔兰实施，乌尔斯特省9个郡中有6个接受了它们自己的议会，同时在英国议会中仍享有席位，并服从英国议会的最高管辖权。但是，爱尔兰共和军继续在南部为争取脱离英国当局赢得独立而战斗。1921年6月签订了停战协定之后，根据同年12月缔结的《英爱条约》建立爱尔兰自由邦，1949年该自由邦成为爱尔兰共和国。

海峡群岛和马恩岛虽不属于联合王国，但与联合王国有着特殊的关系。海峡群岛在10世纪和11世纪时曾是诺曼底公国的一部分。马恩岛在1266年以前名义上一直由挪威行使主权，到1765年才最终直接由王国政府管辖。今天，海峡群岛和马恩岛都有各自的立法机构和法律制度，英国政府则负责那里的防卫和国际关系事务。

二、英国的日常文化特点

1. 语言与交流

隐私（privacy）对英国人来说十分重要。个人问题，例如婚姻、有无孩子、恋爱关系、个人经济状况、健康等涉及私人的话题在相互不熟识的情况下应当尽量避免。英国人很有幽默感，但是他们有时在调侃的时候，可能看起来很严肃。他们善于自嘲，但绝不会对别人的遭遇幸灾乐祸。谈正事时，喜欢直接切入主题，表达意见也不愿拐弯抹角。英国人说"No"的时候，他们要说的正是这个意思，并非要讨价还价。与英国人说话时，不要太靠近对方，同时要注意自己的身体语言，不要用手指着他人，因为这样的行为在英国被认为是不友好的动作。

2. 风俗礼仪与生活习惯

英国人普遍有一种强烈的社会责任感，对公共事业、慈善事业等都很关注。英国人很注重礼貌修养，谈话总习惯轻声细语，很少大声喧哗。在他们眼里，高声喊叫（特别是在楼外喊人）是一种不文明的行为（球赛中除外）。英国人彬彬有礼，提出请求时说"Please"，接受了帮助或者服务后说"Thank you"。先人后己的礼让行为在英国很普遍。有"女士优先"的良好社会风气，对妇女老人都是很尊重的。

英国人很自觉地遵守公共秩序，需要等待时会自觉排队。在自动提款机旁，人们会有意识地与正在使用机器的人保持合理的距离。在拥挤的地方，人们习惯尽量保持距离，避免碰撞。在自动扶梯上会自觉靠右站好，以便急于通行的人从左侧通过。

英国人平时在穿着方面比较随便，以休闲为主。但是在正式场合（商务会面或晚宴）会着相应正装。一般男士为正式西装，女士为职业装或礼服。英国人拜访朋友时会提前通知对方,他们讨厌不速之客。他们尽量避免在晚上10点后打电话到别人家。到英国人家中做客,应准时赴约,并应准备一些小礼物送给主人,早到会被认为是不礼貌的。餐后应留下来进行社交谈话,如果一吃完就告辞是非常不礼貌的。

英国从2007年7月颁布法令,禁止在公共场所吸烟。若确实想吸烟,要到户外去吸,不能乱扔烟头。如果想在自己住宿的室内吸烟,应该先征得房东和其他人的许可。在英国若发现有人擅自在室内吸烟,此人会得到警告,严重者会被重罚。英国人喜欢互赠贺卡,逢年过节,亲友生日,结婚或生病等都喜欢送贺卡表示恭喜或者慰问,以表心意。酒吧是英国人与朋友相聚的社交中心。中国学生可能会被邀请出去喝一杯(go out to have a pint),作为与英国学生社交的开始。除非有24小时营业执照,大部分英国酒吧按法律规定晚间11点便关门。

3. 就 餐

在餐馆和商店中安静地吃东西并且吃完自己餐盘里所有食物是礼貌的行为。把刀叉平行放在餐盘上表明已经吃完了。如果没吃完,就把刀和叉分开成"八字形"放在餐盘上。英国人喜欢在吃饭的时候聊天。但要注意,吃东西的时候张大嘴,哪怕是说话,是不礼貌的行为。边吃饭边聊天的诀窍是:吃东西和说话交替进行,且只向嘴里放少量食物。如果必须张大嘴,请用一只手遮挡。英国人不吃动物的头、足和内脏器官,所以他们形象地称,他们只吃动物的肉,而不吃动物。

在英国人的食物中,马铃薯替代米饭作为主要的碳水化合物。如果不习惯用餐时吃马铃薯,不要不好意思要米饭。在自助快餐店中,顾客在餐厅应当收拾废弃物。英国人喜欢明码标价,不喜欢讨价还价。

英国人有付小费的习惯,但不是很严格。通常在餐厅要按账单的10%左右付小费,给行李员小费按每件行李50便士付,给出租车司机可以按票价的10%~15%付,理发一般付2镑。饭店、旅馆等账单中不含服务费,应将10%的小费付给对自己有帮助的工作人员。影剧院、加油站等场所无需付小费。

第三节 教学案例及解读

培养学生的跨文化意识是中学英语课程标准的一项要求。中西方在地理与历史文化等方面的巨大差异使得中学英语教学需要从跨文化交际意识的培养着手。本节主要解读中学英语教材中关于英国历史地理文化的教学设计。

一、人教版高中英语教材必修五第2单元

本单元的话题是英国(the United Kingdom),主要从英国的地理、历史、政治、文化等多角度说明英国的形成和发展以及它的风土人情和人文景观。对英国有了一个比较翔实的认识,

有助于学生深入了解和领悟英国语言及文化习俗。文章的第二、第三段通过讲述英国国旗的由来及演变过程阐述了大不列颠联合王国的历史形成过程。为了让学生充分理解英国形成的历史演变过程，加深对英国历史文化的了解，教师可通过下几个问题加深学生理解：

① The union of Jack flag unites the flags of three countries in the United Kingdom. Which country is left out？Why？

② The best way for us to go to the United Kingdom is by plane. Do you know which three countries does British Airways represent？

③ What is the relationship between the Republic of Ireland and the UK？

以上问题设计的目的在于让学生了解英国的地理文化。教师可以引导学生从英国的地理位置和地形特点谈起，使学生充分了解英国的地理文化。

文章在介绍英国的建筑及艺术时，提到了由罗马人建于公元一世纪的古老港口，由盎格鲁——撒克逊人建于 11 世纪 60 年代的古老建筑物及后来由诺曼统治者建于 1066 年的英国最古老的城堡。文章中写到：There have been four sets of invaders of England. The first invaders, the Romans, left their towns and roads. The second, the Anglo-Saxons, left their language and government. The third, the Vikings, influenced the vocabulary and place-names of the north of England and the fourth, the Normans, left castles and introduced new words for food. 这些描述清楚地阐明了英国受不同外来种族入侵的历史文化。学生只有在了解了英国的历史后，才能更好地了解这个国家的文化、艺术及建筑。为了让学生理解英国的历史文化，培养学生跨文化交际的能力和思维习惯，可以通过以下几个思考题来加深学生的理解：

① Which group of invaders did not influence London？

② What similarity is there between the invasions of the Anglo-Saxons and the Vikings？

③ What similarity is there between the invasions of the Romans and the Normans？

二、人教版高中英语教材必修一第 2 单元

本单元的主题是"English around the world"。第一篇阅读文章"The Road to Modern English"在回答英语为何会随着时间的推移而发生变化这个问题时，讲述了最早的英语受德语的影响，后来由于统治英国的种族发生了变化，英语又受丹麦语和法语的影响，再后来美国和澳大利亚成为了英国的殖民地，于是又有了美式英语和澳洲英语。本篇文章虽然在介绍英语语言的发展变化，更是通过英语语言的变化过程展现了英国的历史文化。教师在进行教学时，不应该仅仅就语言变化讲语言，更应该让学生理解语言变化所反映的历史文化的变迁。

思考题

1. 英国的地理环境对英国人的国民性格有什么影响？
2. 试举几例说明英国人的日常生活习俗。

参考文献

[1] 杰里米·帕克斯曼. 英国人在上海 [M]. 严维明, 译. 上海: 上海译文出版社, 2000.

[2] 刘作奎. 英国人有种岛国情结 [N]. 环球时报, 2004-02-13 (22).

[3] 焦丽. 岛国地理环境对英国文化的影响 [J]. 中小企业管理与科技旬刊, 2010 (10): 134-135.

[4] 郑敬高. 海洋文明的历史类型——兼论欧洲文明不等于海洋文明 [J]. 福建论坛: 人文社会科学版, 2004 (6): 35-39.

[5] 郭讯枝, 徐美娥. 浅谈地理环境与英国海洋文学 [J]. 宜春学院学报, 2004 (5): 96-98.

[6] 丁建弘. 发达国家的现代化道路 [M]. 北京: 北京大学出版社, 1999.

[7] 舒小昀. 英国现代化的地理维度 [J]. 英国研究, 2009 (00): 124-133.

[8] 方汉文. 西方文化概论 [M]. 北京: 中国人民大学出版社, 2010.

第十四章　美国地理历史文化

美国是一个具有创新和活力的多元文化的资本主义国家。本章节主要介绍了美国基本的地理特征及历史文化。美国多样的地貌特征、多变的气候特点及丰富的水域资源给美国的发展提供了极大的优势。同时，各国移民的大量涌入及多元文化的交融形成了美国人开放包容的性格特点及美国的主流价值观。因而，了解美国的地理及历史文化有助于学生更好地理解美国的文化观。

第一节　美国地理文化

一、美国地理概况

美国，是美利坚合众国（The United States of America）的简称，它是北美洲一个带有民主、分权、制衡传统的联邦共和国。

美国本土位于西半球北美洲中部，领土还包括北美洲西北部的阿拉斯加和太平洋中部的夏威夷群岛等。其北与加拿大接壤，南靠墨西哥湾，西临太平洋，东濒大西洋。海岸线22 680公里。大部分地区属于温带大陆性气候，南部属亚热带气候，西部沿海地区分布有温带海洋性气候和地中海气候。全国最低点为死亡谷（Death Valley）－86米，位于美国加利福尼亚州的东南部，与内华达州接壤；最高点为麦金利山（Mount Mckinley）6 198米，位于阿拉斯加州的中南部，是阿拉斯加山脉的中段。密西西比河三角洲是世界上最大的三角洲，土质油黑，土壤肥沃。河口附近有一些沼泽地。位于这一地理区的佛罗里达半岛是美国最大的半岛。

二、美国气候与水系

美国有世界上大部分的气候类型（地跨寒、温、热三带，本土处于温带），在主要农业地带，少有严重的干旱发生，洪水泛滥也并不常见，并且有着温和而又能取得足够降雨量的气温。影响美国气候的主要是北极气流，北极气流每年从太平洋带来了大规模的低气压，这些低气压在通过内华达山脉、落基山脉和喀斯喀特山脉时夹带了大量水分。当这些气压到达中部大平原时便能进行重组，导致主要的气团相遇而带来激烈的大雷雨，尤其是在春季和夏季。有时这些暴雨可能与其他的低气压会合，继续前往东海岸和大西洋，并会演变为更激烈的东北风暴，在美国东北的中大西洋区域和新英格兰形成广泛而强烈的降雪。大平原广阔无比的草原也形成了许多世界上最极端的气候转变现象。

美国从总体上可分为三大水系，凡位于落基山以东的注入大西洋的河流都称为大西洋水系,主要有密西西比河、康涅狄格河和赫得森河。密西西比河是美国的母亲河,全长6 020公里,居世界第四位。北美洲中东部的大湖群——五大湖,包括苏必利尔湖、密歇根湖、休伦湖、伊利湖和安大略湖,属冰川湖,总面积24.5万平方千米,为世界最大的淡水水域,素有"北美地中海"之称,其中密歇根湖属美国,其余四湖为美国和加拿大共有。苏必利尔湖为世界最大的淡水湖,面积在世界湖泊中仅次于里海而居世界第二位。五大湖湖水汇入圣劳伦斯河,流入大西洋。

第二节 美国历史文化

一、美国历史概况

美国原为印第安人聚居地。15世纪末西班牙、荷兰、法、英等国开始向北美移民。1607年,第一个英格兰人殖民区成功地在维吉尼亚州(Virginia)建立。在接下来的二十年里,一些荷兰殖民区也陆续建立,包括位于新阿姆斯特丹(今纽约市)和新泽西州的殖民区。在17世纪和18世纪里,英国逐渐占领荷兰人和其他欧洲殖民者的地区,并在美国东岸广泛开垦殖民,建立更多的殖民

地区。除今天的加拿大外,英国在北美洲共建立了13个殖民地。1760年和1770年,13个美洲殖民地与英国之间的紧张关系最终引发了美国的独立战争,殖民地的代表们在1776年7月4日签署了《美国独立宣言》。在独立战争(1775—1783年)期间,乔治·华盛顿领导13个殖民地组成的大陆军团顽强对抗英军。

1777年,独立的殖民地正式采纳《邦联条例》,建立了一个联邦的主权国家以及行使管理权的联邦政府,并于1787年批准通过美国宪法。经历艰苦的独立战争后,大陆军团终于击败英军,英国于1783年签署了《巴黎条约》,正式承认美国的独立。从1803—1848年,美国的面积几乎扩大了三倍,殖民者们胸怀新的共和国"注定扩展至整个大陆"的理想,朝广阔无际的原野拓展,甚至在1803年"路易斯安纳购地"之前便已深入内陆。1848年美国赢得了美墨战争,更增强了殖民者们扩展国土的信念。

1848年的一天上午,一个叫詹姆士·马歇尔的木匠在加利福尼亚的美洲河边的萨克拉门附近巡视锯木水车水道时,发现了一块金黄明亮,大小和形状类似大拇指指甲的东西,而且注意到这类东西遍布河床。经过验证,这种东西就是黄金。很快,大小船只争先恐后地涌入圣弗兰西斯科(San Francisco)。加入淘金者行列的有来自欧洲、南美洲和中国的外国人,但多数是美国东部人,其中有工人、农民、商人等,甚至包括军人。黄金铸就了"美国梦"(American Dream)。加州淘金热使美国西部开发在地理上越过了"西部大草原"地段,揭开了美国远西部开发的序幕,同时使得采矿业成为远西部开发的主要行业,吸引大批世界劳工与技

术人才投身美国西部开发进程。由于金银等贵金属矿脉分布较广，采矿业不仅在加州，而是在几乎全部远西部各州中都迅速发展起来。采矿业的发展及采矿技术的不断提高，不仅带动了铸造、机械和木材等相关工业的发展，而且促进了为满足矿工生活需要的农牧业、交通运输业的发展，也加快了远西部城市化的速度。1848年在加利福尼亚发现黄金成为美国历史上重要的分水岭，淘金热对于美国历史而言比南北战争更为关键，由此导致巨大的人口移动，开启了美国现代经济发展之进程。

随着国家的不断扩展，一个新的问题也逐渐浮现，北方掌控的联邦政府与南方的州政府在蓄奴问题和州权上产生分歧。北方州反对奴隶制度的扩展，而南方州反对北方州干涉其生活方式，因为他们的棉花经济产业是全盘依赖于奴隶制度的。在亚伯拉罕·林肯于1860年当选总统后，冲突彻底爆发。南部各州于1861年成立美利坚联盟国以对抗联邦政府。美国内战以联邦政府在1865年取得胜利告终，同时终结了奴隶制度。这场内战成为美国历史的主要分水岭，联邦政府的权力从此大为增加。科技发展，加上来自欧洲的大量移民潮，为美国的新兴产业提供了大量的劳动力，在以前无人开发的区域开创了许多社区和城市，加速了美国的工业发展以及迈向国际强权的进程。接着，美国在海外进行了许多帝国主义的冒险，包括在美西战争胜利后吞并波多黎各和菲律宾，使美国成为世界主要的列强之一。

第一次世界大战中，美国最初保持中立。但德国发动的无限制潜艇战击沉了在大西洋航行的美国船只，造成许多美国平民的无辜死伤，激怒了美国大众。美国于1917年参战后，对战局有所扭转，使协约国在1918年获胜。一战从未在北美本土进行，相反美国凭借战时必需品的出口积累了大量的财富，国际地位也迅速提升。在日本偷袭珍珠港（Pearl Harbour）后，美国加入反法西斯同盟以对抗轴心国。接下来的多场战役成为美国历史上代价最高昂的战争，然而前线和大后方创造的大量工作机会以及军工产业带动的生产复苏，使美国经济完全走出了大萧条的阴霾。1969年，由于警觉到与苏联的太空竞赛上的落后，美国政府开始大力培养科学精英人才，在美国国家航空航天局的努力下，于1969年第一次成功派人登上月球。

美国社会经历了一段时期的经济持续与稳定发展。同时，美国社会的种族歧视现象逐渐受到重视，尤其是在南方。从1950年开始，这些歧视受到马丁·路德·金（Martin Luther King）等人领导的民权运动的挑战，最后终于废除了南方各州的种族隔离法律。2008年，美国历史上第一个黑人总统巴拉克·侯赛恩·奥巴马上台执政。

1991年，苏联解体后，美国成为世界上唯一的超级大国。美国依然继续派兵参与海外战争，例如1991年的海湾战争。在20世纪90年代，得益于数字化革命以及互联网制造的大量工作机会和技术变革，美国经济得到了史无前例的繁荣成长，新兴的"硅谷"（Silicon Valley）成为世界资讯产业的龙头重镇。21世纪开端发生的"9·11"袭击事件使美国的外交政策集中于对付恐怖主义威胁，美国政府开始了反恐战争和行动，在2001年10月推翻阿富汗塔利班政权后，又在2003年发动伊拉克战争，推翻萨达姆·侯赛因的政权，建立伊拉克临时政府。

二、美国国民性格

美国是一个移民较多的国家，其国土上生活着数量庞大的移民者。移民从其他国家地区迁移到美国，将本国思想观点、习俗带到美国，使得多元化文化在美国国土上不断演化与发展，从而形成了美国的国民性格及其价值观。尽管只有约两百年的历史，但自建国以来美国就经历了许多具有划时代意义的大事件，美国历史对其文化与价值观的形成也深有影响。美国最早是由最初登陆美国东海岸的殖民者建立的，哥伦布（Christopher Columbus）发现新大陆以后，欧洲移民者，大量涌入美洲大陆，他们很多都是探险家或者虔诚的基督教徒，为了在新大陆上展开全新的美好生活，一往无前的他们大多勇敢、满怀激情、坚韧不拔又乐观向上，作为探索美洲大陆的先驱，他们对后来一代代的美国人影响深远。他们的个性如乐观、坚韧、富有激情等，很自然地遗传给了后来的美国人。此外，美国的西进运动（Westward Movement）也促进了美国人这些个性与价值观念的形成。在殖民者到达之前，美国一直是一片未被开发的大陆，殖民先驱为了开垦这片新大陆付出了辛勤的汗水，他们勤奋不懈的精神对美国人的价值观的形成也有很大影响。

1. 强调独立、个性而又不排斥其他文化

作为一个从原野里创造出来的国家，美国在资源丰富亟待开发的早期，必须提倡个人独立创造的性格，凡是影响个性发展的各种因素都被视作当时拓展精神的阻碍，加以贬责。同时，在艰苦开拓的过程中，每个民族都必须发挥本民族的长处，尊重并吸取其他民族的优秀品质，坚信自我、尊重他人的文化态度成为他们共同的准则，正是在这一点上，也只能是在这一点上，各国移民找到了共同之处，这就是个性容于团队的价值体系，它深入民心，以各种形式得到充分发展，由此形成了美利坚民族的特殊性格：对自己深信不疑，对自己的命运深信不疑，把依靠自己作为哲学信条。

2. 冒险、开拓、富有创新精神

美国人有一句格言："不冒险就不会有大的成功，胆小鬼永远不会有大作为。"从首批英国移民踏上北美大陆，到美利坚合众国成立的这一个半世纪里，北美险恶的自然条件，培育了美国人顽强拼搏、艰苦奋斗的性格。北美丰富的资源等待着开发利用，培育了美国人开拓进取、敢于冒险的精神。从文化学的角度考察，北美在一定程度上曾经是一片文化真空，闯入这真空的，不是有组织的文化单位，而是一批对于传统制度已失去好感的亡命者。他们的头脑为叛逆精神所主宰，身上缺少传统思想的保守性，即便有，也没有发挥的土壤，因为险峻的环境迫使他们只能确立与传统不同的生活方式，这种冒险精神成了美国人民的传统。他们把冒险探求新大陆看作是寻求生活的机遇。这种冒险精神一直渗透到美国人民生活的各个方面。在硝烟弥漫的商战中，美国人勇敢地开拓创新，各个方面都体现了这种民族冒险精神。基于此，美国人特别强调创新精神，他们认为机会到处都有，主要在于主动发现和利用。除法律外，美国人认为一切传统和先例都是创新的障碍，他们乐于向传统和先例挑战。由于美国不像中国、印度、英国等有着悠久而灿烂的文明，所以美国人在接受新思想、新技术时很少先去考察这些东西是否符合某位专家、权威的理论，然后再引经据典加以注释和考证以决定是否采用。美国人认为，他们的国家虽没有灿烂的过去，但由于具有创新精神，因而他们拥有光明的未来。所以美国人勇于向传统和权威挑战，勇于向现存的一切挑战，"我与专家、权威、传统平等"是美国人的性格。

3. 自由、平等精神

美国是一个崇尚自由的国家。北美殖民地历史的一个重要的特征就是封建秩序从来没有

在那里存在过。在美利坚民族的形成过程中，许多从欧洲大陆来的移民把资产阶级自由思想带到了美洲。新大陆的自由空气以及大自然的艰苦环境陶冶了美利坚民族的民族性：热爱自由、珍惜自由、崇尚自由。在美国，除法律可以明文规定加以限制，并由执法机关及其人员执行限制外，任何机关或个人不得非法剥夺或限制他人的自由。民主、自由的环境为才能和幸运开辟了道路，因此出身对美国人不起任何作用。美国人相信这样的格言："一个人富裕到什么程度，就表明他的才能实现到了什么程度"。他们认为在机会均等的条件下，人的才能决定富裕的程度。美国人一般不羡慕他人的财富，而喜欢赞美富翁的才能。

4. 自主自立

美国人讲究自己动手。在美国，不管是医生、教授、律师、商人，他们都是自己煮饭洗衣，上市场购货。虽然有社会身份，但他们不认为干家务会降低他们的体面身份，他们也有经济实力雇佣保姆，但觉得自己会做，没必要雇佣保姆。自己动手的习惯与美国人的拓荒精神有密切关系。想象一下，在人烟荒芜的大西部，人们与荒野相伴，与自然共存，从基本的饮食起居到复杂的医疗教育，一切都得依赖自己。经过几十年的锤炼熏陶，这种自己动手的自立精神便深深地铸造进美国人的文化基因之中。此外，在美国人看来"do-it-yourself"不仅体现着人们的自立精神，而且人们还能从"自己动手"之后的成果中看到自己的能力和价值。

5. 实用主义

在美国实用主义不仅仅是职业哲学家的哲学，而且是美国人的哲学。由于美国没有悠久灿烂的古老文化，因此文化的创造只有在北美大陆的开发过程中才能出现。而要开发这片富庶的处女地，就必须打破一切的条条框框，服从于实际问题的解决，在这种历史背景下，美利坚民族形成了实用主义的哲学观。他们坚信"有用、有效、有利就是真理"。在实用主义哲学观念影响下的美国人不喜欢正规的、哲学抽象的、概念游戏的思辨哲学，不喜欢形而上学的哲学思考。在美国人眼里，有用就是真理，成功就是真理。他们立足于现实生活和经验，把确定信念当作出发点，把采取行动当作主要手段。

6. 物质主义

美国文化是物质性的，他们认为生活舒适是理所当然的人生追求，并且怀着优越感看待那些生活水准不如他们的人。当美国人谈论一个人的价值时，主要指物质价值。由于新教价值观的影响，美利坚民族至今仍以赚钱多少作为评价一个人社会地位高低的重要依据，仍然以赚钱聚财为荣。在美国社会里，人们向上进取的精神是炽热的。许多人都在拼命地工作，不惜付出自己的一切辛苦与智慧来谋求事业上的发展。通过个人奋斗取得成功，几乎成了美国式的信条。在这种价值观念支配下的美国社会，企业家普遍受到尊敬。人人都想办企业发家致富，人人都想进行创业。

第三节　教学案例及解读

美国的历史不算太长，但这个国家却产生了独特的文化。"任何事情在美国都是商业行为",卡耐基的这句话很好地诠释了美国的独特文化。

人教版高中英语教材选修八 Unit 1 A land of diversity 的第一篇阅读文章 California 重点介绍了加利福尼亚州的历史。从在这块土地上最早生活的土著人到西班牙人、俄国人、淘金者及后来到达加利福尼亚州的各色人种,突出了加利福尼亚州是一个有着悠久历史的多文化地区,也突出了美国的多元文化特点。现以本单元为例,具体阐述如何在中学英语教学中培养学生的跨文化意识。

一、教材分析

本课以"地域文化"为主题,旨在通过单元教学,使学生了解有关美国地理方面的知识,学习加利福尼亚州的基本概况,了解加利福尼亚州的历史及发展,使学生粗略了解美国的文明史,使他们了解美国的民族文化。

二、教学方法

以学生非常熟悉和喜欢的音乐视频 California 导入本课内容,采取多种教学方法(视听教学法、小组合作、师生互动等),引导学生利用寻读、跳读、预测等阅读策略理解文章大意,让他们了解加利福尼亚州的历史和文化,使他们明白加利福尼亚州是一个多元文化交汇和融合的地方,从而了解美国的民族文化,同时让他们知道华人在加利福尼亚州发展和繁荣中所做的贡献。

三、教学目标

1. 知识目标

Enable students to read and understand the passage.
Know about the history and culture of California.

2. 能力目标

Be able to use effective skills to understand the passage well, including finding out topic sentences, referring to linking words according to the context.

3. 情感目标

Enable the students to be aware of the cultural diversity of California and know about the role that the Chinese people played in the development of California.

四、教学重难点

Using different reading methods to read and understand the passage. Knowing about the cultural diversity of California.

五、教学过程

Step I Warming-up and lead-in

Play the video about California for the students, then ask: Which place is the video about? What do you know about it?

【设计意图】以音乐视频直观导入话题,激发学生的课堂兴趣;提问学生关于加利福尼亚州的问题,激活他们大脑中已有的关于加利福尼亚州的知识,为文章的学习做铺垫。

Step II Pre-reading

① Show a map of America and ask students to find out California.

② Show pictures telling more information of California and ask students to talk about these pictures.

【设计意图】通过图片展示,学生讨论、教师介绍等方式让学生了解加州的地理、名胜、文化和历史等相关背景知识。

Step III Reading

Task 1: Prediction

Read the first paragraph, look at the pictures quickly and complete its main idea.

The text is about the brief _____ of California.

【设计意图】培养学生根据图片、标题等信息预测文章大意的能力。

Task 2: Skimming

What kinds of people are mentioned in this text?

Task 3: Careful reading

① When did the native Americans come to California? How did they come?

② What was the influence of the Spanish to California?

③ Who were the first to arrive in California to rush for gold?

④ When and why did the large number of Chinese immigrate to California?

Time	What happened in California?
15 000 years ago	
The 16th century	
The year 1821	
The year 1846	
The year 1848	
The year 1850	

【设计意图】学生在读完课文后,以小组活动的方式完成以上阅读任务,快速了解加利福尼亚州的历史文化。

Step IV Post-reading

① Discussion

Why is California in the 21st century such a multicultural community? What problems do you think might arise?

② Role-play

Imagine you are a Californian, introduce California to the tourists from China.

【设计意图】深化文章,让学生通过小组讨论认识到加利福尼亚州的多元文化特点,培养学生的跨文化意识

Step V Homework(略)

六、教学反思

The period goes smoothly for the following reasons: Firstly, the warming-up part makes the students feel relaxed, so the interest in the coming period is greatly stimulated. Next, different reading methods are used to train the students' reading ability and they have quite good effects. Besides, the role-play part makes the students review the passage and be willing to participate in the speaking activity, which makes the teaching period effective. However, there are still some problems in this period. For example, the teacher speaks too much Chinese when giving the students instructions.

思考题

1. 如果你有机会去美国,你更喜欢去哪个地方?加利佛尼亚还是华盛顿?这两个地方各有什么优点和缺点?

2. 为什么很多美国电影和美国歌曲都以加利福尼亚作为背景?

参考文献

[1] 丁诗雯. 从乔布斯的斯坦福演讲看美国人的核心价值观 [J]. 外国语文, 2013 (S1): 120 - 123.

[2] 高胜卡, 瞿少君. 把握美国人的性格 [J]. 英语自学, 1997 (3): 71 - 75.

[3] 徐文松. 论美国公路电影中的美国文化精神 [J]. 电影文学, 2012 (21): 49 - 50.

[4] 喻鑫. 基于新文化地理学的英美文化研究 [J]. 中学地理教学参考, 2015 (10): 62 - 63.

[5] 张晨霞. 美国人的性格特点及其成因 [J]. 黑河学刊, 2009 (4): 46 - 48.

第十五章　加拿大地理历史文化

"冬日一片白，金秋一片火，东西临大洋，南部枫树多"，这首简单的儿歌描述出了加拿大的特点：东邻大西洋，西濒太平洋，冬天多大雪，金秋枫叶如火，人称"枫叶之邦"。在加拿大广袤的国土上，有着难以计数的奇观美景，如独特的清凉夏季和枫叶般艳红的秋天。加拿大境内有着多姿多彩的地形地貌。巍峨的高山、雄浑的高原、富饶的谷地、众多的湖泊以及纵横交错的河流与星罗棋布的岛屿一起构成了加拿大神奇、独特而别具魅力的自然风光。辽阔的土地、丰富的资源、宽松的移民政策吸引了来自全世界不同地区、不同肤色的人来到加拿大，促进其多元文化的发展，使之成为一个名副其实的移民国家。

第一节　加拿大地理文化

一、自然地理

1. 地理概况

素有"枫叶之国"美誉的加拿大（Canada）是北美洲最北的国家，位于美国之东北，东临大西洋（the Atlantic Ocean），西达太平洋（the Pacific Ocean），南接美国本土，北濒北冰洋（the Arctic Ocean），东北隔着巴芬湾（Baffin Bay），与格陵兰岛（Greenland）遥首相望，西北与美国阿拉斯加州（Alaska）接壤。加拿大国土总面积为997.61万平方千米，是世界第二大国，仅次于俄罗斯（Russia），其中陆地面积909.350 7万平方千米，淡水覆盖面积89.116 3万平方千米。加拿大海岸线总长约24万千米。东部为丘陵地带，南部与美国接壤的五大湖和圣劳伦斯地区地势平坦，多盆地。西部为科迪勒拉山区（Cordillera），是加拿大最高的地区，许多山峰海拔在4 000米以上。最高山洛根峰（Mount Logan）海拔为5 951米，位于西部的落基山脉（The Rocky Mountains），山顶终年积雪，冬季极端寒冷，是加拿大西北的盲空地区。北部为北极群岛，多丘陵低山。中部为平原区。

2. 气候特点

因加拿大地域辽阔，致使其地形复杂，受不同气流的影响，气候差异甚为显著，境内90%的领土位于北纬50度以北，气候相当寒冷。在中西部安大略省（Ontario）境内，有世界第一大瀑布尼亚加拉瀑布，是加拿大的标志之一。瀑布横跨加拿大与美国的边界，气势磅礴。尼亚加拉瀑布也直译作拉格科瀑布，"尼亚加拉"在印第安语中意为"雷神之水"，印第安人认为瀑布的轰鸣是雷神说话的声音。在他们见到瀑布之前，就听到酷似持续不断打雷的声音，故他们把它称为"Onguiaahra"（后称Niagara），意即"巨大的水雷"。尼亚加拉瀑布实际由3

部分组成，从大到小，依次为：马蹄形瀑布（Horseshoe Falls）、美利坚瀑布（American Falls）和新娘面纱瀑布（Veil of the Bride Falls）。马蹄形瀑布位于加拿大境内，其形如马蹄；美利坚瀑布在美国境内，由山羊岛隔开；新娘面纱瀑布也在美国境内，它与其他两瀑布被月亮岛隔开了。事实上，在美国境内看到的只是尼亚加拉瀑布的侧面，在加拿大则可以一览其全貌。

千岛湖（Thousand Islands）是加拿大著名的旅游胜地之一，它位于渥太华西南200多公里的金斯顿（Kingston）附近。金斯顿由于地处五大湖的连接处，所以也被称为"水城"，在很久以前曾是知名的水运要塞。千岛湖的千岛是指圣劳伦斯河与安大略湖相连接的河段，散布着的1800多个大小不一的岛屿，最小的只是一块礁石，大的可以达到数平方英里。千岛湖中"岛"的定义很有意思，据说只要可以有2棵树生长的露出水面的土地，就可以被称为岛。这些岛屿如繁星般遍布在圣劳伦斯河上，湛蓝的湖面映衬着白云的倒影，宛若童话中的仙境。从卡纳诺基码头出航不远到伊微里（Ivy lea），有一座连接美加两国的国际大桥横跨千岛湖上，犹如一条天然彩虹，为千岛湖增加了几分娇艳。这座桥的中央就是两国的分界，上面有无人值守的海关。

加拿大的湖光山色闻名于世，不单是因它有辽阔的版图，且海岸曲折，拥有众多的岛屿及地形复杂的土地，也因它湖泊众多，淡水资源丰富，其中与美国接壤，总面积达24万平方千米的五大湖（Great Lakes），更是世界最大的淡水湖群。五大湖位于北美洲中东部，美国和加拿大之间，它是五个彼此相连、相互沟通的湖泊的总称，它们自西向东依次是：苏必利尔湖（Lake Superior）、密歇根湖（Lake Michigan）、休伦湖（Lake Huron）、伊利湖（Lake Erie）和安大略湖（Lake Ontario）。其中密歇根湖全部位于美国境内，其余四湖为美加两国共有。五大湖中的苏必利尔湖是世界最大的淡水湖，这五个湖泊所组成的五大湖是世界上最大的淡水水域，总面积达245 660平方千米，再加上水量巨大，又位于北美大陆的中部，因此，素有"北美大陆地中海"或"淡水海"之称。加拿大半数以上的人口居住在五大湖附近或圣劳伦斯河沿岸。这里的冬天常下大雪，夏季则比加拿大其他地方更长更潮湿。一年当中的降水量比较平均，雨量充沛，足以供应加拿大最好的农业区。

二、人文地理

1. 国　旗

加拿大国旗呈横长方形，长与宽之比为二比一。旗面从左至右由红白二色组成，旗面中间为白色正方形，内有一片11个角的红色枫树叶；两侧为两个相等的红色竖长方形。加拿大很大面积的国土全年积雪期在100天以上，故用白色表示；两个红色竖长方形分别代表太平洋和大西洋，因加拿大西濒太平洋、东临大西洋；红枫叶代表全体加拿大人民。加拿大境内多枫树，每到秋天，满山遍野的枫叶或呈橘黄，或显嫣红，宛如一堆堆燃烧的篝火，因此加拿大有"枫叶之国"的美誉。加拿大国旗上的枫叶代表了加拿大人对枫叶的钟爱。枫树是加拿大的国树，也是加拿大民族的象征。

2. 国　徽

加拿大国徽为盾徽。1921年制定，图案中间为盾形，盾面下部为一枝三片枫叶；上部的四组图案分别为：三头金色加拿大国徽的狮子、一头直立的红狮、一把竖琴和三朵百合花，分别象征加拿大在历史上与英格兰（England）、苏格兰（Scotland）、爱尔兰（Ireland）和法国（France）之间的联系。盾徽之上有一头狮子举着一片红枫叶，这既是加拿大民族的象征，也表示对第一次世界大战期间加拿大的牺牲者的悼念。狮子之上为一顶金色的王冠，象征英国女王是加拿大的国家元首。盾形左侧的狮子举着一面联合王国的国旗，右侧的独角兽举着一面原法国的百合花旗。底端的绶带上用拉丁文写着"从海到海"，表示加拿大的地理位置——西濒太平洋，东临大西洋。

3. 国　树

加拿大以枫树为国树，枫林遍及全国，素有"枫叶国"之美誉。枫叶作为加拿大的标志可以追索到 1770 年前后。加拿大有 10 多种枫树，最著名的是糖枫和黑枫。魁北克省（Québec）和安大略省（Ontario）是枫林最多的两个省。

4. 国　歌

《哦！加拿大》由卡力沙·拉瓦雷（Calixa Lavallée）作曲，阿多尔夫·贝西·卢提尔（Adolph‑Basile Routhier）作词，1880 年首次被演唱。国歌的歌词原先只有法文，1908 年，罗伯特·斯坦利·维尔写了英文歌词。1980 年 7 月 1 日加拿大政府宣布《哦！加拿大》为正式国歌，并在首都渥太华举行了国歌命名仪式。因此，加拿大的国歌有英法两种歌词。

5. 政治体制

加拿大政治体制为联邦制、君主立宪制及议会制，是英联邦国家之一，英国女王伊丽莎白二世为国家元首及国家象征，但无实际权力。加拿大总督是名义领袖的代表，他由英国女王任命。加拿大总督的职责包括：召集或解散议会，主持总理、最高大法官、内阁和枢密院的就职仪式，统帅三军。议会制政府包括联邦政府和地方政府两个等级。联邦政府包括总督、枢密院、总理和内阁。

加拿大的政体称为议会民主制，它由行政机构、立法机构和司法机构三部分组成。在联邦政府这一级，行政机构由总理及其内阁组成；立法机构由加拿大议会包括女王及其代表——总督、上议院和下议院组成；司法机构则是以加拿大最高法院及其组成部分为代表。在省一级，行政机构由省政府总理及其内阁组成；司法机构由省地方法院、高等法院以及上诉法院组成；立法机构一般由选举产生的省议会组成。

6. 人口和语言

加拿大地广人稀，虽然拥有世界第二的国土面积，人口却只有 3 567 万（2014 年）。加拿大人主要为英法等欧洲后裔，土著居民（印第安人 Indian、米提人 the Medes 和因纽特人 Inuit）约 150 万人，其余为亚洲、拉美、非洲裔等。来自印度、巴基斯坦和斯里兰卡的南亚移民人口达到 130 万。华裔人口中 25% 的人是在加拿大本土出生的，其余大部分来自中国内地、香港和台湾，加拿大现有华人约 145 万。居民中信奉天主教的占 45%，信奉基督教新教的占 36%。

加拿大是全球著名的多元文化聚集地，华裔、印度裔、欧裔、亚裔和非裔的人口都十分可观，因此数十种语言被加拿大本地居民使用，但英语和法语才是加拿大的官方语言。加拿大全国 80% 左右的人讲英语，20% 左右的人讲法语。魁北克省为法语聚居地，这是历史上英法两国殖民战争争夺北美殖民地所遗留下的问题。加拿大英语（Canadian English）是一种在加拿大广泛使用的英语方言。有超过2 500万的加拿大人不同程度地使用加拿大英语，占到人口总数的85%。加拿大英语可以被描述成是一种美国英语、英国英语和魁北克法语的结合，一种独有的"加拿大主义"（Canadianism）。加拿大英语的遣词基本等同于美国英语，只有很小部分的用法不同。

7. 首　都

加拿大的首都是渥太华（Ottawa），面积2 778平方千米，位于安大略省东南部，渥太华河南岸，多伦多以东400千米，蒙特利尔以西190千米。

渥太华在1826年9月26日以"拜顿"之名建立，为爱尔兰和法国的基督教乡镇，于1850年1月1日合并为一个城镇，并以"渥太华"之名合并取代，并不断发展成为加拿大的政治和工业技术中心，现在已成为一个具有多元文化、高水准生活水平、低失业率的大城市。

"渥太华"这个名称来自亚冈昆语，意思为"贸易"。渥太华常被华人简称为"渥京"。

8. 交　通

加拿大交通很发达，各种各样的交通工具都有。加拿大的公路网四通八达，高速公路和普通公路总长达84万千米，几乎遍及全国每个有居民的角落。横贯加拿大的高速公路（7 725公里）于1971年全线通车，是全世界最长的国家高速公路。加拿大拥有两条横贯东西海岸的铁路大动脉，加上其支线基本上覆盖了北极以南的加拿大领土。全加拿大铁路网向南与美国东西海岸的铁路干线相连，构成了四通八达的北美铁路系统。铁路经营横跨加拿大的客运服务。航空运输在加拿大占有独特的地位，东起圣约翰斯，西至维多利亚，各大城市都有班机往来，还有支线沟通很多小城镇。加拿大经过核准的机场共886个，主要机场68个。多伦多皮尔逊国际机场是加拿大最大的机场。海洋运输是加拿大传统的重要对外运输渠道，加拿大的远洋巨轮来往于世界各主要港口。

9. 社交礼仪

加拿大是一个移民众多的国家，除了加拿大的自然环境外，自由宽容的多元文化环境是使各个民族和种族的人们选择在加拿大生活的另一个重要原因。

加拿大除了因纽特人和印第安人以外，其他各个民族和种族都是从世界各地迁徙而来的，经过历史的磨合，来自亚洲、美洲、欧洲等地的不同民族相互了解，并学会了互相尊重。现在，加拿大的各个民族和种族不仅自豪于本民族的文化，更为加拿大兼容并包的整体文化心态而自豪。不同的文化，无论其强弱，都在加拿大这片自由的土地上得以完整地保持自己的特色，而不被同化或彻底消亡。现在加拿大的印第安人和因纽特人就仍然保留着本民族的生活方式。他们大多居住在石屋、木屋和雪屋里。为了防寒保暖，房屋一半陷入地下，门道极低。他们一般会养狗，用以拉雪橇。主要从事陆地或海上狩猎，辅以捕鱼和驯鹿，并且以猎物为主要生活来源，以肉为食，毛皮做衣物，油脂用于照明和烹饪，骨牙作工具和武器。加拿大因纽特人（爱斯基摩人）性格乐观、慷慨大方、友善和气、喜欢说笑。他们异常好客，被喻为是世界上"永不发怒的人"。

加拿大各种文化的完好保持，离不开加拿大政府的多元文化政策。自1971年加拿大政府确立多元文化方向以来，经过1988年通过的《加拿大多元文化法》和2003年起每年一度的加拿大多元文化节，加拿大的多元文化形象已深入人心，不同文化间的和谐相处成为加拿大文化的最大特点。加拿大人社交习俗总的特点可用这样几句话来概括：

加拿大人很友好，性格坦诚心灵巧；
平易近人喜幽默，谈吐风趣爱说笑；
枫叶极为受崇敬，视为友谊与国宝；
白雪特别受偏爱，生活为伴离不了；
白色百合为丧花，"十三""周五"惹烦恼。

加拿大人生活习性包含着英、法、美三国人的综合特点。他们既有英国人那种含蓄，又有法国人那种明朗，还有美国人那种无拘无束的特点。他们热情好客、待人诚恳。他们喜欢现代艺术，酷爱体育运动，尤其是冬季冰雪运动。加拿大是世界上驰名的"枫叶之国"。枫叶点缀了加拿大的国土，加拿大人民对枫叶产生了极其深厚的感情。他们视枫叶为国宝和祖国的骄傲，还把枫叶喻为友谊的象征。他们还偏爱白雪，他们视白雪为吉祥的象征，常用筑雪墙、堆雪人等方式来助兴，他们认为这样可以防止邪魔的侵入。他们特别喜欢客人赞扬他们美好的国家和勤劳智慧的人民。

加拿大人在社交场合与客人相见时，一般都惯行握手礼。亲吻和拥抱礼虽然也是加拿大人的礼节方式，但它仅适合于熟人、亲友和情人之间。

加拿大人大多数信奉新教和罗马天主教，少数人信奉犹太教和东正教。他们忌讳"13""星期五"，认为"13"是厄运的数字，"星期五"是灾难的象征。他们忌讳白色的百合花，因为他们认为它会带来死亡的气氛，人们习惯用它来悼念死人。他们不喜欢外来人把他们的国家和美国进行比较，尤其是拿美国的优越方面与他们相比，更是令他们不能接受。

由于历史的原因和人种的构成因素，加拿大人生活习俗及饮食习惯与英、法、美相仿。其独特之处是他们养成了特别爱吃烤制食品的习惯，这主要是由于地理环境天寒地冻的影响。他们在餐具使用上，一般都习惯用刀叉。他们极喜欢吃家乡风味烤牛排，尤以半生的嫩牛排为佳。他们习惯饭后喝咖啡和吃水果。注重讲究菜肴的营养和质量，注重菜肴的鲜和嫩。口味一般不喜太咸，偏爱甜味。

在加拿大拜访他人，无论正式与否，都须预约，"意外的"来访是不礼貌的。加拿大人见面礼仪一般为握手，在特殊场合如法语场合可用拥抱等法国礼仪。与加拿大人交谈时，切忌以手指点，交谈距离应远近适宜，交谈内容不要涉及私生活、收入、支出、女士年龄等隐私问题，最好不要随意谈论加拿大和美国的差异或有关加拿大英语区和法语区的话题。在进出大门、电梯和上下楼梯、车辆时应礼让妇女和老人，等车或等餐厅座位时应排队。

第二节　加拿大历史文化

一、政治历史背景

　　大约 22 000 年前，在欧洲人未到加拿大之前，已经有人类居住在这块辽阔的土地上。最早的居民是印第安人（Indians）和爱斯基摩人（Eskimo），而"加拿大"一名来自印第安语"Kanata"一词，意思是有许多茅屋的小村。在宗教、服装、语言、风俗、体育、交通工具等许多方面，他们都与中国古代的居民有很多相似的地方。因此，大多数学者都认为，早期的北美印第安人是来自亚洲的移民。最早一批的欧洲移民是法国人，他们于 1608 年移民到魁北克省，所以法国文化是最早在加拿大成立的欧洲文化，至今全国有 20% 多的人说法语，而联邦政府也规定法语与英语为加拿大的法定语言。至 1613 年，英国人也开始移民到加拿大，其后的几十年来，英法移民不断因毛皮贸易及加拿大的主权而发生争执，至 1756 年，双方终于爆发了七年战役，结果英国战胜，并于 1763 年获得支配权，成为加拿大唯一的统治者，直至 1774 年，《魁北克法案》签署，允许法裔人士保留其语言、宗教和部分法律。至 19 世纪初，更多的移民来加拿大，其中包括大批的中国人，他们更参与了在 1885 年完工的跨国铁路工程。在 1891 年至 1914 年间，已经有超过三百万的人来到加拿大，大多来自欧洲大陆。到了 19 世纪的二三十年代，一次改革运动出现了，一方面改革猛烈攻击掌握政府权力的特权集团，另一方面这场改革更反映了大多数加拿大人要求自己掌握自己事务的强烈愿望，至 1837 年，改革派中的激进份子发动了一次大规模的武装暴动，这次暴动虽然失败，却震动了英国政府，并于 1840 年通过法案，把上下加拿大合并为加拿大省，由总督直接统治，将加拿大变为殖民地自治。1856 年，人们在大不列颠哥伦比亚的弗雷泽河发现了金矿，掀起了一片淘金热潮，吸引了大批美国淘金者蜂拥而至。

　　1867 年 7 月 1 日，英国议会通过了《英属北美法案》（*British North America Act*），标志着加拿大自治的诞生，也标志着加拿大联邦制度的确立。以安大略（Ontario）、魁北克（Quebec）、新斯科舍（Nova Scotia）、新不伦瑞克（New Brunswick）四省形成加拿大联邦，7 月 1 日也被定为加拿大的国庆日。以后其他省区逐步加入联邦，1999 年 4 月 1 日努勒维特（Nunavut）成为继 10 个省、2 个特区之后的第 13 个省加入联邦的区域。1882 年 4 月 17 日，英女皇在渥太华（Ottawa）宣布加拿大在立法上脱离英国，并签署《加拿大宪法草案》，即现行的加拿大宪法。1931 年，加拿大的内政外交正式脱离了英国的从属关系，得到了完全的自治权，成为英联邦成员国，其议会之后也获得与英国议会平等的立法权。1945 年加入国际联盟，并于 1949 年加入北大西洋公约组织，正式稳固了其在国际政治方面的地位。1965 年，加拿大制定了自己的国歌、国旗。

二、移民历史

　　20 世纪初，加拿大向世界各地敞开了移民的大门，移民占到全国人口的 99%，并于 1988

年通过了《多种文化法案》，从而使加拿大的多元文化得到了正式承认。各地移民为加拿大带来了丰富多彩的文化气息，形成了多元文化环境。在这种环境中，各民族独特的艺术表现方式和特征相互影响，带来了加拿大文化事业的兴旺蓬勃。加拿大各民族的独特文化并存互行、"百花齐放"，共同发展繁荣。加拿大民族、种族成份的多样化带来了文化的丰富多样性，不同民族、种族的文化和睦共处的多元化特色成为加拿大与其他移民国家最显著的区别性标志。土著人文化是唯一真正属于加拿大自己的本土文化，加拿大土著人包括印第安人各民族、因纽特人以及欧洲殖民者与当地土著人的婚生后裔——梅蒂斯人。其中，因纽特人和印第安人是加拿大最早的土著居民。

加拿大公共事务与政府服务部于2001年发表的《加拿大概况》中关于土著人的部分指出：今天，加拿大土著居民约79万人，占加拿大全国人口的3%左右。其中"第一民族"印第安人占69%，梅蒂斯人占26%，因纽特人占5%。他们的人口增长率是全国人口增长率的两倍。

由于历史和现实的原因，加拿大印第安人的社会生活水平远远低于全国平均水平。比如，加拿大全国有75%的儿童读完高中，而印第安人只有20%的儿童读完高中；在保留地，约有1/5的住宅有两户或两户以上的家庭共住；印第安人收入是全国平均收入的1/2～2/3；劳动年龄的印第安人失业率为35%，有的地区甚至高达95%。土著人文化是唯一真正属于加拿大自己的本土文化，因为加拿大其他的文化都是由来自世界各地的移民引进的。加拿大最早期的移民是从17世纪开始向加拿大迁移的，他们给加拿大带来了他们自己的着装风格、饮食爱好和风俗习惯等。

第三节　教学案例及解读

现行高中英语教材中有着丰富的阅读材料，教材不再是一个知识面单一的孤立个体，而是将自然科学、文学以及文化知识的学习有机融合在一起的整体。实际上，英语阅读也是一种跨文化交际。人教版高中英语教材必修三 Unit 5 Canada — "The True North" 就通过两位中国女孩的加拿大之旅，向我们展示了加拿大的一些基本概况，包括它的地理位置、主要城市、自然风光、风土文化等等。本节以人教版普通高中课程标准实验教科书英语必修三 Unit 5 Canada 中的第一课时 Reading Canada — "The True North" 为例来阐述如何在阅读教学中开展跨文化教学。

一、教学内容

本课教学内容选自人教版普通高中课程标准实验教科书英语必修三 Unit 5 Canada。本单元的中心话题是李黛玉（Li Daiyu）等人在加拿大的旅游经历。与其他很多介绍国家的文章相比，本课的内容没有整体介绍加拿大的地理概况和风土人情，而是透过游客的眼睛来看加拿大。学生通过本单元的学习，可以初步了解加拿大的一些基本情况，包括地理环境、各大城市特点、人文活动、人口、生态环境、自然资源、野生动物等，让学生对加拿大的美丽、富饶、幅员辽阔、地广人稀有更深地了解。

阅读部分 A Trip on "The True North" 是篇游记，记述了李黛玉（Li Daiyu）和刘倩（Liu Qian）去加拿大看望表兄妹的旅途见闻。乘坐"真北方号"（"The True North"）列车横穿加拿大之前，她们的朋友林丹尼（Danny Lin）向她们介绍了加拿大的概况，包括面积、地貌、城市、人口、生态环境等。一路上，她们看到了加拿大的自然美景和野生动物。她们途中停靠卡尔加里（Calgary），谈到了卡尔加里大赛马会（Calgary Stampede）。加拿大地广人稀，多数人居住在美加两国边境。本文中还提到了桑德湾（Thunder Bay），五大湖（the Great Lakes），温哥华（Vancouver），多伦多（Toronto），以及加拿大丰富的淡水资源。

二、教学目标

1. 知识与技能

（1）了解加拿大的概况——地理位置、主要城市、风土人情等。
（2）学会阅读和使用地图。
（3）学会表达方向与位置的词汇和句型。
（4）练习阅读能力，包括猜词和信息寻找等。
（5）学习如何描述旅游地点，如李黛玉和刘倩参观的地方。
（6）理解文章内容，完成预设的问题任务。

2. 情感态度价值观

（1）让学生了解加拿大的地理、历史等文化背景知识，激发学生对了解英语国家的兴趣。
（2）充分利用学习资源，强化学生自主学习的意识，了解多元文化现象和多元文化国家的特点，激发学生学习英语的兴趣。

三、教学重难点

1. 教学重点

（1）对课文内容的整体把握。
（2）学生组织语言、运用语言的能力。

【重点突破】任务驱动，层层深入。利用"任务驱动"方法，使学生利用资源自主探究、解决一系列层层深入的问题。在教学中，教师作为问题的精心设计者和疑难问题的点拨者，培养学生组织语言的能力。

2. 教学难点

（1）对课文内容中细节的理解。
（2）对各种信息源的比较筛选，及学生易受无关因素的干扰而导致的学习效率问题。

【难点突破】设置情境，循序渐进，层层递进。设置富有情趣的情境，激发学生的阅读欲望，积极主动地进行自主探究。循序渐进地设计问题，激发学生的创新思维，层层深入地引导学生进行自主和协作学习。

四、教学方法

本节课的教学以建构主义学习理论为指导，以学生为中心，以问题为出发点，使课堂教学过程成为学生自主地进行信息加工、知识意义构建、创新能力发展的过程。教师在教学过程中则适时介入，引导、启发、组织、帮助、促进学生。为了更好完成教学目标，教师可以采用以下方法：

① 演示法：把制作的课件、动画等展示给学生看，便于学生对微观知识的把握，并从中获得灵感，从而解决问题。

② 评价阅读法：将学生通过对材料的收集、整理和内化而形成的学习成果，在全班学生中展示，使学生获得成功的喜悦，从而激发学生的后续学习热情。

③ 任务驱动教学法：将所要学习的新知识隐含在一个或几个问题之中，学生通过对所提的任务进行分析、讨论，并在老师的指导、帮助下找出解决问题的方法，最后通过任务的完成而实现对所学知识的意义建构。这一过程中，教师要设计创造性思维问题。

五、教学过程

（1）热身活动：猜单词。

在这个步骤中，教师给出两组前一节课学过的词，分别让两组学生上来猜。所采用的方式类似于《幸运52》：单词出现在屏幕上，其中一个学生背对着屏幕，负责猜；另一个学生则是解释者，他要用英语或辅以动作将单词的意思表现出来。两组学生之间展开竞争，看谁猜得又快又多。这个活动不仅可以复习上节课的内容，更重要的是活跃了课堂气氛，令学生很快融入课堂氛围。

（2）读前活动 a：自由展示。

在上这一课之前，给学生布置预习任务，介绍最想去的地方。Which country or place would you like to visit most? Why? 学生们自由组成小组，查找相关资料，然后对所搜集的信息进行整理，最后形成自己的 PowerPoint 展示文件。在课堂上，由本小组的发言代表进行展示和介绍。这一环节是这节课的重头戏。

（3）读前活动 b：自由交谈。

给学生提出这样一个问题：如果你有机会去加拿大，你最想看什么？If you have a chance to visit Canada, what would you expect to see there? 先要求他们在小组内讨论，然后再在全班学生面前发言。

（4）读前活动 c：小组讨论。

经过前面大量的有关加拿大信息的了解，你愿意用哪三个词语来描述加拿大？Which three words would you use to describe Canada? Why? 请小组代表发言。

（5）加拿大概况综述。

这一步骤是对上几个步骤的总结，同时也是教师整合并优化有关加拿大各种信息所进行的展示，目的是进一步加深学生对加拿大的了解，对他们所获取的知识进行梳理，也为下一个步骤展开铺垫。

（6）略读课文（First reading）。

在这个步骤中,教师给出 8 个问题,让学生带着这 8 个问题阅读课文,读完后回答问题。

① Why are the cousins not flying direct to the Atlantic coast?
② What is the continent they are crossing?
③ What is "the true north"?
④ Why do many people want to live in Vancouver?
⑤ What happens at the Calgary stampede?
⑥ Where does wheat grow in Canada?
⑦ Why would ship be able to reach the centre of Canada?
⑧ Name two natural resources that Canada has.

(7) 精读课文(Second reading)。

在这个步骤中,教师给出 5 个跟课文内容有关的句子,让学生判断正误。如果该句是错的,请给出正确答案。

① The girls went to Canada to see their relatives in Montreal.
② Danny Lin was going to drive them to Vancouver.
③ You can cross Canada in less than five days by bicycle.
④ The girls looked out the windows and saw native Indians and cowboys.
⑤ Thunder bay is a port city in the south of Canada, near Toronto.

(8) 复述课文(Retelling)。

教师给出课文中的关键词汇,让学生用自己的话来复述课文。

Helpful words and expressions:

| great scenery | second largest | go eastward |
| from west to east | surrounded by | catch sight of |

(9) 口头作文(Oral practice)。

教师设定一个情境,给出一些关键词汇,让学生模仿课文,编一段对话或一篇短文。Suppose two of your cyber pals in Canada come to visit Xi'an and you are meeting them at the airport. While you are driving them home, you are telling them something about China and Xi'an just as what Danny Lin said in the text. Work in groups. You are required to present either a short passage or a short dialogue.

Helpful words and expressions: great scenery, catch sight of, go northward from south to north, theme parks, surrounded by

(10) 作业布置。

① 要求学生将第九步中的口头作文写出来,变成书面作文。
② 要求学生查找阅读加拿大的历史、地理等文化背景知识,并用自己的语言介绍加拿大。

六、教学反思

本节课是一节阅读课,教师将本节课设计为竞赛、导入、个人探究、互动交流、协作探究、讨论及口头作文等九个步骤。在备课和授课过程中,教师充分发挥自制网络课件的优势,使本节课的内容更加充实，容量更多，既贯通了所要学的知识，又拓展了课外知识，使得学生在学习过程中兴趣更加浓厚，积极自主地进行探究，讨论问题热烈，课堂气氛活跃。

对加拿大地理、历史等文化背景知识的补充学习，使学生更加了解英语国家的文化知识，极大地激发了学生走出国门看世界的想法以及对英语学习的兴趣。同时，也有助于加深学生对本国文化的理解和认识，在进行跨文化对比时能更准确、深刻地认识到本国文化与异国文化的异同，帮助学生建立世界意识，增强跨文化交际能力。

思考题

1. Why is Canada called as a "land of maple trees"?
2. 为什么加拿大会是一个移民国家？
3. 请参照加拿大国旗国徽的设计思路，结合你所在城市的特点，为你所在的城市设计一面旗帜。

参考文献

[1] 人民教育出版社课程教材研究所，英语课程教材研究开发中心．英语3［M］．北京：人民教育出版社，2007．

[2] 人民教育出版社课程教材研究所，英语课程教材研究开发中心．英语3教师教学用书［M］．北京：人民教育出版社，2007．

第十六章　澳大利亚地理历史文化

A willful, lavish land —
Ah, you who have not loved her
You cannot understand…
一个坚韧、富饶的国度——
不热爱她的人
永远不了解她。

——澳大利亚诗人多萝西娅·麦凯勒（Dorothea Mackellar）

这是选自《我的祖国》（My Country）的几行著名诗句，是一首关于澳大利亚的赞美诗，是每个刚学习和了解澳大利亚的人都应该通读的一首诗。

在大多数人的想象中，澳大利亚是一片辽阔的土地，那里有尘土飞扬的红土原野，那里栖息着大群大群的绵羊和袋鼠，那里有着成千上万的热带植物，还有世界上最大的珊瑚礁，居住着工作勤奋而饱经风霜的农民、木工。这种描述，是澳洲的很多文学作品所渲染的一种景象，它们歌颂这块"被烈日晒着的土地"，歌颂这块土地上的辛勤开拓者，歌颂这个他们热爱的祖国。

第一节　澳大利亚地理文化

一、自然地理

澳大利亚地处南半球，孤悬于南太平洋和印度洋之间，四面环海，海岸线较为平直，长达 36 735 公里。澳大利亚包括整个澳大利亚大陆、塔斯马尼亚岛及其他海外小岛。东濒太平洋的珊瑚海和塔斯曼海与新西兰为邻，北、西、南三面临印度洋及其边缘海，北部隔帝汶海和托雷斯海峡与东帝汶、印度尼西亚和巴布亚新几内亚相望，南部与南极洲隔海相望。这样一个世界上最孤独，同时也是最安全的国家，就是澳大利亚。

澳大利亚国土总面积为 769 平方千米，仅次于俄罗斯、加拿大、中国、美国和巴西，居世界幅员大国第 6 位，是世界上唯一一个国土跨越整个大洲的国家，因此人们常把澳大利亚俗称为"澳洲"。但严格地讲，这个俗称是不准确的，因为澳大利亚只是大洋洲的一部分，尽管是其主要的部分。澳大利亚疆土辽阔，相当于欧洲的 4/5。陆路边界线从东到西长达 4 000 多千米，从南到北，仅大陆部分就有 3 200 多千米。

澳大利亚大陆在世界各大陆中海拔最低，地势起伏最平缓。全国自然地理分为东部山地、中部低地和西部高原3个地区。境内只有5%的土地海拔超过600米，平均海拔330米，澳大利亚没有像喜马拉雅山和阿尔卑斯山那样的崇山峻岭，东部的大分水岭虽然绵延3 000多千米，但最高峰科西阿斯科山海拔只有2 230米，是世界上各大陆所有最高峰中的最低峰，仅及珠穆朗玛峰的1/4，但已是这个大陆的最高点。澳大利亚也没有像亚马逊河和长江那样的巨流大川，墨累河（Murray River）是境内第一大河，全长3 750米，全年河水的流量只等于长江的8天，至于其他河流就更不用说了，一些甚至是季节河。中部低地以艾尔湖为中心形成的大盆地是澳大利亚最低点，湖面低于海平面12米，称为大自流盆地，这里地下水丰富，往往会自动喷出井外，形成自流井，是全国主要的牧区。墨累河及其支流达令河所在的平原是全国主要的农耕区。由于气候干燥，国土的三分之一是沙漠。

澳大利亚国土辽阔，近40%的土地在南回归线以北，兼具温带、亚热带、热带和沙漠气候。总的来说，它是个天气晴朗，多日照，温暖少雨的地方。年降雨总量约为470毫米，有"全世界最干燥的大陆"之称。澳大利亚人口集中的东南沿海一带，雨量适中，气候湿润。由于地处南半球，澳大利亚的季节和北半球的季节刚好相反。我国是北风雪飘的隆冬，它那儿则是炎热的夏季，我国是姹紫嫣红的春天，它却是红叶烂漫的秋天。澳大利亚9～11月是春季，12月～翌年的2月是夏季，3～5月是秋季，6～8月是冬季。

二、人文地理

1. 人口与民族

澳大利亚人口2 300万左右（2014年11月），人口密度约为每平方千米2.9人，是世界上人口密度最低的国家之一。由于大部分地区极为干旱，并不适宜居住，因此，人口分布很不均匀。北部是无际的雨林；广大的内陆和西部地区气候炎热干旱，沙漠和草原广布，人口分布很少；东南部和西南部沿海一带，气候温和湿润，土地肥沃，集中了全国绝大部分人口。85%以上的人口聚居在城市，土著居民大多生活在政府的保护地内。

澳大利亚是典型的移民国家，被社会学家誉为"民族的拼盘"，已先后有来自全球120个国家和地区，140多个民族的人在这里谋生和发展，多民族形成的多元文化成为澳大利亚社会的一个显著特征。

最初来到澳大利亚的是英国人、法国人、爱尔兰人、希腊人和南斯拉夫人。1858年由于黄金狂潮的追捧，来自世界各地的移民涌入澳大利亚。大批亚洲人来到澳大利亚则是在朝鲜战争结束之后。20世纪80年代中期，香港移民显著增加。近年来，中国有数万人以留学的名义去澳大利亚，其中多来自北京、上海、广州等一线发达城市。

目前，在澳大利亚的中国人是作为非英语背景的第三大民族。因此，在澳大利亚的大小街头，随处可见中文，在墨尔本的唐人街更是满眼熟悉的黄皮肤、黑头发的，说着中文的中国人以及熟悉的方块字，不绝于耳的乡音让人恍若置身于自己的国土。这足以说明中国人是个生命力顽强的民族，可以走到世界的每一个角落，将悠久的中国文化传播到世界各地。

与北美国家相比，澳大利亚这个多民族融合的国家有其自身的独特性，前者被称为"民族的熔炉"，而后者被喻为"民族的拼盘"，各民族都有相对的独立性。在多元文化政策的保护下,各民族都保留了自己的文化、语言、风俗习惯和生活方式。

2. 语言、宗教和艺术

澳大利亚官方语言为英语,少数土著居民有本民族语言。居民主要信奉基督教,少数人信奉佛教、伊斯兰教、印度教和犹太教等,各宗教信徒和平共处。

澳大利亚是由全世界各民族组成的国家,在文化艺术方面充分展示了它的丰富多彩。一方面,它体现在土著人的绘画、文学和音乐中,另一方面,也表现在西方传统的艺术、文学、现代舞蹈、电影、歌剧和戏剧中。亚太地区也是影响澳大利亚文化的一个重要的因素,因此,澳大利亚的作品在其内容和风格上往往融澳大利亚和其他国家的特色于一体,充分体现了多元文化的影响。

作为一个多民族的国家,土著文化的价值越来越被人们所熟悉。澳大利亚的土著文化历史可以追溯到2万年前,土著人有丰富的口头传说,有与祭奠有关的原始舞蹈,但最为突出的还是绘画,绘画是土著人记录历史、延续文化的一个重要的手段,土著绘画的内容以梦幻为永久的主题,主要描绘各种神话传说及土著的风俗习惯和生活情景,土著绘画的形式主要有石壁画、树皮画和沙石画,颜色多取于褐、白两色。

3. 影视、文学和音乐

澳大利亚的电影在世界上有很大的影响力,经常荣获各项世界电影大奖,并为好莱坞输送了大量的优秀人才。在某种意义上歌剧是一种典型的澳大利亚艺术形式,尽管它发源于意大利,但澳大利亚人赋予它非凡的热情和新的内涵,从内利·梅尔巴夫人到琼萨瑟兰夫人,澳大利亚为世界培养了众多杰出的女歌剧演唱家。

澳大利亚的文学作品在国际上享有盛誉,土著人以及来自海外的移民作家为这方面增添了新的内容,目前,澳大利亚的文学作品逐渐反映出亚太地区对其文化的影响。

澳大利亚人酷爱欣赏音乐会,澳大利亚有八个大型专业交响乐团,就通俗音乐来讲,澳大利亚所提供的乐曲数量在世界英语国家中排第四位,澳大利亚摇滚音乐的出口正日益发展,其文化艺术是一个巨大的行业,它雇佣33.6万人,每年创造的价值达130亿澳元。

澳大利亚人也非常喜爱观看戏剧演出及参观美术展览,假如按人口平均计算,澳大利亚人购买杂志和书籍的数量在世界上首屈一指。澳大利亚拥有众多的美术馆、剧院和图书馆,最重要的从事收藏的文化设施有澳大利亚国立美术馆、澳大利亚国立图书馆、澳大利亚国立博物馆、澳大利亚国家电影和音响档案馆、国家科技中心、澳大利亚战争纪念馆和国家海洋博物馆等,多达1 300多个博物馆收集并保存着澳大利亚的文化遗产,悉尼歌剧院称得上是澳大利亚最具特色的城市标志建筑物。

三、经济地理

澳大利亚地大物博,自然资源十分丰富,为经济发展提供了得天独厚的条件。人均国民总产值已超过2万亿美元,居世界前列。农牧业和矿业是澳大利亚经济的两大支柱产业,因此人们形象地称其为"骑在羊背上的国家"和"坐在矿车上的国家"。在澳大利亚,除了可以呼吸到弥漫着大洋浓郁海腥味的空气外,似乎到处都隐隐约约漂浮着那特殊的羊膻味,即使刚到那儿的游客，也忍不住敞开胸怀，放松一下心情。

澳大利亚的畜牧业十分发达，最为著名的就是养羊业。澳大利亚的绵羊体态肥硕，羊毛细长又结实。在澳大利亚，养羊的牧场特别多，羊群的数量要比人口数多上10倍以上。羊多，羊毛的产量也多，澳大利亚的羊毛产量和出口量都是世界第一。

澳大利亚的耕地也十分广阔，主要农作物是小麦，年产2 000万吨以上，除了自给，其余大部分可供出口。澳大利亚与美国、加拿大、法国为世界四大小麦出口国。甘蔗也是重要的作物，产于东北部热带沿海。澳大利亚各地气候差异很大，这使得它可种植的经济作物和水果品种特别多，每年都可大量外销。

澳大利亚应用现代高科技技术来管理和发展支柱型产业，如牧场广阔耕地多，逐步由机器取代人工，推广使用机械化农业和现代化畜牧业管理，用飞机播种草籽、喷洒农药灭虫，用机器屠宰、加工和剪羊毛。

澳大利亚矿产资源十分丰富，其特点是品种多，储量大，品位高，埋藏浅，易开采。早在19世纪中叶，澳大利亚发现黄金，从而引发了轰动全球的淘金热。现如今，它是世界上最大矿产出口国，第一大煤炭出口国，第二大铁矿出口国。

第二节　澳大利亚历史文化

一、早期历史

澳大利亚的历史既称得上悠久，也可以说短暂。从地质学角度看，它的历史是悠久的。这块古老的大陆上，几乎见不到高峻的山脉，就是一个例证，因为许多高地在漫长而持续的风化和侵蚀的过程中，均被夷为平缓的山地。据鉴定，有些岩石已经有30亿年的历史。土著人的历史也相当久远，早在四五万年前，他们的祖先就渡海来到这里繁衍生息。然而土著人长期停留在石器时代，由于没有文字记载，其历史只能根据神话和考古来发现了解一些，以至于称为"梦幻的时代"。澳大利亚作为一个国家，历史是相当短暂的，即使从第一批来此的欧洲移民算起，也只有几百年历史。

"澳大利亚"一词在拉丁语中是"南方"的意思，来自拉丁文Terra Australis（南方的土地）。古希腊地理学家托勒密认为，在赤道和南极之间，应该有一块大陆存在，才能与北半球的大陆保持平衡。他把这块想象中的大陆绘入地图，并标明"未知的南方陆地"。从地理大发现时期开始，许多航海家便纷纷寻找这块南方大陆。第一个见到澳大利亚的欧洲人是荷兰航海家杨茨，1606年他抵达今约克半角并登岛。1642年，另一位荷兰人塔斯曼发现了后来为纪念他而命名的塔斯马尼亚岛。不过，当时的欧洲人把这些地方视为蛮荒之地，并未给予足够重视。

二、近现代历史

对南方大陆做出重大贡献的是英国航海家库克船长（Captain James Cook）。1770年，他率考察船"努力号"来到东海岸的一处海湾。上岸以后,库克船长和随行的植物学家惊喜地发现这里的气候宜人,土地肥沃,生长着品种众多的花草树木,于是把此地命名为"植物湾"(Botany Bay)。如今,库克船长的登陆地已建成国家公园,公园里有陈列馆和纪念碑,以纪念这次伟大的登陆。随后,库克船长又率领船队北上,勘察了整个东海岸并绘制了地图,宣布这片辽阔的土地归英国所有。这是英国移民来澳大利亚定居和澳大利亚建国的序曲,因此库克船长被尊称为"澳大利亚之父"。

库克船长在南方发现大陆的报告在英国引起很大反响,但是当时的英国并没有立刻前去开拓这片土地。直到美洲的美国独立后,英国感觉到急需一块新的土地,用来流放罪犯,才想到利用南方大陆。1778年,菲利普率"第一船队",载运着犯人到达植物湾,发现此地不适合建立居民点。8天后,他便离去,迁移到植物湾以北约20千米的杰克逊湾(Port Jackson),1月26日在这里建起第一个移民点,这就是今天的悉尼。1月26日同样也是澳大利亚联邦的国庆日(Australia Day)。

悉尼作为一个流放罪犯的移民地,条件极为艰苦,生存之需促使当时的人们进行很多农业方面的尝试。随着英国本土对羊毛需求的增长,养羊业在澳大利亚迅速发展起来,进一步刺激移民者由悉尼不断向外扩展,19世纪初期到19世纪30年代,各船队不断地探索,终于摸清这块大陆的大小,此后,不断地在沿海边建起移民点,后来逐渐演变成澳大利亚6个州的核心和首府。直到今天,这些地方一直是人口密集的区域。

19世纪50年代,澳大利亚发现了金矿,掀起了当时的淘金热,吸引了世界上成千上万的人涌入澳大利亚,使得澳大利亚的历史因此改变。黄金热导致的移民和扩张也促使了农牧业和城镇的快速发展。与此同时,世界各国开始密切地交往,澳大利亚也开始寻求变革,澳大利亚各州各自为政的状态也逐渐被打破。当时法、德、美等国对大洋洲诸多岛屿的不断染指,也直接威胁到澳大利亚人的利益。

19世纪20~50年代,随着澳大利亚经济和贸易的不断繁荣,各州的财富不断地集聚,发展速度远远超过英国任何一个殖民地,整体水平接近了英国本身。但作为英国流放罪犯的殖民地,其经济增长受到了原有政治体制和经济体制的束缚,因此打破这种束缚至关重要。同时,随着经济的发展和澳大利亚各殖民地之间的往来交流频繁增多,人们感到建立一个维护共同利益不受侵犯的联邦政府势在必行。为此,各殖民地联合制定了联邦宪法草案,经过多次修订,1899年举行公民投票通过。1901年1月1日澳大利亚联邦正式成立,成为英国的自治领地。澳大利亚既是一个独立的国家,又是英联邦的成员国,它没有自己的国家元首,只有总督,总督是英国女王选定或批准的,是英国女王在澳大利亚的代表。

随后的两次世界大战中,英国的实力大大削弱,澳大利亚逐渐脱离英国的控制和影响,1931年澳大利亚内政和外交独立,成为英联邦内的独立国家。1986年,英国女王伊丽莎白二世访问澳大利亚,在首都堪培拉签署了"英国——澳大利亚关系法",终止了英国在澳大利亚的各种特权,英国的任何法律对澳大利亚不再有效。澳大利亚是一个体育强国,曾举办多项全球体育盛事。澳大利亚曾两次主办夏季奥运会,并且是每年的一级方程式赛车和澳大利亚网球公开赛的常年主办国。澳大利亚积极参与国际事务,是联合国、20国集团、英联邦、太平洋安全保障条约、经济合作与发展组织及太平洋岛国论坛的成员。随着经济和社会的不断进步与发展,澳大利亚逐渐跻身于世界发达国家行列。

第三节　教学案例及解读

人教版高中英语教材三年级第三单元的中心话题是"澳大利亚",主要内容涉及澳大利亚的地理、历史、主要城市、自然风光、野生动植物、风俗习惯等方面,本单元旨在让学生领会不同文化的差异,培养他们的跨文化意识,本单元的语言技能和语言知识都是围绕这一中心设计的。

一、案例描述

本节课为人教版高三年级第三单元综合技能训练部分的内容,本节课进一步完善了学生对澳大利亚的理解,在整个高中英语教学中,学生已经完成了对美国、英国、新西兰等国家的学习,在此基础上对澳大利亚作介绍。教学对象为高中三年级的学生。

二、教学内容

学习有关澳大利亚动植物、面积、物产、气候、风俗等方面的情况,能灵活使用课本中所涉及的语言点,并能复述澳大利亚的基本情况。

三、教学目标

1. 知识与能力
(1) 抓住知识点,正确把握文章的主旨,能够复述课文。
(2) 培养和提高阅读(浏览、寻读主要事实)的能力,强化用英语获取信息、处理分析问题、解决问题的能力以及用英语表达相关话题、复述课文的能力。
(3) 通过与话题相关的图片、课文的学习,逐渐形成跨文化交际意识,培养基本的跨文化交际能力,拓宽视野,理解各国文化。

2. 情感领域
(1) 通过对动物的讨论,培养学生关注自然、热爱自然的良好习惯。
(2) 通过寻读,培养学生细致、耐心的良好习惯。
(3) 通过讨论等形式,培养学生协作探究的合作精神。

3. 发展领域
(1) 协作讨论话题,注意关联词的使用,训练英语书面表达的条理性。
(2) 通过发散式思维积累词汇,引导学有余力的学生通过网络、图书馆来拓宽学习渠道,并在学习活动中强化互助与共享的必要性。

四、教学重点、难点

1. 教学重点

谈论澳大利亚的动物、人口、面积、资源及气候等。

2. 教学难点

归纳课文段落，在很短的时间内组织复述。

五、教学方法

1. 教学媒体设计

自制多媒体课件，创设典型场景，渲染氛围，激发学生的学习热情，把学习过程和情感活动结合起来。

2. 自主学习设计

学生自主探究，归纳教材中的要点。

3. 协作学习设计

以动物为题材，让学生自由讨论，提出看法，应强调学生的主动性，让他们主动学习，主动探究，主动获取知识。在学习过程中，让学生参与竞争。

4. 教师参与和指导

学生自主学习时，教师进行指导监督；学生竞赛时，充当记分员；对知识点和学生论点进行归纳总结。

六、教学准备

（1）利用网上资源，为教学做好准备。收集澳大利亚国旗、动物图案、风景图、视频文件和其他资料，根据自己的授课内容制成配套使用的 PowerPoint 课件，让学生能更直观地走进澳大利亚。

（2）根据教学目的和要求，认真思考，精心设计足以启发学生思考的问题，不断开启学生思维的门扉，引导他们发挥聪明才智。

七、教学过程

1. 新课导入

播放一组有趣的动物图片。让学生讨论：Do you like animals? Do you want to make friends with them? Why?（学生协作完成短小的口头作文。）

【设计思路】引导学生积极思考，除导入新课外，也为本单元的写作奠定基础。

播放鸭嘴兽和树袋熊视频文件，提出问题：If you want to call on your new friends, where should you go? 引入澳大利亚风光。形象生动地吸引学生,迅速切题。

2. 研读课文,概括文章段落大意,整体把握课文

① 听课文录音。

② 提炼出各个段落的大意。

【设计思路】整体把握,感知全文。引起学生对新课学习内容的关注,又为学习后面材料,深入领会文章做好铺垫。

3. 深入探讨

判断正误:

① It was probable that South America was once connected to Australia.

② In term of area Australia is more or less the same as the USA.

③ Australia has about one-third of the world's sheep and produces almost one-sixth of its wool.

④ If you are invited to an Australian home, you will probably have a barbecue and roast a steak of fish at home.

【设计思路】培养和提高学生阅读(浏览、寻读主要事实)的能力,培养学生耐心细致的学习习惯。

分组竞赛活动:就课文进行提问回答,把全班学生分为两个组,能提出一个问题或回答一个问题的学生都分别记一分,得分的学生保持站立状态,游戏结束后统计得分。

4. 能力拓展

让学生充当导游,向大家简单介绍澳大利亚。

【设计思路】使学生在运用中熟记单词,熟悉澳大利亚,更牢固地掌握知识,体验到成功的快乐,使他们最终成为独立的学习者。

5. 总结及课后作业

教师总结并且布置本单元写作要求:描写澳大利亚动物。

八、教学反思

本节教学活动中的收获:一是英语教学活动中师生间的互动交流是英语教学活动的基础。二是在教学中要充分考虑以学生为主,发挥学生的探索精神,让学生的自主性得到充分发挥,教师则充分发挥其主导作用。

该节课由于与多媒体课件相结合,利用图片再现情景,使学生能直观了解澳大利亚,充分调动了学生的积极性。但多媒体课件只是教学活动中的辅助工具,教师应该合理使用它,不应该过分依赖课件甚至受到它的限制。

思考题

1. 结合本节内容,叙述澳大利亚的自然、人文、经济三方面有何独特之处?

2. 结合本节内容，叙述澳大利亚的自然、人文、经济三方面相互作用是什么？

3. 从澳大利亚早期的历史文化来看，人类对于澳大利亚的探索和发现对其发展起到了什么作用？

4. 澳大利亚的历史文化造就了一个什么样的澳大利亚？

参考文献

[1] 伊尔萨·夏普. 文化震撼之旅：澳大利亚 [M]. 北京：旅游教育出版社，2008.

[2] 沈永兴，张秋生，高国荣. 列国志·澳大利亚 [M]. 北京：社会科学文献出版社，2010.

[3] 于杭，梁再冰. 世界列国国情习俗丛书：澳大利亚 [M]. 重庆：重庆出版社，2004.

[4] 王俊. 世界我知道之澳大利亚 [M]. 长春：东北师范大学出版社，2012.

[5] 张丽娟. 澳大利亚土著民俗文化精粹简析 [J]. 语文学刊，2009（17）：133-134.

[6] 黄燕敏. 浅谈澳大利亚的文化与艺术 [J]. 苏州大学学报：工科版，2008（5）：59-60.

[7] 王鉴. 澳大利亚的多元文化主义政策 [J]. 世界民族，2004（4）：37-43.

第十七章　新西兰地理历史文化

"新西兰人分别来自许多不同的文化背景，同时以热情和友善享誉国际，美丽的田园、清洁的环境、健康的生活方式以及多元文化社区，使得新西兰成为来自世界各地移民的理想国家。"这既是广告词，更是新西兰的真实写照。本章主要介绍新西兰的地理、历史和人文方面的知识并进行相关文化教学案例解读。

第一节　新西兰地理文化

一、自然地理

享有"长白云之乡"（The land of the long white cloud）美誉的新西兰属于大洋洲，位于太平洋西南部，澳大利亚东南方约 1 600 千米处，介于南极洲和赤道之间，西隔塔斯曼海与澳大利亚相望，北邻新喀里多尼亚、汤加、斐济。

新西兰国土面积为 268 680 平方千米（位列世界国家和地区第 75 名）。专属经济区 120 万平方千米，水域面积占 2.1%，国土长 1 600 千米，东西最宽处 450 千米，海岸线长 6 900 千米。新西兰由北岛、南岛、斯图尔特岛及其附近一些小岛组成，新西兰素以"绿色"著称。南岛西部绵亘着雄伟的南阿尔卑斯山脉。库克峰海拔 3 764 米，为全国最高峰。山区多冰川和湖泊。西部是丘陵，西南部是高原。北岛东部地势较高，多火山，中部多湖泊。湖的周围为平原，在平原上耸立着高达 2 797 米的鲁阿佩胡火山，是北岛的最高点。惠灵顿（Wellington）是新西兰首都且是世界上处于最南端的首都，城市面积 266.25 平方千米，市区人口近 20 万，大区人口近 50 万，平均气温夏季 16℃左右，冬季 8℃左右。奥克兰（Auckland）是新西兰第一大城市，也是全国工业、商业和经济贸易中心。奥克兰位于新西兰北岛的奥克兰区，它拥有 56 个小岛，一半内陆城镇、一半海边城镇的特点使之成为一个多元化的水世界。全球最重要的跨国公司都在奥克兰设有办事处，奥克兰事实上也是新西兰的"经济首都"。奥克兰是新西兰对外贸易、旅游的门户，是重要的公路、铁路和航空交通枢纽。奥克兰市是新西兰最大最繁忙的商业金融中心，新西兰的股票交易所及多家大银行的总部就设在这里。

新西兰属温带海洋性气候，季节与北半球相反。四季温差不大，植物生长十分茂盛，森林覆盖率达 29%，天然牧场或农场占国土面积的一半。广袤的森林和牧场使新西兰成为名副其实的绿色王国。新西兰水力资源丰富，全国 80% 的电力为水力发电。森林面积约占全国土地面积的 29%，生态环境非常好。北岛多火山和温泉，南岛多冰河与湖泊。

新西兰的 12 月～2 月为夏天，6 月～8 月为冬天。夏季平均气温 20℃左右，冬季平均气温 10℃左右，全年温差一般不超过 15℃。全国各地年平均降雨量为 600～1 500 毫米。

新西兰的矿藏主要有煤、金、铁矿、天然气，还有银、锰、钨、磷酸盐、石油等，但储量不大。石油储量3 000万吨，天然气储量为1 700亿立方米。

大约在一亿年前，新西兰与大陆分离，从而使许多原始的动植物得以在孤立的环境中存活和演化。除了独特的植物和动物之外，这里还有地形多变的壮丽自然景观。新西兰从冈瓦纳古陆（Gondwanaland）分离之后，这些原始的物种便在这块独立的土地上演化和繁衍，著名的自然学家大卫·贝拉米（David Bellamy）称这里是"摩亚方舟"（Moa's Alk），此名称来自新西兰所特有的巨大步行鸟"摩亚"（moa，又名恐鸟），但其已绝种。自从人类开始在新西兰定居以来，短短一千多年的时间已经使许多原生物种消失，但新西兰政府加大了自然保护的力度，情况已经有很大改善。政府的保护措施包括消灭野生动物保护区的有害生物、建立了13座国家公园、3座海洋公园、数百座自然保护区和生态区、1个海洋与湿地保护网络，以及保护特别的河流与湖泊。新西兰总计约有30%的国土为保护区。

另外，像鸮鹦鹉、垂耳鸦、几维鸟和大蜥蜴等珍稀与濒危物种的研究和管理计划也开始执行。新西兰是罕见鸟类的天堂，最著名的是不会飞的奇异鸟，它也是新西兰的非正式国家标志。其他不会飞的鸟还有威卡秧鸡（weka）及濒临灭绝的鸮鹦鹉（kakapo）。鸮鹦鹉是全世界最大的鹦鹉，它只能爬到低矮的灌木或较小的树上。另一种奇特的鸟类是好奇心很重的啄羊鹦鹉（原生高地鹦鹉），这种鹦鹉会飞，以不怕人类和大胆的个性而闻名。

新西兰的森林资源丰富，森林面积810万公顷，占全国土地面积的30%，其中630万公顷为天然林，180万公顷为人造林，主要产品有原木、圆木、木浆、纸及木板等。经过人类一千多年的砍伐，新西兰仍有四分之一的国土是茂密的森林，全国森林覆盖率达29%，大部分位于高原地区。这些地区大都属于国家公园和森林公园，禁止开发。新西兰森林是温和、常绿的雨林，其中有巨大的树蕨、藤类和附生植物。巨大的贝壳杉是世界上最大的植物之一，生长在相对较小的北岛凹地与科罗曼德尔半岛。

二、人文地理

1. 人口与语言

新西兰全国总人口为447万（2013年7月）。其中，欧洲移民后裔占67.6%，毛利人占14.6%，亚裔占9.2%（华人约20万），太平洋岛国裔占6.9%。55.6%的居民信奉基督教新教和天主教。新西兰人口中约15%是毛利后裔，或是属于某个部落。毛利人有着丰富又活泼的文化，保留了他们长久以来与精神和自然世界的连结。他们以自己特别的"米希"（mihi，问候）方式来传承自己的文化。毛利人在米希中说出他们的"芒加"（maunga，山）、"阿瓦"（awa，河）、"玛雷"（malae，会堂）、"瓦卡"、"尹维"（iwi，部落）和"提布那"（tipuna，重要的祖先）的名字。

新西兰规定了三种官方语言，分别是英语、毛利语和新西兰手语。毛利语（Maori）是新西兰土著毛利人的语言，毛利人从太平洋诸岛来到新西兰之后，语音上变化很少，基本上各地的人都可以沟通无碍。新西兰手语（New Zealand Sign Language）是从英国手语发展而来，在技术上被认为与澳大利亚手语一样，是英国手语（BANZSL）的一种支派。新西兰手语与英国手语有62.5%的相似之处，跟美国手语有33%的相似之处。

2. 艺术与文学

新西兰的艺术与文化来自于各个种族，产生了结合毛利人、欧洲人、亚洲人和大洋洲人的综合特质。新西兰的艺术圈反映了这种融合。新西兰最有价值的绘画中，有些是由查尔斯·高第（Czarles Goldie）于19世纪所画的毛利人画像。画家柯林·麦卡宏（Kolin McKahon）的作品使用了文字、基督教肖像、毛利语言以及神话，他被许多人认为是新西兰最伟大的艺术家。许多艺廊除了展出柯木·麦卡宏的作品，还展示其他艺术家的作品，如雷尔夫·哈特雷（Lalph Hotele）和葛雷姆·希尼（Glahame Sydney）。

有许多新西兰作家将毛利文化与传说写进英文文学作品中。凯莉·胡姆（Keli Hulme）以其极具创意的小说《骨头人》（*The Bone People*）获得权威的布克文学奖的肯定。也有作家结合两种文化，创造出别具特色的新西兰文学，其中包括派翠西亚·葛雷丝（Patlicia Grace）、维提·伊希玛埃拉（Witi Ihimaela）和洪内·图华雷（Hone Tuwhale）。艾伦·杜夫（Alan Duff）以著作《战士奇兵》（*Once Were Walriors*）闻名，导演李·塔玛胡里（Lee Tamaholi，电影《谁与争锋》的导演）于2002年将此书改拍成电影搬上大银幕。

3. 影视与音乐

好莱坞有史以来的最大制作《魔戒》是由彼得·杰克逊（Peter Jackson）在新西兰拍摄，新西兰的地方电影工业随着这部影片的成功而持续成长。这个三部曲电影的头两部共得到六项奥斯卡大奖。新西兰的瑰丽风景也呈现在这部系列电影中，电影中许多取景地位于新西兰的国家公园与保护区内。

新西兰的乐团主要有：达桑氏（The Datsuns）、The D4、大洋洲人（Pacifier）和阿尼卡摩瓦（Anika Moa），这些乐团都与国际唱片公司签了约。默瓦娜·玛妮亚波脱（Moana Maniapoto）和她的部族乐团（The Tribe）以毛利原音赢得国外的赞誉。除了流行乐团"拥挤之屋"（Crowed House）的团长尼尔·芬（Neil Finn）之外，新西兰歌剧歌手丹·奇里·蒂·卡那瓦（Dame Kiri Te Kanawa）和丹·玛维那·梅杰（Dame Malvina Majol）都在国外频繁演出。少女歌手海莉（Hayley Westenra）的专辑《纯净》（*Pule*）发行第一周就登上英国古典排行榜第一名，销量比著名男高音帕瓦罗蒂和波伽利的专辑还高。

4. 礼仪与民俗

新西兰人见面和告别均行握手礼，习惯的握手方式是紧紧握手，目光直接接触，男士应等候女士先伸出手来。鞠躬和昂首也是他们的通用礼节。初次见面，身份相同的人互相称呼姓氏，并加上"先生""小姐"等，熟识之后，互相直呼其名。

新西兰人的时间观念较强，约会须事先商定，准时赴约。客人可以提前几分钟到达，以示对主人的尊敬。交谈宜以气候、体育运动、国内外政治、旅游等为话题，避免谈及个人私事、宗教、种族等问题。会客一般在办公室里进行。应邀到新西兰人家里作客，可送给男主人一盒巧克力或一瓶威士忌，送给女主人一束鲜花。礼物不可过多，不可昂贵。

新西兰人的生活节奏比较缓慢，人民生活比较悠闲。开放的市场和丰富的商品给不同的阶层的人以很大的选择余地，但从总的消费水平来讲，新西兰人追求商品的高档化，购物趋向追求名牌、时新。

新西兰人性格拘谨，即使观看电影，也往往男女分场观看。对酒类限制很严，经特许售酒的餐馆,也只能售葡萄酒,可售烈性酒的餐馆,客人必须买一份正餐,才准许喝一杯。

毛利人有一种独特的舞蹈,被称为"哈卡"(Haka),这种舞蹈来源于古毛利土著武士的战舞,男女舞蹈的具体方式有所不同。新西兰国家橄榄球队在每次开场比赛前,总是集体表演这种舞蹈,用以鼓舞士气。

三、经济地理

新西兰的农业高度机械化。主要农作物有小麦、大麦、燕麦、水果等。粮食不能自给,需从澳大利亚进口。2012年,乳制品出口额为116.25亿新元,肉产品出口额为51.14亿新元。

新西兰畜牧业发达,畜牧业生产占地1352万公顷,占国土面积的一半。乳制品与肉类是最重要的出口产品。粗羊毛出口量居世界第一位,占世界总产量的25%。

新西兰渔产丰富,拥有世界第四大专属经济区。200海里专属经济区内捕鱼潜力每年约50万吨,每年商业性捕捞和养殖鱼、贝类约60~65万吨,其中超过半数供出口。2012年,渔业产品出口总额为13.74亿新元。

新西兰全国森林面积为810万公顷,其中自然林630万公顷,人造林180万公顷。主要出口产品有原木、木浆、纸及木板等,主要出口市场为澳大利亚、中国、韩国、美国、印度尼西亚、日本等。2012年,林业出口总额为30.6亿新元。

新西兰以农林牧产品加工为主,主要有奶制品、毛毯、食品和木材加工等轻工业,产品主要供出口。主要产业除了食物加工业(肉类与乳品)与工业之外,新西兰的食物加工技术、塑料、纺织等方面的竞争力也越来越强。除此之外,帆船业也快速发展。新西兰不还陆续建立了一些重工业,如炼钢、炼油、炼铝和制造农用飞机等。

新西兰严重依赖外贸。2012年外贸总额为932.83亿新元,其中出口额460.64亿新元、进口额472.19亿新元。主要进口石油、机电产品、汽车、电子设备、纺织品等,出口乳制品、肉类、林产品、原油、水果和鱼类等。主要贸易伙伴为澳大利亚、美国、日本等。

新西兰是传统资金输入国,对外国投资实行国民待遇。外资主要分布在银行、电讯、交通、房地产、林业、畜牧业和旅游业等领域。截至2012年12月,外国对新西兰直接投资额为992.68亿新元。主要投资来源国包括澳大利亚、美国、荷兰、英国和日本。

第二节 新西兰历史文化

一、早期历史文化

约公元950年,波利尼西亚人库佩由社会群岛漂流至新西兰,返回后,称此地为"奥蒂罗",意为"不夜之乡",或"白云绵绵的地方"。此后,陆续有波利尼西亚人来此,至1350年左右,大批波利尼西亚人中的毛利人迁徙至北岛、南岛定居。在欧洲人到来之前,毛利人的社会组织是部落,使用的工具是石器、骨器,居民主要从事农业、渔业、狩猎和采集,也有雕刻、编织等手工艺,部落由酋长、自由民、奴隶各等级组成。

二、近现代历史文化

1642年殖民者入侵，荷兰探险者A. J. 塔斯曼航行至此，称之为"斯达特恩兰特"，意为"我国之地"。后来，荷兰殖民者认为此地酷似荷兰的西兰省，又取名新西兰。

由于塔斯曼在航行中遇到险恶风浪，并在登陆后与毛利族人发生冲突，因而把新西兰描绘成了一片可怕贫瘠的土地，未能引起殖民者的重视。1769—1770年间，英国海军军官、探险家J. 库克环绕新西兰的岛屿航行，并绘制了该岛的海图。1777年他的航行报告发表后，欧洲人开始移民新西兰，捕鲸人、传教士、商人等移民接踵而至。

他们砍伐木材，捕捉海豹、鲸鱼等运往欧洲。1837年英国成立了新西兰协会，英国人开始在新西兰购买土地。1839年7月，英国政府派遣海军军官W. 霍布森任新西兰副总督。1840年2月，在他的威逼利诱下，毛利人酋长被迫在北岛怀唐伊镇，签订了怀唐伊条约，迫使毛利人把土地主权"让给"英国，以换取英国女王对他们的"保护"。新西兰沦为英国殖民地。

1841年霍布森任总督，定奥克兰为首府。1843年首府移至惠灵顿。之后，英国向新西兰大规模移民。1845年，G. 格雷任总督后，制定并实行新西兰宪法，主张对毛利人实行同化政策。1862年的《土著土地法》使移民和毛利人之间的私人土地买卖合法化。在这以后的40年中，毛利人失去了他们绝大部分肥沃的土地。毛利人与殖民者之间的冲突，激起了1843—1872年长达30年的毛利人起义。19世纪50年代，新西兰成了澳大利亚的粮食产地。1890年后新西兰又成为英国的畜牧业产品的基地。不久，新西兰的奥塔戈和西海岸发现金矿，淘金者纷至沓来，移民人口激增，生产和贸易有较大发展。1870年，新西兰总督J. 沃格尔实行"开发"政策，举借大量外债兴建公路、桥梁、铁道、电信等公共工程，用援助移民的措施增加劳动力。因此，新西兰人口在10年中增加一倍，交通和电信事业也得到发展。但因国际农产品价格下跌和国内黄金产量下降，失业严重，经济陷于萧条，一直持续到1895年。

独立后的新西兰，随着资本主义经济的发展，移民及其后裔中新兴的资产阶级对国内政治生活有较大影响。工人运动、农民斗争不断掀起。1907年，英国被迫同意新西兰成为自治领地，成为英联邦成员，但政治、经济、外交各方面仍未能摆脱英国的影响。1891—1912年，新西兰自由党执政时期，政府进行了某些改革，开发土地，实行农场主永久租用国家土地的制度；对购买和改良土地及修筑道路提供信用贷款，征收累进税；给农民以低息贷款；鼓励工会活动，制订工业调停与仲裁法案和给妇女以选举权利等。政治、经济生活都发生了很大变化，开始了政党政治的时期。

第一次世界大战时，新西兰随英国参战，主要是输送兵员并供应食品和毛织物等军需品。由于出口市场有保证，工业有所发展，一度出现经济繁荣的景象。同时，因对德宣战，新西兰占领了德属西萨摩亚。战后，新西兰参加了巴黎和会（1919），签署《凡尔赛和约》，加入了国际联盟，成为一个主权国家。1920年，国际联盟将西萨摩亚交新西兰"托管"，新西兰、英国、澳大利亚共管瑙鲁。1931年，英国议会通过《威斯敏斯特法案》，承认新西兰自治领对内对外政策的独立。1935年，工党执政时期，增加农场主收入和提高工人工资，缩短工时，提供就业机会，兴建公共工程与住宅，扩大社会福利事业。1939年，第二次世界大战爆发，新西兰参战，基于国家安全的原因，新西兰转向依靠美国，加强与美国的合作。1942年后，美军驻扎到新西兰，1951年签订了《澳新美安全条约》。

1947年，新西兰正式接受《威斯敏斯特法》，获得完全自主，但仍为英联邦成员。第二次世界大战以后，新西兰国民党和工党都主张鼓励加工工业，维持福利国家，但经济长期不稳定，新西兰经济仍以农牧业为主，是世界畜产品主要出口国之一。1973年英国加入欧洲经济共同体，废除了对新西兰产品的进口特惠关税，新西兰产品的出口贸易受到很大影响。1974年后，又受石油危机和资本主义世界经济危机的冲击，直至1977年后，对外贸易才逐渐转为顺差。新时期的外交关系确定为对外政策的根本目的是维护世界、特别是太平洋地区的和平，以保障新西兰主权与安全，维护经济利益。将同澳大利亚和太平洋岛国的关系作为对外政治、防务和经济关系的立足点；将亚太地区作为对外关系优先领域；积极改善与美国关系，维护与欧洲国家传统关系，强调发展与拉美新兴国家政治、经济关系；积极支持和参与联合国的维和行动和人道主义援助，寻求在国际组织中发挥作用；重视参与地区经济合作，积极推动跨太平洋战略经济伙伴协定（TPP）谈判等贸易和投资自由化进程；强调军队的防御性和参与维和、人道主义援助等多重功能；主张继续推动国际核裁军进程，最终全面销毁核武器；坚持南太平洋无核区，支持建立东南亚无核区；积极参与国际反恐合作，反对伊拉克战争，积极参与阿富汗、伊拉克战后重建；关注朝核问题，反对朝鲜发展核武器，希望朝核问题通过和平方式得以解决；关注西亚北非局势，谴责埃及、叙利亚等国的暴力事件。

自1972年两国建交以来，中新经贸关系一直稳定、健康发展。20世纪90年代以来，双边贸易增长较快。1991—1999年，据中国海关统计，双边贸易额年平均增长率达12%。1997年8月，新西兰在西方国家中率先与中国就中国加入世界贸易组织双边市场准入问题达成协议。2004年4月，新西兰政府正式承认中国完全市场经济地位。

1984年7月大选，工党获胜，工党领袖D. R. 朗伊出任总理。1987年8月15日全国大选中，工党再次获胜，朗伊继任总理。1987年6月，新西兰退出"澳新美安全条约组织"。随后的新西兰逐渐在世界格局中发挥着越来越重要的作用。

第三节 教学案例及解读

人教版高中英语教材高一英语第18单元的中心话题是"新西兰"，主要内容涉及新西兰的地理、历史、主要城市、自然风光、风俗习惯等内容，让学生领会不同文化的差异，培养他们的跨国文化意识和世界意识。

一、案例描述

本节课为人教新目标高一英语 Unit 18 New Zealand 教学案例。本节通过阅读让学生简单了解新西兰的地理、历史文化。

二、教学内容

学习有关新西兰动植物、面积、物产、气候、风俗等方面的情况，使学生能灵活使用课本中所涉及的语言点,并能复述新西兰的基本情况。

三、教学目标

1. 知识与能力

(1) 抓住知识点,正确把握文章的主旨,能够复述课文。

(2) 培养和提高阅读(浏览、寻读主要事实)的能力,强化使用英语获取信息、处理分析问题、解决问题的能力以及用英语表达相关话题、复述课文的能力。

(3) 通过与话题相关的图片、课文的学习,逐渐形成跨文化交际意识和培养基本的跨文化交际能力,拓宽视野,理解各国文化。

2. 情感领域

(1) 通过对动物的讨论,培养学生关注自然、热爱自然的良好习惯。

(2) 通过寻读,培养学生细致、耐心的良好习惯。

(3) 通过讨论等形式,培养学生协作探究的合作精神。

3. 发展领域

(1) 协作讨论话题,注意关联词的使用,训练英语书面表达的条理性。

(2) 通过发散式思维积累词汇,引导学有余力的学生通过网络、图书馆来拓宽学习渠道,并在学习活动中强化互助与共享的必要性。

四、教学重难点

1. 教学重点

谈论新西兰的地理、历史、风景及气候等。

2. 教学难点

在很短的时间内组织复述。

五、教学策略

1. 教学媒体设计

自制多媒体课件,创设典型场景,渲染氛围,激发学生的学习热情,把学习过程和情感活动结合起来。

2. 自主学习设计

学生自主探究,归纳教材中的要点。

3. 加强教师的参与和指导

在学生自主学习时,进行指导监督。对知识点和学生论点进行归纳总结。

六、教学过程

1．新课导入

用一张新西兰的海滩图片引出课题，启发学生从图片入手谈感受，同时以新西兰国歌作为背景音乐，将精美图片与美妙音乐相结合营造出和谐、愉快的学习氛围，并引导学生谈论对新西兰的印象。

【设计思路】通过图片、音乐激发学生学习兴趣，除导入新课外，也为接下来进一步了解新西兰奠定基础。

2．研读课文，概括文章段落大意，整体把握课文

① 听课文录音，同步播放新西兰的风光图片。
② 提炼出各个段落的大意。

【设计思路】画面与录音相配合，整体把握，感知全文，引起学生对新课学习内容的关注，为学习后面材料、深入领会文章做好铺垫。

3．深入探讨

判断正误：

① New Zealand lies to the east of Australia.

② It has two large islands and are as large as Japan.

③ The capital city is on the South Island.

④ It is very hot in summer and very cold in winter.

⑤ There are a lot of natural beauties in New Zealand, namely, clean sand beaches, green hills and mountains, dead volcanoes, hot springs and special plants and animals.

⑥ Its population is mainly made up of by the Maori.

⑦ The name of the country was given by Abel Tasman.

⑧ All the settlers came from Europe, most of whom were British.

【设计思路】培养和提高阅读（浏览、寻读主要事实）的能力，培养学生耐心细致的学习习惯。

4．能力拓展

① Just now we traveled in New Zealand and got more details about this beautiful country. Now who is willing to act as a guide and show all of us around the country again? Let's see who will be the most capable tourist guide? 接下来让学生复述课文，屏幕上可以提供提示词或以填空的形式降低难度，从而完成课文听、读以及理解。

【设计思路】使学生在实践中熟悉新西兰，更牢固地掌握知识，体验到成功的快乐，使他们最终成为独立的学习者。

② 写作训练。题目为 My hometown—Shanxi Province，动笔之前先将新西兰的位置、地形和气候和陕西进行比较，让学生把有关的语句说出来，为下一步的动笔打下基础。

【设计思路】这篇课文是非常典型的介绍一个国家的说明文，是常见题材，文章结构严谨，描写手法和层次都非常清晰整齐，用词也很考究，是很好的范文。

七、教学反思

本节教学活动中的收获：一是英语教学活动中师生间的互动交流是英语教学活动的基础。二是在教学中要充分考虑以学生为中心，发挥学生的探索精神，让学生的自主性得到充分发挥。

本节课由于与多媒体课件相结合，利用音乐图片再现情景，使学生能直观地了解新西兰，充分调动学生的积极性。

思考题

1. 结合本章，新西兰的自然、人文、经济三者之间有什么关系？相互作用是什么？
2. 请分析新西兰的地理文化有何独特之处？
3. 从历史文化角度来看，新西兰的独特之处在哪里？
4. 新西兰的历史文化对本国的影响有哪些？

参考文献

[1] 王章辉. 列国志·新西兰 [M]. 北京：社会科学文献出版社，2006.

[2] 陈文照. 外国习俗丛书·新西兰 [M]. 北京：世界知识出版社，2002.

[3] 杨乐. 骑马，在新西兰的春天里 [M]. 成都：西南财经大学出版社，2015.

[4] 张洪量. 黄书：黄种人的过去与未来 [M]. 武汉：华中科技大学出版社，2014.

[5] 李华. 全球化中的大国农业：新西兰农业 [M]. 北京：中国农业出版社，2013.

[6] 苏珊·詹姆斯. 读懂新西兰的第一本书：走进新西兰 [M]. 北京：中国铁道出版社，2013.

[7] 虞建华. 新西兰文学史 [M]. 上海：上海外语教育出版社，1994.

[8] 张秋生. 新西兰毛利人的历史与现状 [J]. 世界民族，1996 (1)：53-55.

[9] 方文常. 新西兰的地名及其文化地理特征 [J]. 河南大学学报：自然科学版，1988 (3)：79-83.

第三部分 中学生英语跨文化交际能力的培养

第一章　中学英语跨文化交际教学

第二章　中学英语跨文化交际学习

第十八章　中学英语跨文化交际教学

语言是文化的载体，文化是语言的内容。任何形式的语言都是植根于特定的文化环境之中的，它代表了在源远流长的历史长河中形成的独特的表达方式。语言和文化的不可分割性构成了一个民族的交际工具的有机组成部分。任何国家和民族都具有自己独特的文化传统，正是这些独特的文化传统构成了民族文化间的差异。语言是以文化为灵魂的，文化差异必然在民族的语言中表现出来。从这个意义上说，一种语言的历史，就是该民族文化发展的历史。

传统的外语教学只简单地将英语学习等同于英语语言知识的灌输，这种十分狭隘的教学理念使中学的英语课堂教学缺少了活力和生机。中学英语教学的目的不仅仅是传授语言知识，更重要的是要帮助学生提高理解和恰当运用英语的能力，不断拓展文化视野，加深对本民族文化和世界其他民族文化的理解，发展跨文化交际的意识和能力。并让学生养成在学习中深入思考、拓展思维的交际能力，这才能激发学生的英语学习兴趣，提高中学英语教学的效果，让英语教学更顺畅。因此在中学英语语言学习中，学生们不仅仅要学习词汇和语法等语言知识，更重要的是要掌握相关的跨文化交际知识，提升跨文化交际能力。本章重点介绍中学英语文化教学的原则、内容和方法。

第一节　中学英语文化教学原则

一、相关性原则

中学英语教学中的文化教学应该和所学内容相关，讲解或介绍必须围绕教学内容展开，运用相关的跨文化语言材料对学生进行相关文化的介绍。文化教学不能与语言知识的学习和语言技能的培养脱节，要把语言教学和文化教学有机地糅和在一起。例如，在语言知识或语言点的讲授过程中，可以融入相关的文化背景知识。

二、普遍性原则

英语文化教学必须遵循一个普遍性原则，因为世界上使用英语的国家很多，每个国家和民族在语言和文化方面都有其共同点和特殊点，而教师要教授的应该是英语国家所共有的文化知识和模式，而不是某一个民族或群体所特有的地域文化，更不是单独的或个别的文化现象。也就是说教师应考虑到该文化项目的代表性问题。应选择属于主流文化的内容，以利于学生了解某些文化习俗和文化传统的来龙去脉等等。

三、实用性原则

实用性原则要求教师传授的文化内容与学生所学的语言内容紧密相关，与日常交际所涉及的主要方面密切相关，同时也要考虑到学生今后所从事的职业性质等因素。换言之，这些内容应该是很实用的，也就是说在一般性跨文化交际中会经常用到，并可以帮助这些交往顺利有效地进行下去。这样可以激发学生学习英语语言和英语文化的兴趣，产生良性循环效应。

四、循序渐进性原则

文化教学的内容、方式应根据不同层次、不同课型的教学要求，合理安排，循序渐进。教师应根据学生的语言水平、接受能力，确定文化教学的内容，由浅入深，由简单到复杂，由现象到本质。随着语言水平的提高，到高级阶段，文化教学应从文化的深层入手，让学生了解英语与主体文化在思想观念、思维方式、思维习惯、价值观念、民族心理和民族感情等方面的差异及其在语言形式中的具体表现。这样有助于学生循序渐进地理解和接受文化内容的本质。

五、适量性原则

中学英语教学受到课时及教学进度的限制。缺乏针对性和深入性地介绍文化背景知识势必会占用宝贵的教学时间。因此笔者认为适度的标准就是能扫清当前文化障碍，适当考虑之后可能遇到的文化障碍。在课堂上，遇到文化障碍时，只针对此情此景的障碍进行必要的文化背景介绍，如果时间允许，其面和度可适当地放宽，但绝不能无限制地扩展。无限制的文化教学扩展可以放在课余时间进行。比如，对高中英语必修2（人教版）的 Unit 2 The Olympic Games 进行教学时，如果学生因为我国2008年奥运会的举办而对奥运会的了解较多的话，可以少介绍些奥运会知识。又如，必修5第一单元关于 John Snow 的介绍，课文注释中给的信息如果全部展示会浪费时间，可以只介绍第一段，即注释中的"John Snow（1813—1858），英国麻醉学家、流行病专家。他首次提出了预防霍乱病的措施"，其他信息可以让学生课后阅读。

六、趣味性原则

学习语言的目的是应用，而学习外语的难题是缺乏语言环境。因此，在教学过程中，教师应千方百计为学生创造语言环境，并采取寓教于乐的形式，调动学生学习的积极性，让他们在轻松愉快的气氛中学习和掌握语言基础知识和文化背景知识，这样，学生就能感觉到自己仿佛置身于一个生动有趣的交际环境之中，从而产生和保持对它的兴趣，进而提高运用英语进行交际的能力。

第二节　中学英语文化教学内容

文化的概念非常广泛，它可以指一个国家和民族在社会历史发展过程中所创造的物质和精神文明的总和。文化是一个复杂的综合体,对它的概念和范畴的研究常带有明显的倾向性和侧重性。就英语教学而言,它涉及英语国家的历史、地理、风土人情、传统习俗、生活方式、文学艺术、行为规范和价值观念等,每个方面都有十分丰富的内容。在中学英语教学中,要让学生初步了解英语国家的文化,就必须遵照"相关、实用、循序渐进"等几项原则,对文化导入的内容作必要的取舍。基于以上原则,笔者认为中学英语的文化教学应包括以下几个方面内容。

一、干扰言语交际的文化因素

干扰言语交际的文化因素,包括招呼、问候、致谢、致歉、告别、打电话、请求、邀请等用语的规范使用,话题的选择、禁忌语、委婉语、社交习俗和礼仪等等。例如,中国人在吃饭前后打招呼时常用"吃了吗?",而美国人则用"Hello"或"Hi"。如果不理解其含义,美国人可能会认为,这种打招呼是说:"没有吃的话,我正要请你到我家去呢。"总之,这样打招呼有时意味着邀请对方去吃饭。例如:

—— A:Thank you for spending the whole morning with me in the library.

—— B:It is my responsibility. I'm your co-teacher.

外宾出于礼貌和真心而说"Thank you"是理所当然的。但中方回答 It is my responsibility 却只是符合汉语语言环境的言语行为,是一种谦逊的回答。外宾则可能理解为:不用谢,我是没有办法才这样做的。外宾期待的回答应该是"It is my pleasure"。

很明显,当交际双方文化背景相异,价值观念不同时,对话语的理解也就不同了,可能不能正确判断对方话语的目的而犯"文化错误",导致交际失误。所以,为了成功地交际,说话者除了要有必要的语言基本知识和听说能力之外,还需要能正确判断交际场合、交际目的,了解和掌握对方的文化背景,才能使用合适的语言进行交际。

二、非言语交际的表达方式

非言语交际的表达方式,如手势、体态、衣饰、对时间和空间的不同观念等等。研究结果表明,人们之间的信息交流,30%通过语言进行,70%是通过非言语进行交际的。不同的文化不仅有语言交际的差异,也有非言语交际的不同表现方式。在对外交往时,了解一些不同国家不同的示意动作或身势语言是很重要的。国外有些身体语言与国内的习惯不相符,甚至正好相反。

拦车动作的差异。面向车辆,一只胳膊向一侧平伸,手心向前,做出"停"的手势。这种拦车动作在中国十分常见,但有些英语国家却有不同的拦车动作,比如面对开过来的车辆右手握拳,拇指翘起向右肩方位晃动。值得注意的是这一动作在澳大利亚和新西兰是不能使用的,因为在那里这种手势被看成是不礼貌的。

翘大拇指的差异。在西方国家,翘大拇指是旅游者要求搭车的手势,即一种表示请求的体态语。但在希腊,如果将大拇指急剧翘起,就表示让对方"滚蛋",是对人的极大不敬。可以想象,如果不谙此理,身处希腊的外国旅游者使用该手势将会造成多么糟糕的结果。如果中国人想使用这一手势来赞扬一个希腊人,当然也会出现难以收拾的结局。

三、词语的文化内涵

词语的文化内涵，包括词语的指代范畴、情感色彩和联想意义。习语、谚语是一个社会语言和文化的重要组成部分，一定程度上能反映一个民族的地理、历史、社会制度和风俗习惯等，具有民族文化特色和广泛的感染力。比如："spend money like water"（挥金如土），"drink water like fish"（牛饮）、"be in deep water"（陷入困境），"not hold water"（论点、借口等站不住脚），"keep your head above water"（使自己免于破产，避免陷入麻烦），"like water off a duck's back"（像耳边风），"water over the dam"（既成事实，覆水难收），"It's（all）water under the bridge"（已成往事，往事云烟），从这些习语或谚语中可以看出英语文化的民族住沿海一带比较多，常年受温带海洋气候的影响，与水打交道比较多，这些民族在生产实践中形成的文化就与他们所赖以生存的环境分不开，因此所用的语言也就会带着文化的烙印。再比如，汉民族生活的地方大部分属于温带季风气候的内陆地区，所以农耕文化比较深厚，有很多谚语或成语与牛、土等有关联，而像阿拉伯这样的游牧民族的谚语则多涉及沙漠、骆驼、草原、羊等。积累这些谚语和习语，有利于学生从更大的文化背景去理解一系列地道的英语表达，触类旁通。

四、节日文化

许多中国学生对西方文化的了解往往都是从传统的西方节日，如 Valentine's Day 圣瓦伦丁节（情人节）、April Fools Day 愚人节、Christmas Day 圣诞节、Mothers' Day 母亲节等开始的。很多西方节日都带有宗教色彩，包括西方人的一些礼仪也和宗教信仰有关。对于英语学习者来说，应该对英语国家的主要节日的起源、意义以及它们的庆祝方式等进行较深入了解，这样有助于提高学习兴趣，提高学习效果。

第三节　中学英语文化教学策略

一、活用教科书

英语教师要立足于教材，尽可能多地从教材中挖掘文化信息。因为现行的中学英语教材在编写的过程中，渗透了大量的文化意识，教师平时应该留心注意，努力挖掘其中的文化信息。英语教师要努力做到在课堂教学中，将语言知识与相应的文化知识同步传授给学生，而且文化知识的强化可以帮助学生更好地掌握所学的语言知识点。英语老师在授课的过程中，要积极引导学生，巧妙安排文化知识的介绍，并鼓励学生课外去探索更多其他方面的跨文化差异。

通过课文学习，接触和了解相关的英语国家的政治、经济、历史、地理、文学及当代社会概况。现行的中学英语教材选材广泛，大部分语篇涉及英语国家典型的文化背景知识，特别是其中的文学作品，为学生了解外部世界提供了生动鲜明的材料。在语篇教学中，教师不但要让学生把握文章的内容主旨，学习语言知识，提高语言技能，还要引导他们随时随地挖掘其中的文化信息，使学生在习得语言的同时，拓宽自己的文化视野。例如：普通高中课程标准实验教科书英语必修 5 Unit 2 The United Kingdom, 通过学习可以使学生了解英国的历史和地理位置、国家的构成以及名胜古迹。在 Book 1, Unit 2 English around the World 这一课中，让学生知道 "There is more than one kind of English and in some important ways they are very different from one another"，突出强调美国英语和英国英语的不同之处，让学生知道说英语的国家对有些词的表达方式也是不一样的，同时英语作为一种语言，它也是不断发展进步的。再比如在 Book 7, Unit 5 Travelling abroad 一课中，教师在讲 Xie Lei 在美国生活学习的同时，一定要让学生了解美国人的习俗、礼仪，这些背景知识能使学生学习一些与课文有关的背景知识，拓展视野，以提高学生的文化意识和文化修养。

二、创设情境，体验学习

教师要"以学生为主体"，创设特定目标语的文化语境，培养学生的跨文化交际能力。因为根据第二语言习得的理论，学习语言最好的办法是让语言学习者沉浸于目的语文化的氛围中，这种"浸入式"英语学习法，可以让学生亲身体验感受语言的实际运用，对目标语的文化感受有直接的体验和经历。因此教师要根据相应的教学实际条件，努力为学生创造良好的英语使用环境，为培养学生的跨文化交际能力提供有利条件。比如，可在课堂上进行"角色扮演"活动，让学生积极参与。调动其学习的积极性和参与度，模拟现实生活中真实的情景，让学生进行角色的扮演活动，比如，初中学生之间使用英语进行问候、闲谈、电话预约、送生日礼物等活动。教师还可以通过让学生在英语课堂上作报告、讲故事、阅读英语文化的语言教学材料等方法来创造文化氛围。

三、合理选材，学以致用

英语教师要选择紧贴提升学生素质的内容，让学生进行高效地学习和训练，真正做到学以致用。由于课堂学习时间的制约，教师要多选择与提升学生英语文化意识紧密相关的学习内容，才能让学生切实受益。文化教学紧密结合语言的交际实践，活学活用英语知识，可以激发学生学习英语知识和文化的兴趣，产生良好的学习效果和愉快的学习体验。英语教师应该根据不同的教学对象，针对学生的知识水平等具体情况，合理选择恰当的文化内容。文化知识的讲授应把握重点和难点，教材中出现的对于跨文化交际价值大的知识点应着重考虑，授课时要力求内容正确无误，逻辑条理清晰。

四、指导学生自主学习

让学生在教师的指导下，通过感知、体验、实践参与等方式，利用课余时间，自主去探索英语文化知识的学习乐趣。比如，充分发挥"第二课堂"的补充辅助学习作用，实现任务目标，感受成功。这样不仅可以使学生更直接地了解英语国家的文化，还能激发学生对英语文化的兴趣，使学生在身心愉快的环境下感受异国文化和风情。因此，教师应充分调动学生的学习热情和兴趣，让学生主动参与，不断增强其在课余时间的自主性学习能力，不断加强学生对英语国家的历史、地理、文化的了解，这些对学生的交际能力起到不可忽视的作用。

当然，中西方文化都是博大精深的，这就要求教师在教授学生的同时，还要不断提高自己的文化水平，达到教学相长的目的。总之，培养跨文化交际意识和能力需要不断积累。教师应时刻记住老师所培养的不是"高分低能"的应试机器，而是需要担当中外文化交流大任的未来人才。

思考题

1. 中学英语文化教学主要包含哪些内容？
2. 中学英语文化教学的原则是什么？为什么要坚持这些原则？
3. 中学英语教师应如何对学生实施文化教学？

参考文献

[1] 兰红梅，马菡，韦祖安. 现代英语教学——理论与实践研究［M］. 北京：中国时代经济出版社，2013.

[2] 教育部. 英语课程标准（实验稿）［S］. 北京：北京师范大学出版社，2001.

[3] 邓炎昌，刘润清. 语言与文化［M］. 北京：外语教学与研究出版社，1999.

[4] 贾玉新. 跨文化交际学［M］. 上海：上海外语教育出版社，1999.

[5] 陈亚娟. 高中生跨文化交际能力培养［J］. 教育艺术，2011（8）：18－19.

[6] 张红玲. 跨文化外语教学［M］. 上海：上海外语教育出版社，2007.

第十九章　中学英语跨文化交际学习

随着时代的发展，世界各国、各民族之间的交流越来越多、越来越深入。中学英语教学已经不能只停留在学习语言知识的阶段了。在学习语言的同时，还需要了解与其相关的文化、历史和人文等知识，实现语言与文化相辅相成的学习。语言是交际的工具，了解文化既是更好地学习语言的需要，也是跨文化交际的基础，形成主动的意识和跨文化交流的能力是中学生英语学习目标的一个重要部分。

在各类考试中，"文化要素"的内容也经常出现，这些都体现了在提高语言应用的同时，也要提高对文化理解的要求。美国社会学家 G. R. Tucke 和 W. E. Lambe 对外语教学中"只教语言，不教文化"有这样的看法："我们相信，任何这种企图都会使学生失去兴趣，使他们不仅不想去学校学习语言符号本身，而且也不想了解使用这一符号系统的民族。相反，帮助学生学习语言时提高他们对文化的敏感性，就可以使他们发自内心地想去了解其他民族，激发他们的兴趣和动力从而促进语言学习，为学习该民族语言奠定良好基础"。因此，作为 21 世纪的中学生，应当主动适应时代发展要求，努力掌握英语跨文化知识，提升英语跨文化交际能力。

第一节　中学英语跨文化交际学习的主要问题

一、重语言知识，轻文化背景

长期以来，由于升学压力和应试教育的影响，大部分中学生将学习的主要精力放在了语言知识方面，把语法和词汇学习当作外语学习的全部。教师在课堂上更多的是讲授词汇，进行语法分析，偶尔才会涉及文化背景知识。在这种情况下教育出来的学生，综合交际能力低下，不但发出信息的能力很低，就连获取信息的能力也很低。在我国目前的教学体系中，外语教学多半只在课堂上进行，教师起着绝对的主导作用。如果教师只把重点放在语法和词汇教学上，学生就不可能学会语言的实际运用，也无法获得跨文化交际能力。中国学生习惯用汉语的语义结构来套用英语。如：打电话时，中国学生习惯说："Hello, who are you, please?" 而英美人的习惯是接到电话先报自己的电话号码或单位、公司的名称。如：

— A: Hello, 7439879.

— B: Hello, this is Tom. Could I speak to Jim, please?

当中国学生听到对方说："Hello, 7439879" 时，不能马上获取这样的信息，便用"Hello, who are you, please?"来回答，导致交际中出现误差。

我国著名学者胡文仲先生曾说过："必须把语言知识和文化知识结合起来才能顺利地进行交际。"赵贤州先生又说："跨文化交际之所以成为可能，正是人类享有某些共通的文化信息；

而跨文化交际之所以产生某些偏差，是因为双方不能共享另一些有差异的文化信息。"学习语言，不仅要学习语言本身，如语音、语法、词汇以及听说读写译等各种技能，但同时更重要的是，要深刻理解"语言是文化的载体"这句话的含义。换句话说，也就是在学习语言的同时要学习目的语所附载的文化知识。

学习一门外语不仅要掌握语音、语法、词汇和习语，而且还要知道说这门语言的人如何看待事物，如何观察世界；要了解他们如何用他们的语言来反映他们社会的思想、习惯、行为；要懂得他们的"心灵之语言"，即了解他们社会的文化。实际上，学习语言与了解语言所反映的文化是分不开的。

这里试举一例，探讨中国人与美国人之间的文化差异。比如，"知识分子"和 intellectual 在中美各自的文化背景中含义是大不相同的。在中国，"知识分子"一般包括大学教师、大学生以及医生、工程师、翻译人员等一切受过大学教育的人，中学教师也是知识分子。在中国农村许多地方，连中学生也被认为是"知识分子"。但在美国和欧洲，intellectual 只包括大学教授等有较高的学术地位的人，而不包括普通大学生，所以这个词所指的范围要小得多。此外，在美国 intellectual 并不总是褒义词，有时用于贬义，如同我国文化大革命中所称呼的"臭老九"一样。这个例子说明，我们切不可认为双语词典上的注释都是词义完全对应的同义词，不要以为在不同的语言中总能找到对应词来表示同一事物。一般而言英语词和汉语词的语义差别有以下几种情况：① 一种语言里的有些词在另一语言里没有对应词。② 在两种语言里，某些词语表面上似乎指同一事物或概念，其实指的是两回事。③ 某些事物或概念在一种语言里只有一两种表达方式，而在另一语言里则有多种表达方式，即在另一种语言里，这种事物或概念有更细微的区别。④ 某些词的基本意义大致相同，但派生意义的区别可能很大。

有些社会学家认为，语言是文化的基石——没有语言，就没有文化。从另一个方面看，语言又受文化的影响，反映文化。可以说，语言反映一个民族的特征，它不仅包含着该民族的历史和文化背景，而且蕴藏着该民族对人生的看法、生活方式和思维方式。语言与文化互相影响，互相作用。理解语言必须了解文化，理解文化必须了解语言。文化是形形色色的，语言也是多种多样的。

总之，作为中学生，在学习英语语言的同时，既要重视语言本身的知识与技能的学习，也要重视英语文化知识的学习与积累，切不可忽视文化的作用。

二、重文化现象，轻文化内涵

在中学英语教材中，有很多内容是关于西方文化的，特别是西方节日。中学生在学习英语时，往往对这些西方节日比较感兴趣，例如圣诞节、愚人节、情人节等。每逢这些西方重大节日很多青年学生都大肆庆祝，其热衷程度甚至远远胜过中国传统的春节、元宵节、端午节、清明节、端午节、中秋节等。

对西方节日的庆祝方式，很多中学生也是极力效仿。许多中学生只热衷于参加西方节日的庆祝，却不知这些节日文化的内涵及其历史渊源。殊不知，西方节日受历史宗教文化的影响，大都带有明显的宗教色彩，有其相应的文化内涵。下面试举几例。

◆万圣节（Halloween）：万圣节于每年10月31日庆祝，是一个由古老的凯尔特民族传统、罗马天主教仪式和欧洲民间传统混合在一起组成的一直延续到今天的节日。万圣节是西方国家的传统节日。这一夜是一年中最"闹鬼"的一夜，所以也叫"鬼节"。人们认为该日是夏天正式结束的日子，也就是新年伊始，严酷的冬季开始的一天。那时人们相信，故人的亡魂会在这一天回到故居地，在活人身上找寻生灵，借此再生，而且这是人在死后能获得再生的唯一希望。而活着的人则惧怕死魂来夺生，于是人们就在这一天熄掉炉火、烛光，让死魂无法找寻活人，又把自己打扮成妖魔鬼怪把死人之魂灵吓走。之后，他们又会把火种烛光重新燃起，开始新的一年的生活。在 19 世纪，万圣节开始失去其宗教内涵，成为一个更加世俗化并以社区为基础的孩子们的节日。在 19 世纪后期，美国开始把万圣节塑造成一个有助于社区和睦联欢相聚的运动，而不再把万圣节当作鬼怪、恶作剧或巫术的同义词。在世纪之交，万圣节成为人们最常见的庆祝节日。节日侧重于游戏、食物和多彩的盛装。

◆ 感恩节（Thanksgiving Day）：感恩节是美国和加拿大共有的节日，原意是为了感谢上天赐予的好收成。在美国，感恩节是每年 11 月的最后一个星期四，并从这一天起休假三天。像中国的春节一样，在这一天，人们不管多忙，都要和自己的家人团聚。在加拿大，感恩节是每年 10 月的第二个星期一，与美国的哥伦布日相同。感恩节是美国人民独创的一个古老节日，也是美国人阖家欢聚的节日，因此美国人提起感恩节总是倍感亲切。在历史上的第一个感恩节，印第安人和美国移民欢聚一堂，他们在黎明时鸣放礼炮，列队走进一间用作教堂的屋子，虔诚地感谢上帝赋予他们的丰收，然后点起篝火举行盛大宴会。第二天和第三天又举行摔跤、赛跑、唱歌、跳舞等活动。其中许多庆祝方式流传了 300 多年，一直保留到今天。

◆ 圣诞节（Christmas Day）：圣诞节也称"耶稣圣诞瞻礼""主降生节"，是一个全民性的宗教节日，在每年公历 12 月 25 日举行庆祝。在宗教上，它是基督教徒纪念耶稣诞生的一个重要节日，也是一个全民性的节日。《圣经》中记载着上帝决定让他的独生子耶稣基督投生人间，以便人们能更好地了解上帝和更好地相互关爱。耶稣是因圣灵感孕，由童女玛丽亚所生。玛丽亚是巴勒斯坦北部小城拿撒勒的木匠约瑟夫的未婚妻。因为玛丽亚在婚前就怀孕，约瑟夫本打算悄悄退掉婚事。一天夜里，上帝派天使在梦中告诉约瑟夫说："不要嘀咕了，把玛丽亚娶回家。她怀的孩子来自圣灵。她将生下一个男孩儿，你就给孩子起名叫耶稣，因为他将从罪恶中拯救人们。"后来，玛丽亚在马槽中生下了耶稣。于是这一天也就变为了基督教徒心目中的圣诞节。世界上有一百四十多个国家和地区都庆祝圣诞节，假期从 12 月 24 日持续到来年的 1 月 6 日。今天圣诞节的许多风俗都来源于《圣经》中关于耶稣诞生的传说。和春节相似，圣诞节具有很强的交流功能，人们在这一天全家团聚，亲切交谈，叙述离别之情，吃大餐，唱圣诞颂歌，互赠礼品，迎接新年的到来。圣诞节作为一个全民性的宗教节日也有其强大的社会整合功能。同时圣诞节的经济功能也是毋庸置疑的。西方人会在圣诞节前疯狂地购买圣诞礼物。实际上，圣诞节的商业行为早在 11 月份就开始了。

对于此类宗教性节日，我们应在尊重其原有内涵的基础上，充分开发其轻松快乐、缓释压力的因素。对于那些带有一定西方生活情趣的节日，如情人节、愚人节等，则完全可以随兴所至，"悉听尊便"，毕竟它可以给我们紧张、枯燥的生活带来一定的生活情趣，注入一丝活力。而对于那些既带有西方浓郁的浪漫情调又符合我们中华民族尊老爱幼传统美德的节日，如母亲节、父亲节等，我们则要大力提倡，努力推广，使孝敬老人不仅在形式上，而且在内涵上得到充分践行。我们要借鉴并利用西方文化中的精华，从而更好地发扬传承灿烂的中华民族的传统节日文化，以不断提高民族素质，加快社会文明进程！

作为当代中学生，一定要培养自己的理性思维。对于西方文化现象，要有全面的认识。

对待它们既不要凑热闹，赶时髦，人云亦云，也不要大惊小怪，要学会不仅仅以自己的文化背景、知识去判断另一文化，更需要以开放的心态看待与自己文化不同的人，并通过对跨文化知识的了解，加深对本族文化的理解。不同文化背景的人交往时，跨文化意识的获取难度极大，其阻力主要来源于本民族文化长期的定势作用和对其他文化的偏见。由于中西方文化的不同，在交际中存在很大差异，这些文化差异所造成的文化误解是多种多样的。美国戴维斯教授（Linell Davis）认为：我们每个人都生长在自己的本土文化（home culture）中，而我们的本土文化就如同鱼儿畅游其中的水。平时我们一般不去注意它，只是在与其他文化的人交流时，才会意识到它的存在。我们通常从自己的文化角度去思考问题的习惯，这就叫社会文化定势（stereotypes）。

三、重知识学习，轻实践运用

中学生在学习英语时，往往更多关注的是词汇表面的意义，忽视了他们背后的文化内涵，以至于在日常交际时出现很多障碍和问题。缺乏目标语的文化知识，会影响我们的跨文化交流，甚至导致交际的失败。美国戴维斯教授（Linell Davis）在她的 *Doing Culture* 一书中提到："我曾感谢一位年轻的中国女士，因为她帮了我的忙。这位女士回答说'这是我该做的（It's my duty）'。当时我想，她在告诉我，她是被要求这么做的，但她并不乐意这么做。其实，这位女士的意思是'没什么'（'You are welcome' or 'My pleasure'）。"这里的误解在于中西文化中对"责任"（duty）一词的不同理解。在美国人看来，"责任"一词具有负面意义，他们认为履行责任一般是指为别人做自己不想做的事。

《英语课程标准》（2011年版）指出：在学习英语的过程中，接触和了解外国文化有益于对英语的理解和使用，有益于加深对中华民族优秀传统文化的认识与热爱，有益于接受属于全人类先进文化的熏陶，有益于培养国际意识。在教学中，教师应根据学生的年龄特点和认知能力，逐步扩展文化知识的内容和范围。在起始阶段应使学生对中外文化的异同有粗略的了解，教学中涉及的外国文化知识应与学生的学习和生活密切相关，并能激发学生学习英语的兴趣。在英语学习的较高阶段，要通过扩大学生接触外国文化的范围，帮助学生拓展视野，使他们提高对中外文化异同的敏感性和鉴别能力，进而提高跨文化交际能力。

由此可见，中学生学习英语的目标之一，就是要掌握异国文化，为今后的跨文化交际打下基础，而不是仅仅学习几个单词那么简单。上述的例子也说明，仅仅学习英语词汇表面的意思，是难以达到交际目的的。

第二节　中学生克服跨文化交际误区的策略

一、互相尊重与理解

彼此尊重对方的人格、文化、权利等，是成功跨文化交际的基础。在跨文化交际的场合中，只要让对方感受到尊重，跨文化交际就成功了一半。否则，很可能一开始就陷入僵局。因为，当一方担心另一方试图把他的文化强加于自己或利用他的文化占上风的时候，文化差异就成了跨文化交际中的最大障碍。有人把文化定义为确定一个民族或其他群体的特点，并影响到他们行为方式的一套共同的、比较稳定的思想、价值观和信仰。因此，当一方发现另一方的文化有迫使其改变其"共同的和比较稳定的思想、价值观和信仰"的危险时，文化就成了武器。当一方认为对方将文化用作武器时，为保护自己，便把自己的文化作为抵御对方文化进攻的碉堡。所采用的方法之一，就是利用对方所谓的文化缺点丑化对方。所以在跨文化交际中，如果一方用文化压人，另一方就更容易退守到文化碉堡中。跨文化交际者应了解对方是怎样看待自己的文化的。有文化优势的人以为摆出文化优越感的架势就能使对方接受条件与达成协议，但事实刚好相反，应避免一切可能被对方理解为文化傲气和文化侵略的言行。各国各民族文化都是经过了一代又一代人的传承、积淀，它们的形成都有着悠久的历史渊源。中西两种文化都深深地带有各自民族的特点，只有在相互尊重的基础上，才能以平和的心态去审视、吸收另一个民族文化的精华。因此，我们对待西方文化时，既不能自卑又不能盲从，而要比较客观地以无歧视、无偏见的态度来对待。在经济与科技日益发展的今天，每一种文化都不可避免地面临着完善与发展的问题，只有相互尊重、相互学习，才能达到共同繁荣。

二、取其精华，弃其糟粕

我们对待异于本民族的文化时，首先需要认知、理解，分清哪些是可接受的、哪些是不可接受的，对待其中的一些闪光点，我们甚至需要欣赏。注意摒弃过时的、不健康的文化信息，重视正面的、积极的文化信息，吸收别国文化的精髓为我所用。

三、礼貌友善

在跨文化交际中，要保持和睦友善，不挑衅。在行为方式上，语言表达应坚持以礼开道，对对方的文化表现出兴趣、了解、尊重和欣赏，容忍和尊重文化差异，寻找不相抵触或大同小异的文化习俗和文化观念。

四、平等互惠

互惠双赢是跨文化交际的重要原则。只有是对交际双方都有益的行为，才能成为跨文化交际的桥梁。加强对方的安全感，即让对方感受到通过交际不仅不会削弱自己的主体性反而能获得利益并增强自己，这样才会逐步增加交际的成功概率。

第三节　中学英语跨文化交际学习策略

一、树立跨文化意识，注重跨文化对比

社会文化因素始终存在于外语学习的背后，即使是优秀的语言学习者的交际能力也可能

因为文化原因而受到限制。他们在跨文化交际中也可能产生障碍。在语言学习中,目标语的社会文化知识不仅是培养交际能力的重要方面,而且其本身也是教育的要求之一。语言学习最终以语用为目的,就必然涉及社会文化的学习,在学习中从始自终注意语用和文化因素的融合,把语言形式放到社会语用功能的背景下进行学习,才能使语言知识活起来。这并不意味着在学习每一个语言项目时都把与之相关的语用功能介绍全,练习够,因为这既不现实,也违反认知规律。另外,文化因素存在于最简单的交际活动中,文化学习也应存在于最基本的日常学习中。

跨文化对比是培养跨文化意识的重要途径。各个民族由于地域、生态环境、政治制度、历史背景、风俗习惯、价值观念、行为模式的不同,其文化特征也不一样。"有比较才有鉴别",只有通过对比才能发现本国文化与目的语文化之间的异同,从而获得一种跨文化交际的文化敏感性,加深对中外文化的理解。作为中学生,应注重以下几个方面的文化对比:① 体态语对比。对比中外表达喜怒哀乐时的手势与表情、交谈时的体距差异以及体态语的表意异同。② 中外称谓语、问候语和告别语的差异。③ 中国人与英美人对称赞的不同反应。④ 中外家庭成员之间称呼习俗的差别。⑤ 英美人在行为举止、接人待物等方面与中国人的异同。⑥ 表示相同概念的英汉词语不同的文化内涵。⑦ 英语国家与中国生活方式的异同。⑧ 中国人与英美人思维与观念差异。

通过跨文化对比,能够有效提高跨文化交际的成功率,同时能够加深对本民族文化本质特征的了解,又能够培养对外国文化和外语学习的积极态度,调动自觉学习外语和外国文化的积极性,增强学习动机。

二、重视跨文化知识的掌握

把跨文化知识带到英语学习中是学习跨文化知识的好方法。首先必须对英语国家的文化有比较全面的了解,经常阅读有关书刊,关注英语国家所发生的变化,不断汲取新的营养。社会文化知识极为丰富,但以下三方面可能对跨文化交际能力影响较大:① 中西文化习俗、行为习惯等方面的异同。比如在英语中不能用称呼代替问候,如果有人用"Prof. Davis!"打招呼,教授听后会以为有事找她/他,他/她最自然的回答就是"Yes",接着招呼的人就要说明事情的原委。汉语中打招呼常就对方做的事发问,如"吃饭没?""到哪儿去?"。西方人不习惯这类问候,他们或认为这是明知故问,或这涉及隐私。② 理解词语的文化内涵(the cultural connotations of words)。比如说"龙"(dragon)一词,在西方神话中,dragon 是一只巨大的、能够喷火的蜥蜴。在圣经故事中,与上帝作对的恶魔撒旦(Satan)被称为 the great dragon。因此,在英语文化中,dragon 是邪恶、罪恶的象征,由于它令人感到恐怖,所以很早就被用来作为战争的旗帜。在英语中,如果说一个人像 dragon,绝非善意。但恰恰相反,中国人对"龙"怀有至高无上的尊重,认为它是中华民族的象征。"龙"是中华民族的图腾,中国人以龙为骄傲,并常常把自己说成是"龙的子孙""龙的传人"。由于其中的文化内涵差异,所以"亚洲四小龙"被翻译为"four tigers of Asia"。想象一下,如果我们跟一个讲英语、不了解中国龙文化的外国人说"We Chinese people are descendants of the dragon",他们则会无法理解——中国人怎么都是魔鬼撒旦的后代呀?这样的词有很多,学生应掌握同一词语在中西两种文化中的不同含义,以免出现用自己的文化观点和眼光去臆想同一词语在英语文化中的意思。③ 中西文化价值观的异同。人教版高中英语第二册（下）必修24单元题为Pianist的短剧，该短剧中写到身为富豪之子的Cary，在父亲不给予任何经济资助的情况下，只身到巴黎打工，以体验"earn living by painting"的滋味。尽管是寄人篱下，借贷度日，Cary却乐此不疲。针对这一情节，教师提问："Why was Cary willing to go to Paris to earn living by painting?"在学生讨论后，教师指出：这里表现了Cary"独立自主、体现自我"的精神，这种精神已成为当代美国的社会时尚。了解中西文化的基本价值观异同有助于理解英语国家人的某些行为方式，更好地理解本族文化，也能提高对不同文化的认同能力。胡文仲《超越文化的屏障》（2002）一书中有一个标题就是"贯穿一切的红线：价值观念"。中国人常自豪地认为自己在赡养老人方面比美国人做得好。戴维斯教授（Lineu Davis）回答说美国人也关爱老人，但他们以不妨碍老人独立性的方式关爱老人。美国孩子知道，如果父母完全依靠孩子会觉得很失落。孩子受父母影响也有较强的独立精神。孩子们从小就学习表达自己的愿望，做出自我选择。在个人主义的文化（individualist culture）中，每个人独立行动，并对自己的行为负责。而在我国社会中，父母和老师为学生决定太多，所以学生在课堂上习惯被动地听课。

三、跨文化交际中对目标语言的社会文化进行现实的体验和积累

随着国际交流的频繁和多元文化的融合，跨文化交际不仅要克服本族的社会文化定势，还要适应目标语言国家的社会文化习惯，学习者不能仅从书本上学，更要向外国人学，从外国人的实际生活中学。如今在英语国家，人们回答"Thank you"时根本不说"Not at all"了，加拿大主要用"You are welcome"，很多新西兰人则用"Fine"代替"You are welcome"。在我国过去的英语课本中，第一次和陌生人见面用"How do you do?"而不是"How are you?"，其实英语国家早已不再使用"How do you do?"。英语国家的人现在和陌生人首次见面主要用"How are you?"，也有一些人用"Hi!"或"Hello!"，但是调查中显示有2.5%的学生认为可以用"How are you?"，有近一半的学生认为应该用"How do you do?"。由此可见，学习者需要对不断变化的社会文化习惯进行现实体验和积累。

四、关注跨文化交际中不同社会文化习惯的非言语交际

来自不同文化背景的人，交际行为会有差异，这些差异不仅表现在言语交际方面，而且还大量存在于非言语交际行为（nonverbal communication）中。任何不直接依赖于使用语言的交际形式称非言语交际，如手势、眼神、身势、面部表情、体触行为、空间利用、声音暗示、穿着打扮等。有学者认为，在人们的直接交际中，30%的信息通过语言传递，70%的信息则依靠非言语传递。不了解中西文化中非言语交际的差异，也会导致跨文化交际的失败。目光接触的方式和频率因文化的不同而不同。中国人在交谈时，双方不一定要不时的直视对方，有时还有意回避不断的目光接触，以表示谦卑或尊敬。英语中有"Never trust a person who can't look you in the eyes"（不要相信不敢直视你眼睛的人）的格言。英美人交谈时，双方往往是相互直视。如果不看着对方，则被认为是缺乏热情甚至懦弱。因此，非言语交际在跨文化交际中的地位也不可忽视。

五、关注词汇文化内涵，优化语句表达

词汇是语言表达的基本组成单位，也是体现语句意义的重要物质载体。在教学中，关注词汇文化内涵，不仅有助于提高语言表达的准确性和表达效果，还能够体现学生学习和使用英语的综合素养。在英语词汇中，一词多义的现象普遍存在，这就要求我们在语句使用的过程中能够紧扣词汇意思，进行优化组合。我们在掌握词汇文化内涵时，应该根据语句表达意境进行合理地使用。在使用的过程中，应该注意：① 准确感知语句的表达语境，挑选合适的英语词汇，达到"句里有意，词中有文"，让词汇发挥应有的文化表达价值意义。② 关注词汇的多样化文化背景，让词汇的使用真正发挥其内涵价值，在使用过程中，应该围绕词汇的感情色彩、故事典故等方面予以综合考虑。③ 拓宽词汇文化交际内涵。我们知道语言中词汇的内在文化内涵是交际的核心要素。英语中有许多词汇来自神话、寓言、传说或典故。学生了解这些词汇蕴含的文化内涵，有助于他们更好地理解和应用，提高他们学习英语的兴趣。中西方表达文化的差异往往影响人们的表达思维和效果。例如，"狗"在中国人眼中大多具有贬义，像"狗仗人势""狼心狗肺""狗咬吕洞宾，不识好人心"等等。但在西方国家，"狗"却往往具有褒义，如 lucky doy（幸运狗），喻指"幸运的人"。还有 sea dog（海狗），喻指"老练的水手"；dog - ear a book（在书上折个狗耳），意思是"折书角"等等。学生只有掌握了上述词语的文化内涵才能够真正学会使用语言。

六、关注故事、典故寓意，掌握交际规则

任何语言都有一定的典故。这些典故，一方面为语言的丰富使用提供了更为宽阔的空间，增添了语言的表达内涵；另一方面，能够开阔人们的表达思维，让语言表达变得更为轻松自由，便于人们灵活地使用语言进行交际。在教学中，关注故事、典故寓意，除了能够拓宽学生的知识视野之外，还有助于培养学生自主学习和主动探究的习惯，以此来激发学生学习英语的主观能动性。这些典故的使用，还能够让学生的综合语言使用能力得到体现。美国深受小朋友喜爱的泰迪熊背后就有一段有趣的故事，该词源于美国的罗斯福总统。美国被人们昵称为"Teddy"的老罗斯福总统（Theodore Roosevelt）在工作之余，喜欢打猎，尤其喜欢猎熊。有一天他和一群朋友到林中打猎，突然看到一只站立在他面前的小熊、但小熊非常可爱。罗斯福一时起了恻隐之心，放走了这只小动物。此事经媒体宣传报道后，美国的动物保护者趁机大肆褒扬罗斯福总统的一念之善。这时一位面包店的老板灵机一动，根据那只可爱小熊的造型，制成一批玩具，命名为 Teddy bear。Teddy bear 上市之后深受小朋友的喜爱，立刻销售一空，面包店老板便大量制造 Teddy bear 出售，至今销量不减。从此，Teddy bear 就有了"仁慈善良"的词汇内涵。同学们倘若明白了该词的内涵，使用起来定会得心应手。

七、关注表达风俗习惯，提高学识修养

语言的表达习惯往往是语句运用的核心。将这些表达风俗习惯运用于语言交际，不仅能够体现文化的内涵，还能够让学生学习比较的过程中提高自身的表达思辨能力，彰显学生的学识修养。对此，笔者以为，在教学中注重跨文化表达风俗习惯，应该从如下几方面进行：

① 注意语言交际的禁忌用语。在西方国家，亲属之间是直接用名字相称的，如果不用名字而用表示亲属关系的词称呼长辈时，可降一辈来称呼。在英语中，这类称呼比较简单，一般在姓氏之前加"Mr.""Mrs.""Miss"等即可。② 注意人们的饮食用餐习惯。在美国餐馆里，点菜的顺序一般是这样的：饮料（drinks）、汤（soup）、色拉（salad）、主菜（main dish）、甜点（dessert）。学生在了解这些饮食用餐习惯后，更能够进行灵活运用。③ 注意节日的庆祝方式迥异。在感恩节，美国人每年都在11月份的最后一个星期四团聚，他们通常有一顿丰盛的感恩宴，人们见面时互相问候"Happy Thanksgiving Day to you（to your family）"，火鸡（turkey）是感恩节宴会上最具有传统特色的一道菜，感恩节宴后，一家人一般围坐下来看感恩节橄榄球赛。

思考题

1. 中学生如何克服跨文化交际误区？
2. 中学生学习英语跨文化交际知识有哪些途径？

参考文献

[1] 邓炎昌，刘润清. 语言与文化——英汉语言文化对比 [M]. 北京：外语教学与研究出版社，1989.
[2] 肖川. 义务教育英语课程标准（2011年版）解读 [M]. 武汉：湖北教育出版社，2012.
[3] 胡文仲. 英美文化词典 [M]. 北京：外语教学与研究出版社，1995.
[4] 葛卫国. 试谈中学生英语跨文化交际素养的培养 [J]. 中学生英语：初中版，2011（8）：41-43.
[5] 程冬英. 大学英语课应注重语言文化教学 [J]. 黑龙江教育学院学报，2003（3）：82-83.
[6] 李菲菲. 实例探讨走出跨文化交际误区之策略 [J]. 安徽文学（下半月），2012（8）：122-123.
[7] 黄远振. 新课程英语教与学 [M]. 福州：福建教育出版社，2003.
[8] SCOLLON R, SCOLLON S W. Intercultural Communication: A Discourse Approach [M]. Oxford: Blackwell, 1995.

参考文献

[1] 车艳秋. 英语学习与跨文化交际 [J]. 理论研究, 2008 (1): 174-175.

[2] 陈俊森, 樊葳葳. 跨文化交际与外语教学 [J]. 华中理工大学学报, 1998 (3): 126-128.

[3] 樊葳葳, 陈俊森, 钟华. 外国文化与跨文化交际 [M]. 武汉: 华中科技大学出版社, 2008.

[4] 胡文仲. 跨文化交际学概论 [M]. 北京: 外语教学与研究出版社, 1999.

[5] 李炯英. 中国跨文化交际学研究20年述评 [J]. 解放军外国语学院学报, 2002 (11): 86-90.

[6] 武晓燕. 中西跨文化交际现象及意义刍议 [J]. 潍坊学院学报, 2006 (1): 58-62.

[7] 严明. 跨文化交际理论研究 [M]. 哈尔滨: 黑龙江大学出版社, 2009.

[8] 张鸣宇. 跨文化交际与英语学习中的跨文化意识 [J]. 海军工程大学学报: 综合版, 2009 (6): 71-74.

[9] 肖川. 义务教育英语课程标准（2011年版）解读 [M]. 武汉: 湖北教育出版社, 2012.

[10] 人民教育出版社课程教材研究所, 英语课程教材研究开发中心. 义务教育教科书英语（七年级上、下册）[M]. 北京: 人民教育出版社, 2012.

[11] 人民教育出版社课程教材研究所, 英语课程教材研究开发中心. 义务教育教科书英语（八年级上、下册）[M]. 北京: 人民教育出版社, 2012.

[12] 人民教育出版社课程教材研究所, 英语课程教材研究开发中心. 义务教育教科书英语（九年级全一册）[M]. 北京: 人民教育出版社, 2012.

[13] 人民教育出版社课程教材研究所, 英语课程教材研究开发中心. 英语（必修1~5）[M]. 北京: 人民教育出版社, 2015.

[14] 人民教育出版社课程教材研究所, 英语课程教材研究开发中心. 英语（选修6~11）[M]. 北京: 人民教育出版社, 2015.

[15] 李智榜. 正确看待中西方家庭文化的差异 [J]. 企业导报, 2011 (10): 257-258.

[16] 樊葳葳. 跨文化交际视听说 [M]. 北京: 高等教育出版社, 2009.

[17] 王娜. 中西饮食文化差异研究 [D]. 开封: 河南大学, 2013.

[18] 王佳. 跨文化交际下的中西饮食文化比较 [D]. 哈尔滨: 黑龙江大学, 2011.

[19] 林丹. 从中西方节日对比中透视中西方文化的差异 [J]. 安徽文学月刊, 2010 (12): 250.

[20] 高钰. 浅谈中西方节日文化对比 [J]. 新西部月刊, 2010 (4): 103.

［21］石洛祥. 借来的狂欢——英美节日文化［M］. 重庆：重庆大学出版社，2011.

［22］王辉云. 闲聊美国节日的历史和文化［M］. 北京：生活·读书·新知三联书店，2013.

［23］朱子仪. 西方的节日［M］. 上海：上海人民出版社，2005.

［24］课程教育研究所，英语课程教材研究开发中心. 英语九年级教师教学用书［M］. 北京：人民教育出版社，2014.

［25］课程教育研究所，英语课程教材研究开发中心. 英语（九年级）［M］. 北京：人民教育出版社，2014.

［26］中华人民共和国教育部. 英语课程标准（2011版）［S］. 北京：北京师范大学出版社，2012.

［27］赖云华，崔国文. 论中西体育文化差异［J］. 体育文化导刊，2009（5）：53-55.

［28］何田. 英语学习背景知识新编［M］. 北京：北京大学出版社，1993.

［29］来安方. 英美概况［M］. 郑州：河南教育出版社，1995.

［30］余志远. 英语国家概况［M］. 北京：外语教学与研究出版社，2000.

［31］常耀信. 英国文学简史［M］. 天津：南开大学出版社，2006.

［32］陈嘉. 英国文学史［M］. 北京：商务印书馆，1986.

［33］［美］克里斯汀·汤普森，大卫·波德维尔. 世界电影史［M］. 陈旭光等，译. 北京：北京大学出版社，2004.

［34］王珉. 美国音乐史［M］. 上海：上海音乐出版社，2005.

［35］潘耀昌等. 外国美术简史（第二版）［M］. 上海：上海人民美术出版社，2011.

［36］刘道义.（普通高中课程标准实验教科书）英语（选修6）［M］. 北京：人民教育出版社，2007.

［37］刘道义.（普通高中课程标准实验教科书教师教学用书）英语（选修6）［M］北京：人民教育出版社，2007.

［38］席玉虎. 名师说课（修订版）高二（上）［M］. 临汾：山西师范大学出版社，2010.

［39］刘燕霞. 从中国和英语国家日常交际用语解析文化差异［J］. 语文学刊，2011（11）：109-110.

［40］边华. 日常交际用语中的中西文化差异分析［J］. 河南农业，2011（5X）：57-58.

［41］毕继万，胡文仲. 跨文化非言语交际［M］. 北京：外语教学与研究出版社，1999.

［42］李杰群. 非言语交际概论［M］. 北京：北京大学出版社，2002.

［43］谢琳. 谈非言语交际中的文化差异［J］. 外国语文，1998（1）：70-74.

［44］范冰. 西方社会礼仪与文化［M］. 杭州：浙江大学出版社，2002.

［45］欧玲. 西方礼仪文化［M］. 重庆：重庆大学出版社，2008.

［46］孙爱珍. 中西方礼仪文化的差异［J］. 太原师范学院学报，2002（4）：63-80.

［47］梁冬梅. 浅谈中西语言文化差异对习语翻译的影响［J］. 金色年华（下），2011（10）：164.

［48］赵颖. 牛郎织女神话传说的流变及其现实意义［J］. 西安电子科技大学学报，2009

（2）：109-112.
[49] 陆雁华. 小议东西方文化和艺术的差异［J］. 大众文艺（学术版），2010（18）：191-192.
[50] 武恩义. 英汉典故对比研究［D］. 北京：中央民族大学，2005.
[51] 袁珂. 中国神话史［M］. 北京：文艺出版社，1988.
[52] 王德春. 汉英谚语与文化［M］. 上海：上海外语教育出版社，2003.
[53] 郭建民. 英语谚语研究［M］. 兰州：甘肃教育出版社，1992.
[54] 赖金编. 常用英语谚语［M］. 南昌：江西人民出版社，1984.
[55] 王德春，陈晨. 现代修辞学［M］. 上海：上海外语教育出版社，2001.
[56] 周盤林. 中西谚语比较研究［M］. 台北：文史哲出版社，1975.
[57] 义务教育教科书人教版英语教材八年级下册教师教学用书［M］. 北京：人民教育出版社，2014.
[58] 义务教育教科书人教版英语教材八年级下册［M］. 北京：人民教育出版社，2014.
[59] 中华人民共和国教育部. 义务教育英语课程标准（2011版）［S］. 北京：北京师范大学出版社，2012.
[60] 杰里米·帕克斯曼. 英国人在上海［M］. 严维明，译. 上海：上海译文出版社，2000.
[61] 刘作奎. 英国人有种岛国情结［N］. 环球时报，2004-02-13（22）.
[62] 焦丽. 岛国地理环境对英国文化的影响［J］. 中小企业管理与科技旬刊，2010（10）：134-135.
[63] 郑敬高. 海洋文明的历史类型——兼论欧洲文明不等于海洋文明［J］. 福建论坛：人文社会科学版，2004（6）：35-39.
[64] 郭讯枝，徐美娥. 浅谈地理环境与英国海洋文学［J］. 宜春学院学报，2004（5）：96-98.
[65] 丁建弘. 发达国家的现代化道路［M］. 北京：北京大学出版社，1999.
[66] 舒小昀. 英国现代化的地理维度［J］. 英国研究，2009（00）：124-133.
[67] 方汉文. 西方文化概论［M］. 北京：中国人民大学出版社，2010.
[68] 丁诗雯. 从乔布斯的斯坦福演讲看美国人的核心价值观［J］. 外国语文，2013（S1）：120-123.
[69] 高胜卡，瞿少君. 把握美国人的性格［J］. 英语自学，1997（3）：71-75.
[70] 徐文松. 论美国公路电影中的美国文化精神［J］. 电影文学，2012（21）：49-50.
[71] 喻鑫. 基于新文化地理学的英美文化研究［J］. 中学地理教学参考，2015（10）：62-63.
[72] 张晨霞. 美国人的性格特点及其成因［J］. 黑河学刊，2009（4）：46-48.
[73] 人民教育出版社课程教材研究所，英语课程教材研究开发中心. 英语3［M］. 北京：人民教育出版社，2007.
[74] 人民教育出版社课程教材研究所，英语课程教材研究开发中心. 英语3教师教学用书［M］. 北京：人民教育出版社，2007.
[75] 伊尔萨·夏普. 文化震撼之旅：澳大利亚［M］. 北京：旅游教育出版社，2008.

［76］沈永兴，张秋生，高国荣．列国志·澳大利亚［M］．北京：社会科学文献出版社，2010．

［77］于杭，梁再冰．世界列国国情习俗丛书：澳大利亚［M］．重庆：重庆出版社，2004．

［78］王俊．世界我知道之澳大利亚［M］．长春：东北师范大学出版社，2012．

［79］张丽娟．澳大利亚土著民俗文化精粹简析［J］．语文学刊，2009（17）：133-134．

［80］黄燕敏．浅谈澳大利亚的文化与艺术［J］．苏州大学学报：工科版，2008（5）：59-60．

［81］王鉴．澳大利亚的多元文化主义政策［J］．世界民族，2004（4）：37-43．

［82］王章辉．列国志·新西兰［M］．北京：社会科学文献出版社，2006．

［83］陈文照．外国习俗丛书·新西兰［M］．北京：世界知识出版社，2002．

［84］杨乐．骑马，在新西兰的春天里［M］．成都：西南财经大学出版社，2015．

［85］张洪量．黄书：黄种人的过去与未来［M］．武汉：华中科技大学出版社，2014．

［86］李华．全球化中的大国农业：新西兰农业［M］．北京：中国农业出版社，2013．

［87］苏珊·詹姆斯．读懂新西兰的第一本书：走进新西兰［M］．北京：中国铁道出版社，2013．

［88］虞建华．新西兰文学史［M］．上海：上海外语教育出版社，1994．

［89］张秋生．新西兰毛利人的历史与现状［J］．世界民族，1996（1）：53-55．

［90］方文常．新西兰的地名及其文化地理特征［J］．河南大学学报：自然科学版，1988（3）：79-83．

［91］兰红梅，马菡，韦祖安．现代英语教学——理论与实践研究［M］．北京：中国时代经济出版社，2013．

［92］教育部．英语课程标准（实验稿）［S］．北京：北京师范大学出版社，2001．

［93］邓炎昌，刘润清．语言与文化［M］．北京：外语教学与研究出版社，1999．

［94］贾玉新．跨文化交际学［M］．上海：上海外语教育出版社，1999．

［95］陈亚娟．高中生跨文化交际能力培养［J］．教育艺术，2011（8）：18-19．

［96］张红玲．跨文化外语教学［M］．上海：上海外语教育出版社，2007．

［97］邓炎昌，刘润清．语言与文化——英汉语言文化对比［M］．北京：外语教学与研究出版社，1989．

［98］肖川．义务教育英语课程标准（2011年版）解读［M］．武汉：湖北教育出版社，2012．

［99］胡文仲．英美文化词典［M］．北京：外语教学与研究出版社，1995．

［100］葛卫国．试谈中学生英语跨文化交际素养的培养［J］．中学生英语：初中版，2011（8）：41-43．

［101］程冬英．大学英语课应注重语言文化教学［J］．黑龙江教育学院学报，2003（3）：82-83．

［102］李菲菲．实例探讨走出跨文化交际误区之策略［J］．安徽文学（下半月），2012（8）：122-123．

［103］黄远振．新课程英语教与学［M］．福州：福建教育出版社，2003．

[104] SCOLLON R, SCOLLON S W. Intercultural Communication: A Discourse Approach [M]. Oxford: Blackwell, 1995.

[105] SIRGER M R. Intercultural Communication: A Perceptual Approach [M]. New Jeresy: Prentice Hall, 1995.

[106] H C DENT. Education in England and Wales [M]. London: Hedderand & Stoughton: 1982.

[107] S L CURTIS. History of Education in Great Britain [M]. London: University Tutorial Press, 1957.

[108] ABRAMS M H. The Norton Anthology of English Literature [M]. New York: W. W. Norton Company, Inc., 1993.

附录：

中学英语跨文化交际推荐阅读书目

1. 麻争旗译：《文化模式与传播方式——跨文化交流文集》，北京广播学院出版社，2003。
2. 胡文仲：Selected Readings in Intercultural Communication，湖南教育出版社，1991。
3. 陈楠，龚光明译：《跨文化传通》，生活·读书·新知，1988。
4. 陈俊森，樊葳葳主编：《外国文化与跨文化交际》，华中理工大学出版社，2000。
5. 关世杰：《跨文化交流学》，北京大学出版社，1995。
6. 胡文仲：《文化与交际》，外语教学与研究出版社，1994。
7. 胡文仲：《跨文化交际学概论》，外语教学与研究出版社，1999。
8. 贾玉新：《跨文化交际学》，上海外语教育出版社，1997。
9. 林大津：《跨文化交际研究》，福建人民出版社，1996。
10. 刘双，于文秀：《跨文化传播》，黑龙江人民出版社，2000。
11. 王宏印：《跨文化传通》，北京语言学院出版社，1996。
12. 张爱琳主编：《跨文化交际》，重庆大学出版社，2003
13. 杜瑞清等主编：《跨文化交际》，西安交通大学出版社，2004。
14. 爱德华·霍尔著，何道宽译：《无声的语言》，北京大学出版社，2010。
15. 沙莲香：《中国民族性（一~三）》，中国人民大学出版社，2012。
16. 高洪雷：《另一半中国史》，文化艺术出版社，2012。
17. 史密斯：《一本书看懂中国人》，新世界出版社，2009。
18. 杨庆球：《中国文化新视域》，云南人民出版社，2011。
19. 李少华：《英语全球化与本土化视野中的中国英语》，宁夏人民出版社，2007。
20. 颜治强：《世界英语概论》，外语教学与研究出版社，2002。
21. 金惠康：《中国英语》，外语教学与研究出版社，2004。
22. 潘章仙：《中国英语变体中的语言和文化认同》，北京大学出版社，2005。
23. （英）Oatey Helen：《与英美人交往的习俗与语言》，上海外语教育出版社，1987。
24. 耿二岭：《体态语概说》，北京语言学院出版社，1988。
25. 胡文仲：《跨文化交际与英语学习》，译文出版社，1988。
26. 邓炎昌，刘润清：《语言与文化》，外语教学与研究出版社，1989。
27. 陈建民：《语言文化社会新探》，上海教育出版社，1989。
28. （美）布罗斯纳安：《中国和英语国家非言语交际对比》，北京语言学院出版社，1991。
29. 顾亦瑾，吴国华：《语言与文化：俄语语言国情学概论》，河南人民出版社，1991。
30. 路英浩：《开放前沿的文化震荡》，云南人民出版社，1992。

31. 庄恩平：《走出误区：中美交际文化差异实例分析》，世界图书出版社，1993。
32. 郑立信，顾嘉祖：《美国英语与美国文化》，湖南教育出版社，1993。
33. 裘克安：《英语与英国文化》，湖南教育出版社，1993。
34. 胡文仲：《文化与交际》，外语教学与研究出版社，1994。
35. 刘重德：《英汉语比较研究》，湖南科技出版社，1994。
36. 乔健，潘乃谷：《中国人的观念与行为》，天津人民出版社，1995。
37. 曲彦斌：《中国民俗语言学》，上海文艺出版社，1996。
38. 胡文仲，高一虹：《外语教学与文化》，湖南教育出版社，1997。
39. ［美］戴维斯（Linell Davis）：《中西文化之鉴：跨文化交际教程》，外语教学与研究出版社，2010。
40. 邓晓芒：《中西文化心理比较讲演录》，人民出版社，2013。
41. 沈福伟：《中西文化交流史》，上海人民出版社，2014。
42. 孔文，颜榴红：《中西文化概况（英文版）》，南京大学出版社，2014。
43. 金利：《每天聊点美国文化：一本书读懂美国（英汉对照）》，化学工业出版社，2014。
44. 陈鸽：《中学英语文化背景知识手册》，人民教育出版社，2008。

中学英语跨文化交际测试样题

1. You meet a foreigner for the first time, and you want to know his or her name. What would you say?

    A. What's your name?

    B. May I know your name?

    C. My name is…

    D. Would you mind telling me your name?

2. Which of the following situation requires an apology?

    A. You telephone a friend after 10 p.m.

    B. You point out that a shop assistant has given you the wrong change.

    C. Your friend arranges a picnic but you can't go at the last minute.

    D. You punish your son for doing something wrong but you find out that he didn't do it.

3. An English friend invites you to have dinner at 6 p.m. with his family. You would arrive at _____.

    A. 5:50   B. 6:00   C. 6:15   D. 5:40   E. 6:30

4. After having dinner at your home, a visitor compliments you on your cooking. Do you _____?

    A. smile and say "Thank you"

    B. say "Oh, it is far from being a good dinner"

    C. say "My mother taught me how to make it"

    D. None of the above

5. You go to a restaurant with a group of friends. Who pays?

    A. You slip the bill.

    B. One person pays.

    C. Neither A or B.

6. You go to a dinner party at a friend's house. What type of gift would you take?

    A. A bottle of wine.

    B. A box of chocolate.

    C. A silk scarf.

    D. Some Chinese food you cooked by yourself.

7. You are invited to a party, which starts at 8 p.m. You miss the bus and won't arrive till 9 p.m. You _____?

    A. don't worry about it and just show up at 9 p.m.

B. phone to apologize and say you'll be late

C. go home and don't want to arrive late

8. You're in a town where one of your old friend lives. Do you _____ ?

   A. go to her house and give her a surprise

   B. phone and find out if it's convenient to visit for her now

   C. phone and fix a meeting for another day

9. Hu Ying is a 25-year-old Chinese student who is attending university in Australia. When she explained to her Australian friends that she never did housework or cooking when she was at home, her friends will probably think _____ .

   A. Hu Ying is lazy

   B. Hu Ying's mother spoiled her

   C. Hu Ying's mother loved her very much

   D. none of the above

10. One of your friends is in bed with the flu. So you _____ .

    A. telephone to find out how she / he is

    B. go and visit with some fruit

    C. none of the above

11. You and your wife have an American friend, who invites you to a party on Saturday evening. Who will go to the party?

    A. You go alone.

    B. You and your wife go.

    C. You, your wife and your five-year-old daughter go.

12. A friend invites you to watch a video at her house. After watching the video, you _____ .

    A. thank her and go home immediately

    B. stay and talk about the video and have a drink

    C. stay for 5 minutes and then leave

13. You are working for a joint-venture. Your boss is an American. Your sister is coming from your hometown to visit you. You want to meet her at the station. You _____ .

    A. take the day off and say you're ill

    B. explain the situation to your boss and say you won't be at work

    C. explain the situation to your boss and ask for permission to be off work

    D. none of the above

14. You have heard that a foreign friend's child is ill. How would you react?

    A. You will say "I'm sorry to hear that."

    B. You will say nothing

    C. You will say "How is she / he now?"

    D. You will say "What's the matter with her / him?"

15. What will your English friend do when he accepts your gift for his birthday? He will _____.

   A. accept it without any words

   B. open and watch it by himself

   C. open and watch it before you and say "Thank you."

   D. open and watch it, then express thanks to you

说明：本测试题选自东北师范大学外语系杨玉晨、林伟所著的《中学英语教师跨文化交际能力调查报告》，载于《中小学英语教学与研究》1997年第3期第25~28页。